따라 하는 기도학교

따라 하는 기도학교

기도와 친해지고
기도가 넓어지는
12주 기도 훈련

장재기

규장

장재기 목사님은 인지도가 높은 사람입니다.

그러나 그는 인기보다 성실을 추구하는 사람입니다.

장재기 목사님은 말씀의 사람입니다.

그러나 그는 말씀 이상으로 기도의 사람입니다.

한국 교회는 말씀과 기도를 분리하는 경향이 있습니다.

말씀을 좋아하는 사람은 기도를 등한히 합니다.

기도를 좋아하는 사람은 말씀을 등한히 합니다.

그러나 말씀의 사람은 동시에 기도의 사람이어야 합니다.

저자는 이 책에서 우리가 기도와 친해지도록 안내합니다.

이어서 우리가 기도의 지평을 넓히도록 안내합니다.

그리고 기도를 훈련하고 공동체에 헌신하도록 안내합니다.

그래서 저는 이 책을

기도 훈련의 갈망을 지닌 모든 이에게 추천합니다.

기도의 갈망을 가진 모든 사람이 기도와 친해질 것입니다.

기도 훈련이 필요했던 모든 사람이 기도의 무릎을 꿇게 될 것입니다.

기도를 따라 하다가 기도를 인도하시는 성령님을 만날 것입니다.

이 책으로 한국 교회에 기도의 부흥이 일어나기를 기도합니다.

이동원 목사 | 지구촌 목회리더십센터 기도 섬김이

기도는 영혼의 호흡이지만, 아이러니하게도 많은 그리스도인에게 가장 힘겨운 숙제이기도 합니다. 사역 현장에서 만나는 성도들의 가장 큰 갈급함은 늘 "어떻게 기도해야 할지 모르겠다"라는 것이었습니다.

장재기 목사님은 그 막막한 담벼락 앞에서 고군분투하는 이들에게 "그저 따라 하는 것부터 시작하면 된다"라는 단순하면서도 명쾌한 복음적 처방을 내놓았습니다. 마치 어린아이가 부모의 말을 따라 하며 언어를 배우듯, 기도의 말문을 떼는 법을 친절히 안내합니다.

이 책은 단순히 기도의 기술을 가르치는 지침서가 아니라, 하나님 아버지와의 관계를 회복하는 사랑의 초대장입니다. 또한 기도의 현장에서 성도들과 함께 뒹굴며 빚어낸 '영적 실습 교본'이기도 합니다. 12강의 여정을 따라가다 보면, 내 문제에 갇혀 있던 기도가 어느새 공동체를 세우고 열방을 향하는 중보의 능력으로 확장됨을 경험하게 될 것입니다.

곁에서 본 저자는 언제나 기도의 불씨를 품고 사는 사람입니다. 그가 눈물로 써 내려간 기도문들은 기도의 불이 꺼져가는 이들에게 다시 타오를 힘을 주었습니다.

이 책이 초신자에게는 친절한 기도의 길잡이가 되고, 깊은 기도를 사모하는 성도에게는 새로운 영적 돌파구가 될 것이라 확신합니다. 기도의 야성을 회복하고 기도의 기쁨을 누리길 원하는 모든 이에게 이 책을 필독서로 권합니다.

무너진 성벽의 틈새를 막아서는 기도의 파수꾼들이 이《따라 하는 기도학교》를 통해 곳곳에서 일어나길 간절히 소망합니다. 그 축복의 여정에 기쁜 마음으로 여러분을 초대합니다.

김요섭 목사 | 원천침례교회, 중앙기독학교 이사장

말의 영향력은 말의 진정성에 있다고 믿습니다.

기도를 어떻게 해야 한다고 이야기할 수 있는 사람은 기도할 줄 아는 사람이어야 하고, 기도하면서 쌓아온 하나님과의 추억이 있어야 한다고 생각합니다.

제가 만난 장재기 목사님은 기도가 무엇인지 알고, 기도를 통하여 하나님의 사랑을 무엇보다 깊이 배운 기도의 사람입니다.

그가 아내와 매일 가정예배를 드리기 시작했을 때 하나님께서 "너희의 삶이 누군가에게 도움이 되는 삶이 되라"라는 말씀을 주셨다고 합니다. 그 말씀에 순종하여 이번에도 《따라 하는 기도학교》라는 책을 써주신 것을 감사하게 생각합니다.

이 책은 혹시라도 하나님에 대한 오해가 있는 분이 이 책을 읽어가는 가운데 하나님에 대해 올바르게 이해하고 매일 기도의 삶을 살아가도록 도와주는 책입니다.

기도를 매일 하고 있는 기도의 사람들에게도, 스스로 아직 기도가 서투르다고 생각하는 그 누구에게도 평생 큰 도움이 되는 글이 되리라 믿습니다.

임은미 선교사 | 케냐 르호봇교회, 《주님으로부터 1, 2》 저자

기도가 호흡인 것을 알면서도 많은 그리스도인이 기도 앞에서 자주 멈춰 섭니다. 기도를 몰라서가 아니라 기도를 지속하지 못하기 때문입니다. 기도의 중요성은 많이 들었지만, 정작 기도를 어떻게 살아내는지는 충분히 배우지 못했습니다.

그동안 기도에 관한 책은 참 많이 출간되었습니다. 저 역시 젊은 시절 기도를 배우기 위해 많은 책을 읽었습니다. 특히 앤드류 머레이와 E. M. 바운즈 같은 저자들의 책은 기도의 길을 보여주고 기도의 세계를 열어 준 소중한 스승과도 같습니다.

그런 가운데 이 책은 참 반가운 책입니다. 그동안 우리는 기도에 대해 많은 것을 외국의 고전들을 통해 배워왔는데 이 책은 한국 교회의 토양에서, 한국인의 언어와 영성 속에서 쓰인 기도에 관한 책이기 때문입니다. 저는 이 책을 읽으며 문득, 이 책은 앞으로 한국 교회 안에서 오래 읽힐 고전이 될 수도 있겠다는 생각이 들었습니다.

"기도는 설명으로 만들어지는 것이 아니라 반복으로 길러지는 영적 근육"이라는 저자의 통찰은 오늘 우리의 신앙 현실을 정확하게 짚어냅니다. 이 책의 특별한 강점은 따라 하는 훈련이라는 매우 실제적인 방식으로 기도를 제시한다는 점입니다. 위대한 기도의 사람들은 기도를 특별한 은사의 영역으로 두지 않고, 매일 하나님 앞에 서는 작은 반복의 충실함 속에서 기도의 깊이를 배워갔습니다. 이 책은 바로 그 길을 독자들에게 열어줍니다.

기도의 길은 거창한 시작보다 작은 순종의 반복에서 열립니다. 이 책을 통해, 기도가 멈추었던 자리에서 다시 흐르고, 하나님 아버지와의 대화가 일상의 리듬 속으로 스며들기를 바랍니다. 이 책이 그 첫 문장을 다시 시작하게 하는 좋은 길잡이가 될 것이라 믿으며 기쁜 마음으로 추천합니다.

라영환 교수 | 총신대학교 조직신학

청년들과 함께 기도하다 보면 보통 10분쯤 지나면 기도의 소리가 점점 잦아듭니다. 모두 다음 기도 제목을 기다리고 있습니다. 저는 그 모습이 늘 안타까웠습니다. 조금 더 깊은 기도로 들어갈 수 있는 순간인데, 그 문턱에서 멈춰버리는 청년들을 보며 마음이 아팠습니다.

그런 고민을 하던 어느 날, 장재기 목사님과 함께 일본의 한 교회를 섬기러 갈 기회가 있었습니다. 제가 오후 집회를 간증으로 섬겼고, 마지막 날 저녁은 장재기 목사님의 설교 시간이었습니다. 목사님의 메시지가 끝난 후 청년들과 함께 소리 내어 '따라 하는 기도'를 시작했습니다. 한 목소리로 기도문을 읽기 시작하자 기도의 함성이 점점 커지기 시작했습니다. 따라 하는 기도가 끝난 후 각자 기도를 이어 갔는데, 그날 저는 잊지 못할 장면을 보았습니다. 끝나지 않는 기도 소리와 함께 깊은 기도의 자리에서 하나님과 교제하던 청년들의 모습이 지금도 기억납니다.

저는 어제도 '따라 하는 기도'를 했습니다. 목사님의 기도문은 늘 제 기도를 풍성하게 만들어줍니다. 장재기 목사님을 만나면 자연스럽게 '기도하러 가고 싶다'라는 마음이 듭니다. 그래서 저는 목사님을 만나는 시간이 특별히 더 좋습니다.

기도하고 싶은데 막막한 분들, 기도를 지속하고 싶은데 잘 이어가지 못하는 분들, 더 깊은 기도를 하고 싶은데 어떻게 시작해야 할지 모르는 분들에게 저는 이 책을 꼭 손에 쥐여드리고 싶습니다. 기도가 막막했던 분들에게 이 책이 새로운 시작이 되기를 바랍니다.

황태환 대표 | (주)에이치유지, 하준파파

누구나 훈련으로 배우고
언제든 다시 시작하는 기도

'징—' 전화가 울렸습니다. 전화기 너머로 누님의 울먹이는 목소리가 들렸습니다. 할머니께서 화장실에서 쓰러지셨는데 의식이 없다는 것입니다. 저는 급히 서울아산병원으로 달려갔습니다. 할머니는 중환자실에 계셨고 가족들은 순서대로 들어가 할머니를 뵙고 나왔습니다. 제 차례가 되어 중환자실로 들어갔습니다. 의료기기 소리가 조용히 울리는 그 속에서 할머니는 눈을 감고 계셨고 저는 조심스럽게 할머니의 손을 잡았습니다.

"할머니… 저예요. 저 왔어요."

그 순간 할머니는 천천히 눈을 뜨고 저를 부르셨습니다.

"장 목사님…"

제가 목사가 된 후 할머니께서 이런 이야기를 하신 적이 있습니다. 어느 날 기도하는 중에 하나님께서 "장 목사는 네 손자가 아니다. 주의 종이다. 이제 손자라고 부르지 말고 목사님이라고 불러라"라고 할머니를 책망하셨다는 것입니다. 그 이후로 할머니는 늘 저를 '손자'가 아니라 '목사님'으로 부르셨습니다.

"네, 할머니. 저 알아보시겠어요?"

할머니는 잠시 숨을 고르시고는 천천히 말씀하셨습니다.

"장 목사님, 항상 기도하고… 어디를 가든 겸손하고… 무슨 일이든 감사해야 해요."

그리고 이렇게 말씀하셨습니다.

"장 목사님… 목자는 양을 위해 기도할 수 있어야 해요. 기도하는 목자가 되세요."

사실 그 말씀은 그날 처음 들은 말이 아니었습니다. 할머니는 저를 위해 항상 "하나님, 우리 장 목사님 기도도 백 점 맞고, 감사도 백 점 맞고, 겸손도 백 점 맞게 해주세요"라고 기도하셨습니다.

중환자실에서 나와 가족들에게 할머니의 의식이 돌아왔다고 말씀드렸습니다. 다른 가족들도 들어가 할머니와 이야기를 나누었습니다. 그리고 그 이후로 할머니는 더는 말씀하지 못하셨습니다. 중환자실에서 하신 그 말씀이 제게 남긴 마지막 유언이 되었습니다.

어쩌면 이 책은 할머니의 그 마지막 유언이 맺은 열매인지도 모르겠습니다. 저는 사역을 하는 동안 기도의 중요성을 늘 강조했고, 성령의 인도하심을 따라 사역하게 해달라고 기도해왔습니다. 그러나 제가 기도 사역을 하게 될 것이라고는 한 번도 생각해본 적이 없습니다.

하나님께서 청년들을 위해 저를 부르셨고 저는 청년 사역에 제 삶을 드렸습니다. 그런데 하나님께서는 어느 날 저를 새로운 사역의 자리로 옮기셨습니다. 아마 하나님께서 할머니의 기도를 들으신 것 같습니다.

이 책은 그동안 제가 인도했던 〈따라 하는 기도학교〉 강의를 정리한 것입니다. 이 책에는 기도에 대한 열두 번의 강의가 담겨 있습니다. 기도가 무엇인지, 왜 기도해야 하는지, 어떻게 기도해야 하는지를 차근차근 배우게 됩니다. 그리고 각 강의가 끝나는 페이지마다 일곱 편의 기도 영상 링크가 연결되어 있습니다. 기도문을 따라 읽으며 기도한 후, 개인기도를 하는 것입니다.

기도는 타고난 능력이 아닙니다. 훈련입니다. 특별한 사람만 하는 것이 아닙니다. 누구나 배울 수 있습니다. 이 책은 기도해야 한다는 부담을 주는 책이 아닙니다. 오히려 멈췄던 기도를 다시 시작하도록 돕는 책입니다.

이 책을 읽고 기도를 따라 하다 보면 어느 순간 이런 생각이 들 것입니다.

'기도가 이렇게 쉬운 거였구나.'

'기도가 이렇게 재미있는 거였구나.'

'빨리 기도하고 싶다.'

이 책이 하나님에 대한 오해를 풀어주는 책이 되기를 기대합니다. 기도를 멈춘 성도들의 기도가 다시 시작되게 하고, 닫혀 있던 기도의 문을 열어주는 축복이 되기를 기도합니다.

〈따라 하는 기도학교〉에 입학하신 여러분을 진심으로 환영합니다.

장재기 목사

기도와 친해지기

contents

2 PART 기도가 넓어지기

기도는 훈련이다

앞으로 우리는 12주 동안 기도 훈련을 하게 됩니다. 많은 사람이 기도를 지식으로 배웁니다. 그러나 기도는 지식이 아니라 근육입니다. 근육은 설명으로 생기지 않습니다. 반복과 훈련으로 만들어집니다. 그래서 이 책은 기도를 '잘하는 법'을 가르치려 하기보다 기도가 '습관'이 되도록 훈련할 것입니다. 이 12주간의 여정을 끝까지 완주하기 위해 우리가 반드시 붙들어야 할 세 가지 원칙이 있습니다. 아주 단순하지만, 이 세 가지가 기도의 성패를 가릅니다.

원칙 1 기도 훈련은 '마음의 태도'에서 시작된다

총신대 라영환 교수님이 러시아에서 코스타 집회를 인도할 때 강단에 올라 "하나님이 여러분을 사랑하십니다"라는 말로 설교를 시작했는데 그 한마디에 많은 청년이 눈물을 흘리기 시작했습니다. 교수님이 처음에는 '아, 내가 드디어 능력을 받았구나. 러시아에서는 내가 통하나 보다' 하고 생각했는데 나중에 청년들이 이 집회에 참석하기 위해 2-3일씩 기차를 타고 수천 킬로미터를 달려왔다는 사실을 알게 되었답니다.

그렇게 간절한 마음으로 왔는데 어떻게 은혜를 안 받을 수 있겠습니까. 은혜를 못 받는 게 기적이죠.

이 훈련 또한 마찬가지입니다. 책의 내용보다 중요한 것은 마음의 태도입니다. 대부분의 사람은 시간 날 때 기도하겠다고 말합니다. 그러나 그런 사람은 평생 기도할 수 없습니다. 사람은 누구나 힘들고 불편한 것을 피하고 편한 대로 살고 싶어합니다. 그러니 그냥 하지 말고, 기도 시간과 장소를 구체적으로 정해보세요. 그러면 당신의 기도는 반드시 열리게 될 것입니다. 시간이 날 때 기도하는 사람과 시간을 정해서 기도하는 사람이 받는 은혜는 같을 수 없습니다. 하나님은 우리의 간절함을 보고 계십니다.

원칙 2 기도 훈련은 '몸으로' 익혀야 한다

남자와 여자 중에 누가 골프를 더 빨리 배울까요? 운동신경이 좋고 경험이 많은 남자가 더 빨리 배울 것 같은데 프로 골프 선수인 제자가 말하길, 일반적으로는 여자가 더 빨리 배우는 편이라고 합니다.

이유가 흥미롭습니다. 남자들은 이미 자기가 하던 방식이 있어서 코치가 가르쳐줘도 자꾸 원래 하던 대로 치려고 하는데 여자들은 해본 경험이 없어서 가르쳐주는 대로 따라 하니까 처음에는 느린 것 같아도 자세가 정확해지고, 시간이 지나면 훨씬 더 잘 치게 된다는 것입니다.

기도도 똑같습니다. 이 훈련 기간만큼은 그동안 해오던 기도 방식을 잠시 내려놓고, 저를 신뢰하고 그대로 따라오시기 바랍니다. 이 책은 한 강을 읽고, 매일 따라 하는 기도로 기도할 수 있도록 구성되어 있습니다.

강의보다 더 중요한 것은 매일 30분, 기도문을 따라 소리 내어 기도하는 것입니다.

제가 6-7분짜리 기도문 한 편을 쓰는 데 평균 20시간을 들입니다. 한 주 내내 "주님, 기름 부어주세요. 제 입술을 사용해주세요. 성령의 감동을 주세요"라고 기도하며 준비합니다. 그렇게 준비된 기도문을 그대로 따라 읽으며 기도하는 것입니다.

이때 기도를 눈으로만 보거나 귀로 듣기만 해서는 안 됩니다. 반드시 입으로 소리 내서 따라 하십시오. 소리 내어 따라 하는 것이 그렇게 하지 않는 것보다 기도의 집중력을 3배 더 높여줍니다. 한 편의 기도를 3번은 반복해서 따라 하세요. 반복이 중요합니다. 반복해서 따라 할 때 문자로 기록된 기도문이 내 마음에서 올라오는 기도로 변화됩니다.

그리고 여기서 끝내면 안 됩니다. 따라 하는 기도는 기도의 마중물입니다. 영상을 보며 기도를 따라 한 후에는 이 기도의 흐름을 이어 개인기도 시간을 가지세요. 당신 속에 있던 기도의 물꼬가 터질 것입니다. 제게 임했던 성령의 감동이 당신에게도 임할 줄 믿습니다.

이를 돕기 위해 각 강의 끝에는 기도 QR 코드가 수록되어 있습니다. 스마트폰으로 QR 코드를 스캔하면 해당 기도 영상이 나옵니다. 영상을 재생하고 인도에 따라 소리 내어 기도를 따라 한 뒤에는, 책에 마련된 체크리스트에 날짜를 적고 체크 표시를 하세요. 매일의 체크가 쌓여 당신의 영적 근육이 됩니다. 12주가 다 끝났을 때 다시 펼쳐본다면 당신의 기도는 분명 이전과 달라져 있고, 자신이 얼마나 성장했는지 스스로 알게 될 것입니다.

원칙 3 기도 훈련은 '공동체와 함께'할 때 완주할 수 있다

마라톤의 42.195킬로미터는 인간의 한계를 시험하는 거리입니다. 마라톤 경기에는 선수 곁에서 함께 뛰는 페이스메이커들이 있습니다. 이들은 선수의 속도를 맞춰주고 바람을 막아주며, 지치지 않도록 옆에서 끝까지 함께 뛰어줍니다. 혼자 뛰면 반드시 데드 포인트가 옵니다. 숨이 넘어가고, 포기하고 싶은 순간이 옵니다. 그러나 옆에서 발맞춰 뛰어주는 사람이 있으면 그 고비를 넘기고 완주하게 됩니다.

기도는 영적인 마라톤입니다. '내일부터 30분 기도해야지'라는 결심은 너무나 귀하지만, 솔직히 말하면 혼자서는 사흘 넘기기도 쉽지 않습니다. 갑자기 일이 생기고, 몸이 피곤하고, 마음이 답답해지면 제일 먼저 놓는 것이 기도입니다. 그래서 서로 페이스메이커가 되어줘야 합니다.

3-5명씩 조를 짜고 단톡방을 여세요. 매일 아침 조장이 그날의 기도 영상 1편을 올려주세요. 각자 30분 따라 하기와 개인기도를 마친 뒤 "오늘 완주했습니다"라고 글을 남기면 됩니다. 기도 중 가장 와닿았던 문장 하나를 같이 올려도 좋습니다. 혹시 그날 기도를 못 한 사람이 있다면 왜 안 했냐고 다그치지 마세요. 대신 "괜찮아요. 다시 시작하면 돼요", "할 수 있어요"라고 응원해주세요. 함께 가면 더 멀리 갈 수 있습니다.

기도 훈련은 마음에서 시작되고, 몸으로 익혀지며, 공동체 안에서 완주됩니다. 이 책은 기도를 잘하는 사람을 만들기 위한 것이 아니라 기도를 계속하는 사람, 기도를 포기하지 않는 사람을 세우기 위한 책입니다. 방법은 아주 간단합니다. 고민하지 말고 그냥 따라 하면 됩니다.

자, 이제 수업을 시작하겠습니다.

PART 1

기도와
친해지기

1

따라 하는 기도

마태복음 6:9

2020년, 분당 지구촌교회에서의 20년 사역을 마치고 안식년에 들어가며 아내와 매일 가정예배를 드리기 시작했습니다. 매일 하루 30분씩 짧게 가정예배를 드렸는데 하나님께서 그 시간에 정말 많은 은혜를 주셨습니다. 말씀을 전하는 저도 울고 듣는 아내도 울고, 말씀을 붙들고 함께 기도하며 울고, 서로 축복하다 보면 시간이 어떻게 가는지 모를 만큼 좋았습니다.

어느 날 가정예배를 드리던 중, 하나님께서 이런 말씀을 주셨습니다. '너희의 삶이 누군가에게 도움이 되는 삶이 되라.'

그 말씀을 붙들고 생각할 때 그날 아침의 일이 떠올랐습니다. 카카오톡에 한 형제의 생일 알림이 떠서 어떻게 축하해줄까 고민하다가 기도문을 적어 보내주었는데 잠시 후 답장이 왔습니다.

"목사님… 저 이런 생일 선물 처음이에요. 보내주신 기도를 읽고 너무 감동을 받아서 뭐라고 답장을 할지 한참 망설였어요. 너무 힘이 되고 위로가 됩니다. 정말 감사합니다."

그때 기도가 어려운 사람들에게 기도의 도움을 줄 수 있겠다는 생각이 들어서 핸드폰으로 기도문을 녹음해 유튜브에 영상을 올리기 시작했습니다. 많은 사람이 볼 거라고는 전혀 생각하지 않았습니다. 그날 가정예배 시간에 주신 말씀에 순종하는 마음으로 시작했을 뿐입니다.

그런데 예상하지 못한 일이 일어났습니다. 지금 이 채널의 조회 수가 6천만이 넘고, 구독자는 26만 명을 넘어섰습니다. 이 숫자가 의미하는 것은 단순한 성과가 아닙니다. 저는 이 숫자를 보면서 '사람들이 정말 기도에 목말라 있었구나. 기도를 원했는데, 어떻게 해야 할지 몰라서 못 하고 있었구나'라는 생각이 들었습니다. 얼마나 기도가 어렵게 느껴지고 기도하고 싶은 마음이 간절했으면 이렇게 투박한 영상을 끝까지 봤겠습니까.

어느 목사님이 처음 예수님을 믿었을 때 기도를 몇 마디 하고 나니 더는 할 말이 없더랍니다. 하나님께서 심심해하실까 봐, 아는 찬송도 없어서 좋아하는 가요를 몇 곡 불러드렸는데 그래도 시간이 너무 안 가서 참 어색한 첫 만남이었다고 하더군요.

많은 분이 비슷한 경험을 합니다. 다른 사람들은 유창하게 열심히 기도하는 것 같은데 나는 무슨 말을 해야 할지 모르겠고, 몇 마디 기도하고 나면 더는 할 말이 없고, 내가 하는 기도는 뭔가 기도답지 않게 느껴집니다. 그러다가 대표기도라도 부탁받으면 머리가 하얘지고, 다른 사람들의 기도를 들으면 괜히 기가 죽어서 기도가 더 어려워집니다.

기도가 중요하다는 것도 알고 기도해야 한다는 것도 알지만 막상 기도하려고 하면 너무 어렵게 느껴집니다. 기도는 은사 있는 사람들만 하는 것 같고, 나는 기도에 은사가 없는 사람처럼 느껴집니다. 이 책은 기도를 잘하게 하는 것이 아니라, 기도를 시작할 수 있도록 돕기 위한 것입니다.

왜 기도를 어려워할까

하나님보다 나를 더 의식하는 자기검열

기도가 어려운 이유 중 하나는, 하나님보다 자기 자신을 더 많이 의식하기 때문입니다. '나는 부족해', '나는 자격이 안 돼', '나는 아직 죄가 많아', '이런 마음으로 기도해도 되나?' 하는 생각이 많아질수록, 기도는 하나님을 만나는 즐거운 시간이 아니라 자기 자신을 계속 점검하고 검열하는 괴로운 시간이 됩니다.

기도는 하나님 앞에 자격을 증명하러 가는 자리가 아닙니다. 내가 완벽해서 하는 것이 아닙니다. 내가 완벽하지 않다는 사실을 인정하고 나아가는 것이 기도입니다.

자격은 내가 만드는 것이 아닙니다. 예수님이 이미 십자가에서 만들어주셨습니다. 기도는 나를 포장하는 시간이 아니라 나를 내려놓는 시간입니다. 하나님 앞에서는 괜찮아 보이려고 애쓸 필요가 없습니다. 있는 모습 그대로 서면 됩니다. 자신의 부족함을 내려놓고, 있는 그대로를 받아주시는 하나님의 사랑에 시선을 둘 때 비로소 기도의 문이 열리기 시작합니다.

하나님에 대한 오해

또 하나는 하나님에 대한 오해 때문입니다. 많은 사람이 '하나님은 내가 잘해야 받아주실 거야', '이런 모습으로 가면 분명 실망하실 거야', '부족한 내 모습을 아시니 화내실지도 몰라' 이렇게 하나님을 마치 경찰이나 판사처럼, 나를 판단하고 꾸짖는 분으로 여깁니다. 그런 분과는 누구도 편하게 대화할 수 없습니다.

그러나 이것은 사탄이 주는 가장 큰 거짓말입니다. 하나님은 우리의 성적표를 보고 평가하는 분이 아닙니다. 우리의 연약함을 보고 실망하거나 화내는 분도 아닙니다. 오히려 우리가 돌아오기만을 기다리는 좋은 아버지이십니다. 우리가 잘해서 기뻐하시는 게 아니라 우리가 자녀라는 사실 자체를 기뻐하십니다. 때로는 어리광을 부려도, 자녀가 찾아왔다는 그 이유만으로 기뻐하는 분입니다. 하나님의 이 선하심을 알게 되면 기도는 부담이 아니라 쉼이 됩니다.

기도를 잘해야 한다는 부담

또 우리가 기도를 어려워하는 이유는, 기도를 '잘해야 한다'라고 생각하기 때문입니다. 사실 무엇이든 잘하려면 먼저 '잘하려는 생각'을 내려놓아야 합니다. 그리고 반복해야 합니다. 반복하면 결국 다 잘하게 되어 있습니다. 젓가락질을 처음부터 잘하려고 하지 않죠. 그냥 합니다. 그냥 하다 보니 어느 순간 자연스럽게 잘하게 됩니다.

'잘해야 한다'라는 생각이 커지면, '안 되면 어떡하지'라는 두려움이 생깁니다. 그 두려움 때문에 시작하지 못하고, 시작하지 못하니 반복도 일어나지 않습니다. 기도도 같습니다. 기도를 잘하고 싶다면 잘해야 한다는 생각부터 내려놓으세요. 틀릴 기회, 실패할 시간을 줘야 합니다. 처음부터 잘하려고 하지 말고, 그냥 하십시오. 기도는 그냥 하는 것입니다.

제 아들이 일곱 살 때 유소년 축구클럽에 다녔습니다. 이 클럽의 코치 선생님은 대학 리그의 득점왕 출신으로, 공을 차는 모습을 보면 그저 놀랍기만 했습니다. 그런데 그 분이 일곱 살 아이들에게 축구를 가르치면서 알려준 규칙은 딱 한 가지였습니다.

"축구는 발로 차는 거야."

그 분이 축구의 규칙과 기술과 전술을 얼마나 많이 알겠습니까. 그런데도 다른 말은 하지 않고, 발로 차야 한다는 한 가지만 이야기해주고는 공을 아이들에게 던져줍니다. 모든 아이가 공을 향해 우르르 몰려갑니다. 골대가 어디인지도 모르고 차고, 자기편의 공을 빼앗기도 합니다. 심지어 자기 골대에 공을 넣고 좋아하기도 합니다.

그런데도 선생님은 아이들의 잘못을 고치지 않고, 함께 뛰어다니며 응원해줍니다. 지켜보는 어머니들 역시 누구 하나 지적하거나 고치려 하지 않습니다. 손뼉을 치며 응원하고, 깔깔 웃으며 좋아합니다. 사진을 찍고, 동영상까지 촬영합니다.

왜 축구 같지도 않은 축구를 보면서 그렇게 즐거워할까요? 일곱 살이기 때문입니다. 이제 막 축구를 시작했기 때문입니다. 이 축구가 옳아서가 아니라 반드시 거쳐야 하는 과정이기 때문입니다. 시작하는 아이에게 지나치게 많은 규칙과 기술을 이야기해주면, 그 아이는 축구를 어렵게 느끼고 결국 싫어하게 됩니다. 선생님은 축구를 시작하는 아이들에게 복잡하고 어려운 규칙과 기술과 전술을 알려주는 대신 축구가 쉽고 재미있다고 느끼게 해준 것입니다.

기도가 어렵게 느껴진 것도 기도를 시작하기 전에 기도에 대해 너무 많은 규칙을 들어왔기 때문입니다. 기도를 시작할 때는 더 다양한 기도의 방법을 배우거나 더 많은 기도 규칙을 아는 것이 아니라 기도가 쉽고 재미있다는 것을 느끼고 기도의 첫걸음을 떼는 것이 필요합니다.

따라 한다고 기도가 될까

제 채널에 댓글로 "목사님의 기도를 따라 한다고 기도가 될까요? 목사님이 하신 기도가 제 기도일까요?"라고 질문하는 분들이 종종 계셨습니다. 당신의 생각은 어떤가요? 다른 사람의 기도를 따라 하는 것이 의미가 있을까요? 따라 하는 기도를 하나님께서 들으실까요?

제자들이 "예수님, 저희에게 기도 좀 가르쳐주세요"라고 요청하자 예수님이 이렇게 말씀하십니다.

마 6:9 그러므로 너희는 이렇게 기도하라 하늘에 계신 우리 아버지여 이름이 거룩히 여김을 받으시오며

"그러므로 너희는 이렇게 기도하라."

예수님도 제자들에게 기도를 가르치실 때 기도문을 들려주시며, 듣고 따라 하라고 하셨습니다. 따라 하는 기도의 원조는 예수님입니다. 기독교에서 가장 공신력 있는 기도 훈련 방법은 바로 듣고 따라 하는 것입니다. 따라 기도한다고 그게 기도냐, 그런다고 응답이 되느냐고 묻는 분들도 있지만, 기도는 따라 하면서 시작하는 것입니다.

모태신앙인들은 잘 모를 수도 있지만, 교회에 처음 온 사람에게 교회는 꽤 낯선 공간입니다. 저는 모태신앙이 아니어서 처음 교회에 왔을 때는 교회라는 문화 자체가 쉽지 않았습니다. 처음 보는 누나가 제게 "사랑해요"라고 해서 제가 깜짝 놀라 '저 누나가 나한테 왜 이러나' 싶었습니다. 또 어떤 선배들이 저를 보자마자 "형제님" 하고 부르는데, 닭살이 돋아서 혼났습니다. 그런 단어는 책에서만 봤지, 실제로 누군가에게서 들어본 적이 없었거든요.

예배도 적응이 쉽지 않았습니다. 그나마 찬양은 괜찮았고 설교도 강의 듣듯이 들으면 되니까 괜찮았습니다. 교회는 시험을 치지 않으니 무슨 말인지 정확히 몰라도 그냥 앉아 있으면 되었거든요. 그런데 기도는 정말 쉽지 않았습니다. 5분, 10분 하는 것은 그래도 할 만했습니다. 그런데 그 교회는 "기도합시다" 하면 1시간, 2시간 기도하는 교회라 그 시간이 너무 힘들었습니다.

요즘은 목사님들이 친절해서 무엇을 기도해야 하는지 중간중간 잘 설명해주시는데, 그때는 그런 것도 없었습니다. "나라와 민족을 위해 기도합시다" 이 말이 떨어지면 옆에서 큰북을 치기 시작합니다. 저는 그 북소리를 들으면서 1시간 동안 나라와 민족을 위해 기도해야 했습니다.

그런데 제가 아는 나라와 민족 관련 단어를 다 끌어모아도 5분 이상할 말이 없었습니다. 정말 열심히 기도했다고 생각하고 시계를 보면 겨우 5분 지났고, 다시 기도해봐도 10분이 채 안 됩니다. 한 번 더 하려니, 하는 저도 민망하고, 듣는 하나님도 민망하실 것 같아서 더는 말을 못 하겠더라고요. 기도 시간이 정말 고역이었습니다.

그래서 제가 한 방법은 기도를 잘하시는 집사님 뒤에 앉는 것이었습니다. 그 분의 기도를 들으며 속으로 '하나님, 제가 하고 싶은 기도가 이거예요. 저도 이 기도에 아멘입니다. 이 기도, 저에게도 응답해주세요' 이렇게 하다 보니, 신기하게도 1시간 기도가 되더라고요.

더 놀라운 건 그다음이었습니다. 혼자 기도하려고 앉았는데, 그 집사님의 기도가 생각납니다. 그 분이 했던 기도를 제가 똑같이 따라 하고 있더라고요.

기도는 어렵지 않습니다. 쉽습니다. 누구나 할 수 있습니다. 듣고 따라 하면 됩니다. 어린아이가 부모의 말을 듣고 따라 하면서 말을 배우듯, 기도도 그렇게 배우는 것입니다. 그래서 이 책의 이름도 《따라 하는 기도학교》입니다.

기도가 된다, 재미있어진다

실제로 제 채널에 남겨주신 댓글에는 놀라운 간증이 참 많습니다. 모태신앙인데도 기도가 너무 어려워서 기도를 배우려고 유튜브에서 기도하는 법을 검색했더니 '따라 하는 기도'가 나와서 기도를 따라 하게 되었다고 합니다.

"목사님, 기도가 어려웠는데 요즘 기도가 너무 재미있어졌어요. 아침에 눈 뜨면 제일 먼저 기도하고, 저녁에 자기 전에도 기도해요. 심지어 자다가 깼는데 그냥 자지 않고 기도하고 다시 잠들었어요. 기도가 너무 재미있어요."

기도가 힘들었던 분이 기도를 듣고 따라 하면서, 기도가 즐거워져 매일 기도하게 되었다고 합니다. 사는 것이 너무 힘들어 극단적인 생각까지 했던 분이 기도를 따라 하다가 하나님께서 "너는 죽으면 안 된다, 살아야 한다"라고 말씀하시는 것 같았다면서 "목사님, 저 살기로 결심했어요"라는 댓글을 남기셨습니다.

10년 넘게 우울증 약을 드시던 분이 이제 우울증 약을 끊고 일상생활이 가능해졌다고 하셨고, 몇 년 동안 수면제에 의존하던 분이 "목사님, 수면제 없이는 잠을 못 잤는데, 목사님 기도만 들으면 잠이 와요"라고 하셨습니다. 이걸 좋아해야 할지 모르겠지만, 불면증이 치유되었다는 간증이었습니다.

30대 중반의 한 자매는 하나님께 따지듯 "하나님, 왜 남들 기도는 잘 들어주시면서 왜 제 기도는 안 들어주시는 거예요. 왜 저는 결혼 안 시켜주세요? 결혼시켜 달라고 기도하는 것도 제 욕심이고 이기적인 기도인가요?"라고 기도했다고 합니다. 그러다 유튜브에서 배우자를 위한 기도 영상을 보게 되었는데, 그 기도를 듣는 동안 눈물이 멈추지 않았다고 합니다. 이후 한 형제를 소개받았는데 그 형제와 결혼하게 되어 "목사님, 기도 응답으로 결혼했으니 주례해주세요"라고 연락해와서 제가 주례를 하고 온 적이 있습니다.

한 30대 자매는 젊은 나이에 암 진단을 받았습니다. 제 채널 구독자인

사촌 언니가 그 소식을 듣고 제 기도 영상을 카톡으로 보내줬는데, 그 자매는 지푸라기라도 잡는 심정으로 매일 기도 영상을 틀어놓고 듣고 따라 했다고 합니다. 그런데 치료를 받기 위해 병원에서 검사를 받았는데 검사 결과 암세포가 모두 사라졌다고 합니다. "목사님, 하나님이 살아 계세요" 하고 울며 전화하던 그 목소리가 아직도 생생합니다. 기적 같은 일이었습니다.

하나님의 사랑이 믿어지지 않던 분이 하나님의 사랑을 믿게 되고, 교회를 다니지 않던 분이 교회에 나오기 시작하고, 재정의 문제가 풀리고, 진로의 문이 열리고, 자녀의 문제가 해결되는 일들이 계속해서 일어났습니다. 하나님의 응답이 아니었다면 어떻게 이런 일들이 가능하겠습니까. 무슨 말을 해야 할지 몰라 남이 한 기도라도 그저 따라 했을 뿐인데 하나님께서 놀랍게 응답하신 것입니다.

제 채널 구독자의 대부분은 이제 막 기도를 시작하고 배우는 분들입니다. 기도할 힘을 잃은 분들이고 어떻게 기도해야 할지 몰라 찾아오신 분들입니다. 그분들이 한 일은 단순합니다. 기도를 듣고 따라 한 것뿐입니다. 그런데도 놀라운 응답을 경험하고, 인생이 변하고 있습니다. 이렇게 기도 응답을 경험하면 기도처럼 재미있는 것이 없습니다. 기도 시간이 너무 즐겁고 행복합니다.

누군가 제게 무엇을 하는 시간이 제일 좋으냐고 묻는다면 저는 기도 시간이라고 대답합니다. 하나님께 기도하는 시간이 너무 좋습니다. 사람들은 무엇을 이야기해도 다 안 된다, 힘들다, 어렵다고 합니다. 이제는 포기하라고 말합니다. 그런데 주님은 늘 전혀 다른 말씀을 하십니다. 어떻게 그런 생각을 했냐고, 너무 좋은 생각이라고, 너무 재미있겠다고, 같이 해보자고, 내가 무엇을 도와주면 되겠느냐고 하십니다. 그래서 기도를 마치고 나면 힘이 납니다.

당신은 어떤가요? 기도 시간이 즐거운가요? 기도 생활을 잘하고 있나요? 매일 한 시간씩 꾸준히 기도하는 분도 계시겠지만 일주일 내내 10분도 기도하지 못하는 분도 계실 겁니다. 그래서 한 가지 결단을 제안합니다. 지금부터 3개월 동안, 하루 30분씩 매일 기도해봅시다. 무슨 말을 해야 할지 고민할 필요가 없습니다. 그냥 따라 하면 됩니다. 이 작은 결단이 당신의 기도 인생을 바꾸는 시작이 될 수 있습니다.

기도는 방식보다 대상이 중요하다

축구를 시작할 때 '축구는 발로 차는 것'이라는 한 가지 규칙을 알아야 하는 것처럼 기도를 시작할 때도 반드시 알아야 할 한 가지가 있습니다. 기도는 방식보다 기도의 대상이 중요하다는 사실입니다.

기도할 때 꼭 눈을 감아야 할까요? 눈을 뜨고 기도하면 안 될까요? 누워서 기도해도 될까요? 걸으면서 기도해도 하나님께서 들으실까요? 기도하는 모습은 사람마다 참 다양합니다. 어떤 사람은 편안하게 이야기하듯 기도하고, 어떤 사람은 목이 쉬도록 통성으로 기도합니다. 어떤 사람은 조용히 침묵으로 기도하고, 어떤 사람은 뜨겁게 방언으로 기도합니다. 당신이 떠올리는 기도의 모습은 어떤 건가요? 어떤 모습으로 기도할 때 가장 은혜가 되나요?

우리가 종종 실수하는 지점이 있습니다. 기도의 스타일로 기도를 판단하는 것입니다. 어떤 사람은 조용히 말하듯 드리는 기도를 기도라고 인정하지 않습니다. 그렇게 힘없고 식은 죽 같은 기도는 하나님께서 받지 않으신다고 생각합니다. 어떤 사람은 통성으로 기도하는 모습을 보면 "하나님께서 귀가 먹었냐, 왜 그렇게 시끄럽게 기도하냐, 유난 좀 그만 떨어라, 예배당을 혼자 전세 냈냐"라며 비아냥거리기도 합니다.

또 어떤 분은 방언으로 기도하는 분들을 보면서 무슨 말인지 아냐고, 무슨 말인지도 모르는데 그게 무슨 기도냐면서 방언으로 드리는 기도를 기도로 인정하지 않습니다. 침묵으로 드리는 기도는 다른 종교의 명상에 불과하다며 기도에서 제외시키는 분도 있습니다.

기도 스타일은 기도자가 처한 상황과 기도 제목, 성품과 은사에 따라 모두 다를 수 있습니다. 하나님은 조곤조곤 이야기하는 기도도 들으시고, 통성으로 부르짖는 기도도 들으십니다. 침묵으로 드리는 기도도 들으시고, 방언으로 드리는 기도도 들으십니다. 눈을 감고 드려도 들으시고, 눈을 뜨고 드려도 들으십니다. 걸으며 드리는 기도도 들으시고, 누워서 드리는 기도도 들으십니다. 하나님은 어떤 스타일의 기도를 더 좋아하시는 것이 아니라 기도하는 저와 당신을 좋아하십니다.

기도는 자신에게 맞는 방법으로 드리면 됩니다. 하나님은 얼마든지 우리의 스타일을 존중하고 배려해주실 만큼 크신 분입니다. 당신에게 익숙한 방법으로 기도하면 됩니다. 다만, 다른 사람의 기도 스타일을 보며 판단하는 일은 멈추어야 합니다. 기도의 스타일은 틀린 것이 아니라 다를 뿐입니다.

다른 종교들에도 기도가 있습니다. 그들의 기도와 우리의 기도가 다른 것은 기도 방식이나 방법이 아니라 기도의 대상이 다르기 때문입니다. '어떻게' 기도하느냐보다 '누구에게' 기도하느냐가 더 중요합니다.

빙햄 헌터(Bingham Hunter) 교수는 《프레어》(The God Who Hears)에서 이렇게 말합니다.

결함이 있는 비행기를 조종술로 보충할 수는 없다. 믿음의 힘으로 죽음을 넘어 영원한 생명으로 비행할 수는 없다. 문제는 신뢰할 수 있을 만한 존재를 당신이 신뢰하였는가 하는 것이다. 하나님을 신뢰하지 않고, 당신이 믿는다는 사실을 신뢰하는 것은 치명적인 실수이다.

아무리 비행기 조종술이 뛰어나도 결함이 있는 비행기로는 목적지에 이를 수 없듯 기도도 마찬가지입니다. 어떻게 기도하느냐보다 더 중요한 것은 누구에게 기도하느냐입니다.

우리가 하는 기도의 독특성, 즉 우리의 기도와 다른 종교에서 하는 기도의 차별성은 기도 방법보다 기도하는 대상에 있습니다. 기도 방법은 흉내 낼 수 있어도 기도의 능력은 흉내 낼 수 없습니다. 기도할 때 다른 건 몰라도 반드시 알아야 할 가장 중요한 것은 우리가 누구에게 기도하느냐, 우리의 기도를 듣는 분이 누구냐는 것입니다.

예수님이 이렇게 기도하라고 기도를 가르쳐주실 때, 이렇게 기도하지 말라며 두 가지를 먼저 말씀하십니다. 외식하는 자의 기도와 이방인의 기도입니다.

외식하는 자들은 사람 앞에서 기도했습니다. 그러나 주님은 사람 앞에서 하지 말고 골방에서 하라고 말씀하십니다. 하나님께 기도하라는 것입니다. 기도의 대상을 분명히 하라는 뜻입니다. 이방인들의 기도는 중언부언하는 기도였는데, 이들은 말을 많이 하면 응답될 것으로 생각했습니다. 자기 열심을 믿었던 것입니다. 그러나 기도는 우리의 열심이 아니라 선하신 하나님이 중요합니다. 선하신 하나님을 기대하고 기도하라는 것입니다.

기도는 사람 앞에서 하는 것이 아니고, 내 열심으로 밀어붙이는 것도 아닙니다. 우리 기도를 들으시는 선하신 하나님 앞에서 드리는 것입니다.

기도는 하나님께 하는 것이다

마 6:9 그러므로 너희는 이렇게 기도하라 하늘에 계신 우리 아버지여 …

우리는 누구에게 기도합니까? "하늘에 계신 우리 아버지"입니다! 온 우주 만물을 창조하고 다스리시는 하나님, 구속하고 완성하실 하나님, 모든 문제보다 크고 어떤 원수보다 강하신 하나님, 나보다 나를 더 사랑하시는 하나님, 성경을 통해 계시된 성삼위 하나님께 기도하는 것입니다. 기도에 대해 다른 것을 잘 몰라도 괜찮습니다. 기도 내용이 부족하고 기도의 열심이 부족해도 괜찮습니다. 기도하는 우리가 부족해도 괜찮습니다. 그러나 이것 하나만은 확실하게 기억해야 합니다.

"기도는 하나님께 하는 것이다."

의외로, 기도 대상이 분명하지 않은 분들이 있습니다. 내 기도를 듣는 분이 하나님이든 부처님이든 우주의 에너지든 상관없다는 것입니다. 뭐라도 걸리기만 하면 된다는 태도입니다. 그러다 보니 예배당에 와서는 하나님께 기도하고, 새해가 되면 신년 운세를 보고, 자녀가 결혼한다고 사주팔자를 보고, 재미로 본다며 타로점을 칩니다. 이사는 손 없는 날을 따지고, 사업이 안 된다고 장로님이 조상 묫자리를 옮기기도 합니다. 기도의 대상이 분명하지 않은 것입니다.

제 아들이 아무리 완벽하게 PPT를 준비해서 프레젠테이션을 기가 막히게 해도 옆집 아저씨 앞에서 하면 등록금을 받을 수 없습니다. 말이 조금 부족하고 어눌해서 설득력이 약해 보여도 제게 와서 해야 등록금을 받을 수 있습니다.

기도도 마찬가지입니다. 우리는 열심히 기도해야 합니다. 마음과 정성을 다하고 열정을 다해 기도해야 합니다. 할 수 있는 최선을 다해 뜨겁고 간절하게 기도해야 합니다. 그러나 우리의 열심보다 중요한 것은 누구에게 기도하느냐입니다. 우리는 살아 계신 성삼위 하나님께 기도하는 사람들입니다.

기도를 성부·성자·성령, 성삼위 하나님 중에 누구에게 하는 것일까요? 성부·성자·성령 하나님은 동등한 위격의 하나님이시며, 각 위격의 역할이 있습니다. 성부 하나님은 창조하시고 다스리시며, 성자 예수님은 우리를 위해 십자가에 죽으시고 부활하셔서 하나님 우편에서 우리를 위해 기도하십니다. 성령 하나님은 우리를 구원의 길로 인도하시고 위로하시며 능력을 주십니다. 삼위 하나님의 역할은 서로 독립적이라기보다 상호 의존적입니다.

우리는 성령 안에서, 그리스도를 통하여 성부 하나님께 기도합니다. 다시 말해, 성령 하나님의 도우심을 받아 성자 예수님의 이름으로 성부 하나님께 기도하는 것입니다. 일반적으로는 성부 하나님께 기도드리지만, 성자 예수님께, 성령 하나님께 기도할 수도 있습니다. 중요한 것은 기도는 성삼위 하나님께 하는 것입니다.

성령 하나님이 우리의 기도를 도와주신다

하나님께 기도해야 한다는 것을 알고 있어도 기도가 잘 안 될 때가 있습니다. 기도하려고 무릎을 꿇으면 머릿속이 갑자기 산만해집니다. 이것은 이상한 일이 아니라 누구에게나 일어날 수 있는 일입니다. 기도를 못 해서가 아니라 기도를 시작했기 때문입니다. 기도는 영적 전쟁입니다. 우리가 기도할 때 마귀가 가만있지 않습니다. 온갖 방법으로 기도를 방해합니다. 기도가 잘되지 않는 것은 당연합니다.

다행인 것은 그 순간에 기도의 영이신 성령님이 우리를 위해 기도하신다는 사실입니다. 그것도 말로 다 할 수 없는 탄식으로, 애통해하시며 우리를 위해 기도하십니다.

> **롬 8:26,27** 이와 같이 성령도 우리의 연약함을 도우시나니 우리는 마땅히 기도할 바를 알지 못하나 오직 성령이 말할 수 없는 탄식으로 우리를 위하여 친히 간구하시느니라 마음을 살피시는 이가 성령의 생각을 아시나니 이는 성령이 하나님의 뜻대로 성도를 위하여 간구하심이니라

이 부분을 유진 피터슨 목사님은 메시지 성경에서 "어떻게 또 무엇을 기도해야 할지 몰라도 괜찮습니다. 그분이 우리 안에서, 우리를 위해, 우리의 기도를 하십니다. 할 말을 잃어버린 우리의 탄식, 우리의 아픈 신음 소리를 기도로 만들어주시기 때문입니다"라고 번역했습니다.

누구보다 우리의 마음을 잘 아시는 성령님이 우리의 탄식과 신음을 기도로 바꿔주십니다. 그러니 너무 힘들어 기도가 나오지 않을 때, 어디서부터 기도를 시작해야 할지 모르겠고 무엇을 위해 기도해야 하는지조차 알 수 없을 때는 기도를 도우시는 성령님을 의지하십시오. 우리를 방해하는 원수 마귀보다 우리를 도우시는 성령님의 역사가 훨씬 더 강하다는 사실을 믿어야 합니다.

오래전 일산의 한 교회에서 사역할 때의 일입니다. 새벽 예배가 끝나면 전도사님과 함께 봉고차로 성도님들을 모셔다드리곤 했는데 어느 날 새벽에는 기도를 마치려 해도 기도가 멈추지 않았습니다. 방언기도가 계속 나와 도저히 멈출 수가 없었습니다. 그래서 전도사님에게 양해를 구하고 한 시간 정도 더 기도했습니다.

그런데 혼자 차량 운행을 나간 전도사님이 성도님들을 모두 모셔다드리고 돌아오는 길에 사고가 났다는 연락이 왔습니다. 곧바로 사고 현장

으로 가보니 늘 제가 앉아 있던 조수석으로 가로등을 들이받아 완전히 폐차할 상태가 되었고 조수석은 뒷자리까지 밀려 들어가 있었습니다.

그 모습을 보는 순간 온몸에 소름이 돋았습니다. 만약 그 자리에 제가 있었다면 어떻게 되었을까요. 아무것도 모르는 저를 살리시려고 성령님께서 그 새벽에 기도를 멈추지 못하게 하신 것입니다. 경찰이 와서 운전자가 사망한 줄 알았다고 했는데 전도사님은 가벼운 타박상만 입었을 뿐 전혀 다치지 않았습니다. 기적이었습니다.

한 치 앞도 알 수 없는 우리는 무엇을 기도해야 할지 모를 때가 참 많습니다. 그러나 모든 것을 아시는 성령님은 우리를 위해 말할 수 없는 탄식으로 기도하며 도와주십니다. 물론 하나님께서 우리를 위기에서 건져내실 때도 있지만, 그 고난을 통과하게 하실 때도 있습니다. 당신이 어떤 고난 속에 있는지, 그래서 무슨 기도를 해야 할지 모를 때에라도, 당신을 대신하여 말할 수 없는 안타까운 마음으로 성령님이 기도하고 계신다는 사실을 꼭 기억하기를 바랍니다.

어떻게 기도해야 할지 몰라도 괜찮습니다. 기도의 초점을 하나님께 분명히 두고 성령님을 의지해 기도를 시작하십시오. 그러면 성령님께서 우리의 기도를 친히 인도해가실 것입니다.

매일 30분 따라 하는 기도

CHECK	차수	날짜	QR코드	영상 제목
☐	Day 1			상처받은 마음을 치유하는 기도
☐	Day 2			불안과 두려움을 극복하는 기도
☐	Day 3			기도가 안될 때 하는 기도
☐	Day 4			하나님을 신뢰하는 기도
☐	Day 5			하나님의 사랑이 느껴지는 기도
☐	Day 6			성령의 불을 받는 기도
☐	Day 7			하루를 시작하는 기도

* 한 기도문을 3번 반복해서 따라 기도하고 개인기도 시간을 가진 후 체크하세요.

2

하나님을 아는 기도

마태복음 7:9-11

우리는 모두 기도합니다. 급할 때 기도하고, 불안해서 기도하고, 더 이상 방법이 없어서 기도합니다. 그런데 많은 사람이 기도를 왜 해야 하는지 모른 채 기도합니다. 그러다 보니 기도가 부담스럽고 힘들어집니다. 솔직히, 기도가 좋아서 하고 계십니까? 어쩔 수 없이 하고 있는 것은 아닌지요?

많은 사람이 '기도하고 싶다'가 아니라 '기도해야 되는데'라는 부담을 가지고 있습니다. 그렇다고 기도하지 않는 것도 아닙니다. 열심히 기도하고, 심지어 힘들어도 기도하려고 애씁니다.

기도해야 하는 이유를 모르면 기도는 무거운 종교적인 멍에가 됩니다. 반대로, 그 이유를 알게 되면 기도는 해야 하는 의무가 아니라 하고 싶은 일이 됩니다. '아, 그래서 하나님이 기도하라고 하셨구나' 하고 깨닫게 되고, 그 순간부터 기도의 자리는 완전히 달라집니다. 기도 시간은 가장 행복한 시간이 됩니다. 그렇다면 하나님은 왜 우리에게 기도하라고 말씀하실까요?

기도는 하나님의 자녀만이 누리는 놀라운 특권이다

이 시대는 매우 자기중심적입니다. 내가 중요하고, 철저하게 나를 중심으로 세상이 돌아가고 있습니다. 그런데 그 말은 사실 틀린 말입니다. 세상은 나 중심이 아니라 자녀를 중심으로 돌아갑니다.

저는 책을 매우 중요하게 여겨서, 다른 것은 버려도 책은 버리지 못합니다. 이사할 때마다 제 아내가 책 좀 버리면 안 되냐고 그렇게 이야기해도, 저는 "안 돼요. 차라리 나를 갖다버려요"라며 버텼습니다. 그런데 어느 날 정신을 차려보니 제가 제 책을 버리고 있더군요. 아들의 책과 장난감이 들어올 자리를 마련하기 위해서입니다. 저희 집의 주인은 제가 아니라 제 아들입니다. 온 집 안이 아들의 물건으로 꽉 차 있습니다.

제 아내는 브랜드가 있는 옷을 잘 사지 않습니다. 서 있는 옷보다는 누워 있는 옷을 삽니다. 그런데 자신을 위해서는 그렇게 돈을 아끼는 아내가 아들을 위해서는 돈을 아끼지 않습니다. 제 아내가 아들을 위해 돈을 쓰고, 집 안 곳곳이 아들의 책과 장난감으로 가득한 것을 보고 제가 불편해하고 싫어할까요? 아닙니다. 제 아들을 위해 쓰는 돈은 아깝지 않습니다. 할 수만 있다면 더 좋은 것을 사주고 싶습니다.

저도 제가 소중하고, 저를 중심으로 세상을 살고 싶은 이기적이고 욕심 많은 사람입니다. 그런데 그런 저 같은 이기적인 사람조차도 아들 앞에서는 이기적인 생각이 작동되지 않습니다. 제 아들 앞에서는 언제나 저보다 아들이 우선입니다. 아버지에게 아들은 그런 존재입니다. 세상은 내가 아니라 자녀를 중심으로 돌아갑니다.

그런데 하나님은 우리를 구원하시기 위해 자신의 지혜와 능력을 사용하지 않으셨습니다. 천사들을 보내지도 않으셨습니다. 자신의 외아들을 내어주셨습니다. 제가 아들을 낳고 보니까 이건 말이 되지 않습니다. 어떻게 아들을 내어줄 수 있습니까? 이건 불가능한 이야기입니다. 내 목숨을 내주는 것도 쉽지 않겠지만, 내 아들의 목숨을 내어놓는 것은 불가능한 일입니다. 그런데 삼위일체 하나님께서 그런 결정을 하셨습니다.

기독교 신앙은 하나님의 아들이신 예수 그리스도, 우리를 위해 죽으시고 부활하신 예수 그리스도를 내 삶의 구원자와 주님으로 고백함으로써 죄인이었던 우리가 하나님의 자녀가 되었다는 믿음입니다. 이 말은 하나님의 중심에 바로 우리가 있다는 뜻입니다. 하나님께서 우리를 그분의 중심에 두시고, 우리를 중심으로 이 큰 우주를 움직이고 계신다는 말입니다.

저와 가장 가까운 사이가 법적으로는 제 아내지만 실제로는 제 아들입니다. 제 아들은 어릴 때 제 얼굴에 자기 발을 올리고 잤습니다. 그래서 아침에 "왜 이렇게 아빠 얼굴에 발을 올리고 자니. 반듯하게 좀 자자"라고 말했는데 "네, 아빠. 그렇게 할게요"라고 대답할 줄 알았더니 그냥 씩 웃고 말더라고요. 그날 저녁, 자려고 누우니까 다시 발을 딱 올립니다. 제가 아침에 무슨 말을 했는지 전혀 기억하지 못합니다. 또 음식이 맛없으면 먹다 말고 "아빠, 먹어요"라며 제 입에 넣습니다.

제가 아내와 아무리 가까워도 감히 제 아내 얼굴에 다리를 올리고 자지는 않습니다. 제 아내가 저를 아무리 사랑한다고 해도 먹던 것을 뱉어서 제 입에 넣지는 않습니다. 그런데 제 아들은 그렇게 합니다. 저와 가장 가까운 사이는 저와 제 아들과의 관계입니다. 그런데 예수님이 아빠와 아들, 부모와 자녀의 관계로 기도를 설명하십니다.

마 7:9-11 너희 중에 누가 아들이 떡을 달라 하는데 돌을 주며 생선을 달라 하는데 뱀을 줄 사람이 있겠느냐 너희가 악한 자라도 좋은 것으로 자식에게 줄 줄 알거든 하물며 하늘에 계신 너희 아버지께서 구하는 자에게 좋은 것으로 주시지 않겠느냐 하나님은 자녀인 우리가 떡을 달라고 하면 떡집이라도 사주시고 생선을 달라고 하면 생선가게라도 사주실 수 있는 분입니다. 우리의 기도를 들으시는 하나님은 우리에게 가장 좋은 것을 주시는 아버지입니다.

롬 8:32 자기 아들을 아끼지 아니하시고 우리 모든 사람을 위하여 내주신 이가 어찌 그 아들과 함께 모든 것을 우리에게 주시지 아니하겠느냐

아들조차도 아끼지 않고 내어주신 하나님께서 우리에게 주시지 못할 것이 무엇이 있겠습니까. 아들까지 내어주신 하나님께서 우리의 기도를 모른 체하고 외면하시겠습니까. 그럴 리가 없습니다. 우리가 기도하기만 하면 하나님께서는 들으십니다. 이것이 자녀의 특권입니다.

제 아들이 18개월 때부터 사귀던 여자친구가 있습니다. 그 아이를 제가 정말 예뻐해주는데 그래도 그 아이가 제게 와서 "산이 아빠, 장난감 사주세요"라고 말한 적은 단 한 번도 없습니다. 그런데 제 아들은 제게 뭔가를 요구할 때 죄송해하거나 눈치 보지 않고, 마치 맡겨 놓은 것을 찾듯 당당합니다. 제가 그동안 자기를 위해 얼마나 많은 것을 해줬는지는 다 잊어버리고 오늘 처음 요구하는 것처럼 매번 늘 당당합니다. 그래서 아들입니다.

언젠가 미국 집회를 다녀왔을 때도 그랬습니다. 15시간 비행을 하고 집에 도착했으니 얼마나 피곤했겠어요. 그런데 현관문을 열자마자 제 아들이 야구 글러브를 들고 오며 "아빠, 우리 야구하러 가요"라고 합니다. 제가 "아빠 너무 피곤해. 지금은 안 될 것 같아" 했더니 딱 한마디 합니다.

"아빠, 지금 집을 며칠 비웠어요. 빨리 가요."

그래서 캐리어를 현관에 둔 채 한 시간 동안 캐치볼을 하고 왔습니다.

누가 저에게 그렇게 하겠습니까. 제 아들만 그렇게 합니다. 그런데 그럴 때마다 제 마음에 드는 생각이 있습니다.

'아, 이 아이는 정말 나를 아빠로 믿고 있구나.'

그 생각이 참 좋습니다.

당신은 예수님을 인생의 구원자와 주님으로 영접하셨죠? 그런데 왜 기도할 때 하나님을 옆집 아저씨 대하듯 기도하십니까. 왜 눈치를 보며, 이런 말까지 해도 되나 망설이며 기도하십니까?

제 아들은 성격이 아주 내향적인 아이입니다. 놀이터에 가서 "안녕, 난 산이야. 우리 같이 놀자" 이런 말을 해본 적이 없습니다. 누가 같이 놀자고 하기 전에는 아무 말도 못 하고 기다립니다. 친구가 집에 놀러와도 쑥스러워서 자기 방에 들어갔다가 한참 있다 나옵니다. 그리고 헤어질 때쯤 되면 마음 문이 활짝 열려서 항상 울면서 헤어지는 스타일이죠.

그런데 그렇게 쑥스러움이 많은 제 아들이 제 앞에서는 못 하는 말이 없습니다. 물어보지 않아도 먼저 와서 다 이야기를 합니다. 그것이 아빠와 아들입니다.

당신이 어떤 과거를 가졌고 어떤 배경 속에서 살아왔든 상관없습니다. 얼마나 많이 실패하고 망가졌는지와 상관없이 여전히 하나님의 자녀라는 사실을 기억하고 하나님 앞에 나오기를 바랍니다.

우리가 누릴 수 있는 가장 가깝고 친밀한 관계는 하나님, 우리 아버지와의 관계입니다. 하나님은 아무나 기도한다고 다 들으시는 분이 아니라, 자녀들의 기도에 귀 기울이시는 분입니다. 이 기도의 특권을 마음껏 누리시기를 축복합니다.

우리는 하나님의 도움이 필요하다

예수님을 믿고 집에서 쫓겨나다

제 고향은 지리산입니다. 마을 사람들의 성이 전부 저와 같은 장(張) 씨였습니다. 한 할아버지의 자손들이 모여 사는 곳이었습니다. 제가 살던 마을에는 교회가 없었습니다. 대신 마을이 다 내려다보이는 가장 높은 곳에 마을 사람들이 함께 모여 제사를 지내는 제각이 있었습니다. 마을에 목사님은 안 계셨지만, 굿하는 할머니는 계셨습니다. 정월 대보름이 되면 마을 앞에 커다란 불집을 피워 놓고 굿을 했고, 어릴 때 제가 아프면 종종 그 할머니가 오셔서 기도해주셨습니다. 철저한 유교와 샤머니즘이 뒤섞인 마을이었습니다.

그런 마을에서 부모님 몰래 교회를 처음 가게 되었고, 고등학교 2학년 수련회 때 하나님을 제대로 만났습니다. 하나님께서 나를 사랑하시는데 이유가 없고 조건이 없다는 사실이 믿어졌습니다. 나조차도 사랑할수 없는 나를 하나님이 아무 이유 없이 사랑하신다는 그 말이 마음에 들어오는데, 그 하나님이 너무 좋았습니다. 예배드리는 시간이 너무 좋았고, 기도하는 시간이 너무 좋았습니다.

이 좋으신 하나님과 어떻게 하면 더 오래 같이 있을 수 있을까, 가만히 생각해보니 우리는 교회를 다니는데 목사님은 교회에 사시더군요. 목사님이 되면 하나님과 더 오래 같이 있을 수 있겠다는 생각이 들어 목사님께 "저도 목사님이 되고 싶은데 어떻게 하면 되나요?"라고 여쭤보니 신학대학교를 가면 된다고 하셨습니다.

기독교 배경이 전혀 없었던 저는 대학교를 가야 목사가 된다는 사실을 그날 처음 알았습니다. 저희 동네 할머니는 산에 가서 며칠 기도하고 내려오면 바로 굿을 시작하셨거든요. 기도원에 가서 며칠 기도하고 오면 목사님이 되는 줄 알았는데, 그게 아니었습니다. 그래서 신학교에 가기로 마음먹고 열심히 공부했습니다.

어느 날 전국 모의고사 날, 지원 대학을 적으라고 하기에 신학대학교를 적었습니다. 그리고 성적표가 나올 무렵, 학교 기숙사에서 지내고 있던 저는 주말을 맞아 부모님이 계신 지리산 집으로 갔습니다. 그런데 아버지께서 저를 보자마자 흰 봉투를 집어 던지셨습니다. 열어보니 신학대학교를 지원한다고 적힌 성적표였습니다. 아직 교회를 다닌다는 말씀도 못 드렸는데, 신학교를 간다는 사실을 들켜버린 것입니다.

저도 너무 당황해 얼굴이 달아올랐지만, 아버지도 큰 충격을 받으셨습니다. 마치 장로님 아들이 스님 되겠다고 하는 것과 비슷한 충격이었을 것입니다. 어떻게 된 거냐고 하셔서, 용기를 내어 처음으로 말씀드렸습니다.

"아버지, 제가 교회를 다니고 있고 목사가 되고 싶습니다."

아버지는 신학을 하면 한 푼도 지원해줄 수 없으니 일주일 동안 다시 생각해보라고 하셨습니다. 그 뒤로 동네 사람들이 찾아와 왜 그러냐고, 어디 갈 데가 없어서 그런 데를 가냐며 정신 차리라고 했고 멀쩡한 애 다 버렸다고 했습니다. 어떤 선배는 한 번만 더 교회 가면 가만두지 않겠다고까지 했습니다. 마치 이단에 빠진 사람을 대하는 듯한 분위기였습니다.

일주일 후 부모님 댁에 다시 왔습니다. 너무 속상하고 화가 나 일주일 내내 술을 드신 아버지께서 취하신 채로 어떻게 할 거냐고 물으셨습니다. 저는 조심스럽게 "아버지, 그래도 저는 신학을 하고 싶습니다"라고 대답했습니다. 그랬더니 늦둥이 막내아들인 저를 그렇게 귀여워하시던 아버지께서, 태어나서 처음으로 저를 주먹으로 한 대 때리셨습니다. 저는 한 대 맞고 그대로 기절했습니다. 아버지는 권투를 하셨던 분입니다.

정신을 차리고 보니 집 안은 엉망이 되어 있었고, 너무 화가 나신 아버지는 당장 집을 나가라고 하셨습니다. 그때는 제가 한창 은혜를 받을 때라 순종을 잘했습니다. 그래서 집을 나왔습니다. 더 있으면 정말 큰일 나겠다는 생각이 들었습니다. 고등학교 2학년이 집에서 쫓겨나서 할 수 있는 일이 무엇이 있었겠습니까. 제게 남은 것은 기도밖에 없었습니다.

주님, 불쌍히 여겨주세요

돈을 못 내서 기숙사에서 쫓겨났고, 친구 독서실에 몰래 들어갔다가 들켜서 또 쫓겨났습니다. 교회 지하에 예배실이 하나 있었는데, 새벽 예배를 드리는 공간이었고 바닥이 마루였습니다. 그래서 야간 자율학습이 끝나면 밤늦게 그곳으로 가 방석을 깔아놓고 잠을 잤습니다. 새벽 예배를 드리고 다시 학교 가는 생활을 반복했습니다.

주말에 전도사님이 오시면 전도사님 집에서 자기도 했고, 나중에는 교회에서 30분 정도 떨어진 산속에 기도원이 하나 있었는데 지낼 곳이 없으면 와서 지내라며 방 하나를 내주셔서 기도원에서 지내며 학교를 다녔습니다.

시험을 보고 신학교에 지원해두고 기다리고 있는데 합격 통지서가 날아왔습니다. 얼마나 기뻤겠습니까. 그런데 등록하라는 등록금 고지서가 함께 들어 있었습니다. 제게 그 큰돈이 어디 있겠습니까. 저는 등록금 고지서를 들고 예배당으로 달려가 하나님께 보여드렸습니다. '하나님, 저 합격했습니다. 그런데 뒷장도 보세요. 하나님, 도와주세요' 하고 간절히 기도했습니다.

하나님은 좋으신 분이니까 "너무 수고했다, 등록금은 내가 채워주마" 하며 단번에 해결해주실 줄 알았습니다. 그런데 하나님은 좋으신 분이긴 한데, 솔직히 말하면 저와 성격은 잘 맞지 않습니다. 저는 너무 급한데 하나님은 너무 여유로우십니다. 합격해도 등록을 못 하면 자동 취소가 되는데, 그 시간이 다가오니 제 마음이 얼마나 간절했겠습니까. 그런데 아무리 기도해도 등록금이 생기지 않았습니다.

누구에게 도와달라는 말도 못 하고 그저 기도만 했는데 등록 마감일이 되도록 등록금이 없었습니다. 마감일 아침, 은행으로 가서 통장에 손을 얹고 기도한 뒤 ATM에 넣었다가 뺐는데 등록금이 딱 들어와 있으면 얼마나 좋겠습니까. 그런데 아무것도 없었습니다. 하루 종일 은행에서 통장을 넣었다 뺐다 하며 시간을 보냈습니다.

그 당시 은행 문이 오후 네 시 반에 닫혔는데, 네 시가 넘어가자 갑자기 눈물이 쏟아지기 시작했습니다. 그동안 신학교를 못 갈 거라고는 한 번도 생각해본 적이 없었는데, 그 순간 '내가 신학교를 못 갈 수도 있겠구나'라는 생각이 들자 눈물이 멈추지 않았습니다. 그런데 폐점이 얼마 남지 않았을 즈음, 한 집사님이 제 소식을 듣고 등록금을 들고 오셨습니다. 그 분의 도움으로 간신히 등록할 수 있었습니다.

그렇게 신학교에 들어가서 3학년 때까지 집에 가지 못했습니다. 휴대전화도 없던 시절이라 통화하려면 집으로 전화해야 했는데, 아버지가 받으시면 "네가 왜 전화하냐" 하고는 바로 끊어버리셨습니다. 아버지가 무서워 집에도 가지 못했고, 부모님의 도움 없이 학교를 다니려니 생활이 쉽지 않아서 아르바이트를 정말 열심히 했습니다. 야간 경비도 서고, 택배 분류 아르바이트도 했습니다. 옷가게에서 옷을 팔고 신발가게에서 신발도 팔았습니다. 방학 때는 일당이 센 공사판에서 일하다가 허리 디스크가 터지는 바람에 병원비가 더 들었습니다.

새 책을 살 수 없어 선배들의 책을 물려받고, 헌책방을 돌아다니며 책을 사서 공부했습니다. 옷을 사 입을 돈이 없어 권사님이 가져다주신 옷과 선배들이 물려준 옷을 입고, 수거함에서 멀쩡한 옷을 골라 입기도 했습니다. 한번은 교회 수련회에서 롤링페이퍼에 한 자매가 "너는 왜 맨날 똑같은 옷을 입고 교회 오니? 그 옷은 교회 올 때 입는 교복이니? 다른 옷 좀 입고 와"라고 쓴 글을 읽으며 얼마나 창피했는지 모릅니다.

등록금은 마련해도 생활비까지는 감당이 되지 않아 학교 기숙사에 사정을 이야기하고 부탁을 드려서 네 명이 쓰는 방에 꼽사리로 들어가 다섯 명이 함께 지냈습니다. 학교 앞에서 자취하던 친구 방에서 자기도 했고, 결혼을 앞둔 전도사님의 반지하 두 칸짜리 신혼집에서 셋이 함께 지내기도 했습니다. 어떤 전도사님에게 "저 며칠만 재워주세요" 하고 들어가 몇 년을 버티다 나온 적도 있습니다.

그래도 그런 일들은 힘들어도 견딜 만했는데 가장 힘든 것은 어머니가 보고 싶은 마음이었습니다. 어머니가 너무 보고 싶어서 참 많이 울었습니다. 공중전화 부스에 들어가 전화도 못 하고 울고, 기도실에서 울고, TV에 엄마와 비슷한 사람이 나오기만 해도 울었습니다. 시장에서 일하시는 아주머니들의 뒷모습이 저희 어머니와 참 비슷해서, 시장을 지날 때면 뽀글이 파마에 몸뻬바지를 입은 아주머니들을 보며 많이 울었습니다. 엄마는 언제 가장 보고 싶을까요? 엄마는 매일 보고 싶습니다.

결국 신학교 3학년 가을, 어머니가 너무 보고 싶어서 '기절 한 번 더 하자'라는 마음으로 지리산에 계신 부모님을 찾아갔습니다. 각오는 했지만 집 앞에 서니 심장이 터질 것 같았습니다. 대문 앞에서 "엄마" 하고 불렀는데 대답이 없었습니다. "엄마, 저예요" 하고 다시 불렀는데도 조용했습니다.

알고 보니 부모님이 이사를 가셨습니다. 인천으로 이사하셨다는 말을 듣고 주소를 물어 찾아갔습니다. 집에 도착해서 아버지와 눈이 마주쳤는데, 아버지는 저를 보고 고개를 돌리더니 아무 말 없이 방으로 들어가셨습니다. 그날 아버지는 뵙지 못했고, 몇 년 만에 어머니를 만나 어머니를 부둥켜안고 밤새 울었습니다.

기도 없이는 이 힘든 세상을 살아갈 수 없다

아무것도 모르는 고등학교 2학년이 어떻게 그렇게 할 수 있었을까요. 어떻게 끝까지 포기하지 않고 신학을 하고 목회자가 되었을까요. 제가 의지가 강하고 성격이 좋아서가 아닙니다. 기도가 저를 붙들어주었습니다. 정말 열심히 기도했습니다. 새벽 예배가 끝나면 두세 시간씩 기도했고, 시간 가는 줄도 모르고 기도하다가 1교시 수업에 지각한 적도 여러 번이었습니다. 수업과 수업 사이에 빈 시간이 생기면 강당에 가서 기도했습니다.

"주님, 도와주세요. 저는 주님밖에 없어요. 제가 의지할 분은 주님밖에 없어요. 주님, 불쌍히 여겨주세요."

저녁에는 기숙사에 들어가기 전에 식당 아래에 있던 개인기도실에 들러 기도했고, 잠자리에 들기 전에도 기도했습니다. 금요일에는 밤 열 시에 시작해 새벽 다섯 시까지 이어지는 철야기도를 했고, 산에 올라가 산기도를 하며 지냈습니다. 명절이 되면 고향에 갈 수 없으니 기도원에 올라가 "주님, 올해는 꼭 우리 가족이 주님께 돌아오는 기적을 베풀어주세요" 하고 기도했습니다.

그렇게 힘들고 포기하고 싶은 순간에도 기도하면 힘이 생겼습니다. 위축되고 주눅이 들 때마다 기도하고 나면 다시 용기가 솟아났고, 자신감이 생겼습니다. 앞이 막막할 때도 기도만 하면 하늘이 열리는 것 같았습니다. 아무것도 가진 것이 없었지만, 기도하고 나면 마치 세상이 제 발아래 있는 것처럼 느껴졌습니다.

우리가 기도 없이 이 힘든 세상을 어떻게 살아갈 수 있겠습니까. 우리 중에는 제가 겪었던 고난과는 비교조차 할 수 없을 만큼 더 큰 고난을 겪고 계신 분도 많을 것입니다. 오랫동안 준비했던 꿈을 세상의 높은 벽 앞에서 내려놓은 분들이 계십니다. 질병의 문제로 한 치 앞이 보이지 않는 분들도 계십니다. 깨어진 관계로 인해 밤잠을 이루지 못하는 분들도 계십니다. 재정적인 문제로 궁지에 몰려 있는 분들도 있고, 자녀의 문제로 힘든 시간을 보내는 분들도 계십니다. 각자 다양한 삶의 문제를 안고 살아갑니다.

사실 우리가 무엇을 해야 하는지 몰라서 못 하는 것은 아닙니다. 다 알고 있는데 알면서도 힘이 없어서 하지 못하는 것입니다. 그렇다면 그 힘을 어디에서 얻을 수 있겠습니까. 이 힘든 세상을 살아갈 힘을 어디에서 얻을 수 있겠습니까. 기도입니다. 기도가 힘이고, 기도가 능력입니다. 기도를 통해 이 힘든 세상을 이겨낼 힘을 얻고, 우리를 향한 하나님의 놀라운 꿈과 계획을 이루는 삶을 살게 됩니다.

가진 것이 없어도 괜찮습니다. 아는 사람이 없어도 괜찮습니다. 우리의 능력과 배경, 학벌과 외모는 문제가 되지 않습니다. 우리의 부족함과 연약함도 전혀 문제가 되지 않습니다. 기도만 할 수 있다면 전능하신 하나님의 능력을 힘입어 우리의 한계를 뛰어넘는 삶을 살게 될 것입니다.

하나님의 도움이 필요 없는 사람은 없습니다. 누구나 하나님의 도움이 필요합니다. 겉으로는 완벽해 보여도, 모두 연약함을 안고 자신의 한계를 마주하며 살아갑니다. 지쳐 있고, 누군가의 도움이 절실합니다. 그렇다면 우리는 이 삶을 어떻게 살아내야 하겠습니까.

당신은 기도 없이도 하루가 살아지던가요? 저는 기도 없이 하루를 시작하면 괜히 더 짜증이 나고, 화를 더 쉽게 내고, 평소보다 더 불안해지고 조급해집니다. 부정적인 생각이 더 많아지고, 죄의 유혹 앞에서도 단호해지지 못합니다. 기도 없이 살면 지금 주님께서 무엇을 말씀하시는지 듣지 못하고 영적 분별력이 흐려집니다.

기도 없이 어떻게 하나님의 자녀답게 살 수 있겠습니까. 기도 없이 어떻게 하나님의 뜻을 이루는 삶을 살 수 있겠습니까. 기도 없이는 한 영혼을 사랑할 힘조차 우리에게 없습니다. 우리는 모두 힘이 필요합니다. 두려움을 이기고 외로움을 견뎌낼 힘, 절망적인 상황에서도 포기하지 않을 힘이 필요합니다. 중독을 끊어내고 거룩한 삶을 살아낼 힘이 필요합니다.

하나님밖에 없는 복된 인생

시 146:5 야곱의 하나님을 자기의 도움으로 삼으며 여호와 자기 하나님에게 자기의 소망을 두는 자는 복이 있도다

하나님께서 자신을 소개하실 때 야곱의 하나님이라고 하십니다. 성경에 하나님께서 자랑하고 싶고, 불리고 싶으실 이름이 얼마나 많겠습니까. 그런데 하나님은 자신을 굳이 야곱의 하나님이라고 소개하십니다.

"나는 욕심 많고, 이기적이고, 비겁하고, 고집이 세고, 겁 많고, 자기만 아는 버러지 같은 야곱의 하나님이야."

야곱 같은 자를 부끄러워하지 않는 정도가 아니라, 그런 자까지도 기꺼이 사랑해주시는 하나님, 아니 오히려 자신을 야곱의 하나님이라고 당당하게 소개하는 그런 하나님이십니다. 이 말씀이 제게 참 큰 위로가 되었습니다. 아무도 알아주지 않고, 아무도 주목하지 않고, 아무도 기억하지 않는, 버림받은 야곱이 꼭 제 모습처럼 느껴졌기 때문입니다. 그런데 하나님께서 이 말씀으로 제게 이렇게 말씀하시는 것 같았습니다.

"재기야. 내가 너의 하나님이야. 아무도 너를 주목하지 않고, 아무도 너를 알아주지 않고, 아무도 너를 기억하지 못해도, 그저 버림받고 잊혀

진 사람처럼 보일지라도 내가 너를 알아. 재기야, 좋은 부모님 만나고 좋은 학교 다니는 것도 복이지만, 인생의 진정한 복은 나야. 내가 복이야. 너에게는 나밖에 없잖아. 너는 나밖에 없잖아. 그런 네가 도와달라고 하는데 내가 어떻게 너를 외면하겠어. 그런 너를 내가 어떻게 모른 체하겠어. 내가 너를 도와줄 거야. 내가 너와 함께할 거야."

혹시 당신도 자신이 야곱이라고 느껴지시지 않나요? 성격도 안 좋고, 실력도 없고, 믿음이 좋은 것도 아니고, 뭐 하나 제대로 된 것이 없는 사람처럼 느껴지지는 않나요? 버려지고 잊힌 인생처럼, 한 치 앞이 보이지 않는 삶을 살고 있지는 않나요? 오늘 그런 당신에게 주님께서 이렇게 말씀하십니다.

"그래, 여기까지 오느라 수고했다. 사랑하는 아들아, 딸아. 아무것도 없는 네 인생이 버림받은 인생처럼 보일지라도, 나밖에 없는 네 인생이 진짜 복된 인생이야. 나에게 소망을 두고, 나에게 도움을 구하는 네 인생이 복된 인생이야."

신 33:29 이스라엘이여 너는 행복한 사람이로다 여호와의 구원을 너같이 얻은 백성이 누구냐 그는 너를 돕는 방패시요 네 영광의 칼이시로다 네 대적이 네게 복종하리니 네가 그들의 높은 곳을 밟으리로다

세상 기준으로는 부족해 보일지라도, 하나님이 방패와 칼이 되어주시는 당신이 가장 복된 사람입니다.

기도는 하나님의 명령이다

많은 사람이 기도를 '하고 싶을 때 하는 것, 여유 있는 사람이 하는 것,

믿음 좋은 사람이 하는 것'으로 생각합니다. 바쁘게 살다 보면 기도는 늘 뒤로 밀리고, 솔직히 말하면 기도 안 해도 큰일 나는 것 같지는 않죠. 그러나 성경은 우리에게 "기도해보는 게 어떨까?"라고 제안하지 않습니다. "기도하면 좋겠어"라고 권하지도 않습니다. 기도를 명령합니다.

"쉬지 말고 기도하라!"(살전 5:17) 명령입니다. "시험에 들지 않게 깨어 기도하라!"(마 26:41) 명령입니다. "아무것도 염려하지 말고 오직 모든 일에 기도와 간구로, 너희 구할 것을 감사함으로 하나님께 아뢰라!"(빌 4:6) 명령입니다. 성경은 한 번도 "기도해도 되고 안 해도 된다"라고 말씀하지 않습니다. 기도는 선택이 아니라 하나님의 명령입니다.

제 아들이 어릴 때, 하루는 아파트 4층인 집 베란다 난간 사이에 매달려 몸을 그 사이로 집어넣으려는 거예요. 베란다 사이로 몸이 빠질 만큼 제 아들이 작았거든요. 그것을 보고 제가 얼마나 놀랐겠습니까. 쏜살같이 달려가 아이를 잡아 빼내고, 말귀도 제대로 못 알아듣는 세 살짜리 아이에게 얼마나 큰 소리로 화를 냈는지 모릅니다. 그리고 다시는 베란다 근처에 오지 못하게 했습니다.

"앞으로 여기는 절대 오면 안 돼! 알겠어? 여기 오면 혼나는 거야."

제가 그렇게 한 것은 아들의 자유를 빼앗으려는 것이 아니라 제 아들을 지키기 위해서였습니다. 제 아들을 잃고 싶지 않았기 때문입니다.

부모님들은 자녀에게 규칙을 정해줍니다. 자고 일어나면 이불을 개고, 양치질을 해라, 공부할 때는 바른 자세로 앉아라, 횡단보도를 건널 때는 좌우를 잘 살펴라…. 이 모든 규칙은 부모가 아니라 자녀를 위한 것입니다. 하나님께서 우리에게 기도를 명령하신 이유도 그분을 위해서가 아니라 우리를 위해서입니다.

하나님께서 이스라엘 백성을 출애굽시키고 시내산에서 십계명을 주신 것도 그분을 위해서가 아니라 이스라엘 백성을 위해서였습니다. 십계명은 하나님의 백성이 하나님의 백성답게 살 수 있도록 주신 지침입니다. 오직 하나님만 섬기라고 하셨기 때문에 더는 수많은 다른 신의 눈치를 보며 살지 않아도 됩니다. 안식일을 기억하여 지키라고 하셨기 때문에 일주일에 하루는 쉴 수 있게 되었습니다. 부모를 공경하라고 하셨기 때문에 늙고 힘이 없어도 걱정하지 않을 수 있게 되었습니다.

십계명을 지키면 하나님이 아니라 우리에게 유익합니다. 만약 하나님이 "아무렇게나 살아도 된다"라고 하셨다면 우리가 정말 자유로웠을까요? 오히려 더 불안하지 않았을까요? 하나님의 명령은 우리를 묶는 족쇄가 아니라 우리를 지켜주는 울타리입니다.

제가 미국의 대통령을 만나고 싶다고 해서 만날 수 있을까요? 만날 수 없습니다. 그 분이 저를 만나고 싶어 해야 만날 수 있습니다. 그것도 그 분이 정한 시각에 그 분이 정한 장소에서, 그 분이 정한 시간만큼, 그 분이 나누고 싶어 하는 주제를 가지고 만나겠지요. 그런데 그렇게 만나는 것조차 엄청난 일 아닙니까. 이것이 우리보다 영향력 있는 사람들을 만나는 일반적인 모습입니다.

그런데 쉬지 말고 기도하라고 명령하신 것은 내가 기도하기만 하면 만왕의 왕 되신 하나님께서 언제든지 들으시겠다는 뜻입니다. 하나님을 만나기 위해 시간을 여쭙고, 약속을 잡고, 보고서를 작성해 정해진 날 정해진 시간만큼 만나고 오는 것도 엄청난 일일 텐데, 하나님은 밤이든 낮이든 언제든지 문을 열고 들어오라고 하십니다. 한 시간이든 두 시간이든, 큰일이든 작은 일이든, 중요한 일이든 사소한 일이든 상관없습니다. 언제든지 "주님" 하고 부르면 "그래, 무슨 일이야" 하고 대답하시겠다는 것입니다. 온 우주 만물을 창조하신 하나님께서 먼지보다 작은 저의 오분 대기조가 되겠다는 말입니다.

세상에서 높은 사람 한 번 만나는 것도 그렇게 절차가 복잡하고 어려운데, 만왕의 왕이신 하나님께서 그 모든 절차를 다 없애버리신 것입니다. 비서실을 거칠 필요도 없습니다. 직통 라인을 주셨습니다. 번호도 하나뿐입니다. 우리가 "주님" 하고 부르면, 온 우주를 움직이던 분이 모든 일을 멈추고 내 목소리에만 귀를 기울이겠다는 것입니다. 쉬지 말고 기도하라는 말은 내가 기도하면 언제든지 응답하겠다는 하나님의 약속입니다. 그래서 쉬지 말고 기도하라는 이 명령은 축복입니다.

우리는 우리가 기도로 하나님을 깨워야 한다고 생각하지만 그렇지 않습니다. 쉬지 말고 기도하라는 것은 "내가 이미 여기 깨어 있으니 너는 언제든지 오기만 하면 된다"라는 뜻입니다. 하나님이 우리보다 먼저 와서 기다리고 계신다는 말입니다. 하나님께 우리와 함께하는 시간은 힘든 업무가 아니라 기다리던 시간이라는 뜻입니다.

기도는 하나님께서 우리를 부려먹겠다는 뜻이 아니라, 우리가 어떤 상황에 있든 혼자가 아니라는 사실을 잊지 말라는 하나님의 당부입니다. 우리를 결코 포기하지 않겠다는 하나님의 의지이며, 너를 단 한 순간도 놓치지 않겠다는 사랑의 고백입니다. 하나님은 우리가 하나님의 백성답게 행복하고 풍성한 삶을 살도록 기도를 명령하신 것입니다. 이것이 쉬지 말고 기도하라고 명령하신 하나님의 마음입니다.

기도로 하나님께 영광을 돌리게 된다

'하나님께 영광을 돌린다'라는 말을 들으면 어떤 생각이 드나요? 뭔가 대단한 업적을 이루거나 성공해서 높은 자리에 올라가야 할 수 있는 일처럼 느껴지지 않나요? 물론 그것도 맞겠지만 성경이 말하는 영광은 우리의 생각과 조금 다릅니다.

도움을 요청할 때 하나님이 기뻐하신다

제 아들이 돌 무렵, 아직 말을 제대로 하지 못해 '어어'로 소통하던 시기의 일입니다. 새벽에 아이가 제 머리를 들어 올리며 "어어" 합니다. 다시 자라고 눕혀도 계속 저를 깨웁니다. 눈꺼풀을 손가락으로 까뒤집고, 머리끄덩이를 잡아 흔듭니다.

그래서 일어났더니 문을 가리키며 "어어" 합니다. 따라 나갔더니 냉장고를 가리키며 또 "어어" 합니다. 냉장고 문을 열어주니 자몽청을 가리키며 "어어" 합니다. 낮에 먹었던 자몽차를 만들어달라는 것이었습니다. 그래서 자몽차를 타주니 그걸 먹고 잠들었습니다. 그날 이후 새벽 세 시가 되면 제 아들이 저를 깨웠습니다.

사실 저는 한 번 잠에서 깨면 다시 잠들기가 어려워서 솔직히 말하면 피곤했습니다. 그런데도 산이가 저를 깨우는 것이 좋았습니다. 언제나 엄마가 일등이고 저는 늘 이등이었는데 그 밤에 산이가 제 아내가 아니라 저를 깨웠기 때문입니다. 산이가 도움이 필요할 때 엄마가 아니라 저를 찾아줬다는 사실이 정말 행복했습니다. 그래서 아침이 되면 그 일을 아내에게 자랑했습니다.

그런데 하나님 아버지의 마음이 딱 이렇습니다.

시 50:15 환난 날에 나를 부르라 내가 너를 건지리니 네가 나를 영화롭게 하리로다

환난 날에 하나님을 부르라고 하십니다. 잘될 때 부르라고 하지 않으십니다. 환난 날에, 막막할 때, 답이 없을 때 하나님을 부르라고 하십니다. 그리고 "내가 너를 건져줄 것이고, 그때 네가 나를 영화롭게 할 것이다"라고 놀라운 말씀을 하십니다. 이 말은 얼핏 보면 이해가 잘 안 됩니

다. 우리는 보통 이렇게 생각합니다. '하나님께 영광을 돌리려면 내가 뭔가 보여드려야 하지 않나? 내가 뭔가 잘해야 하지 않나?'

그런데 하나님은 정반대로 말씀하십니다. 힘들 때, 도움이 필요할 때 하나님을 깨우면 하나님께서 필요를 채워주신다는 것입니다. 그런데 하나님께 도움을 요청하는 그 자체가 하나님을 영화롭게 한다는 것입니다. 하나님을 기쁘시게 하는 것은 우리의 능력뿐만 아니라 우리의 결핍이라는 것입니다.

산이가 제 머리를 들어 올리던 그 순간에 이 말씀이 이해되었습니다. 하나님은 그분의 자녀인 우리가 뭔가를 잘할 때도 기뻐하시지만, 하나님께 아빠 노릇을 할 기회를 드릴 때도 기뻐하신다는 것입니다. 우리가 성공했을 때뿐만 아니라 실패했을 때, 넘어졌을 때, 고난의 자리에 있을 때도 하나님을 부르기만 하면 하나님께서 영광을 받으신다는 것입니다.

"그래, 내가 네 아빠야. 네가 도움이 필요할 때 다른 사람이 아니라 나를 찾았구나. 그래, 고맙다. 그래, 잘했다. 이제 내가 최선을 다해서 너를 도와줄게. 나의 모든 능력을 동원해서 너를 도와줄 거야."

그렇게 말씀하시며 우리를 위해 최선을 다해 일하십니다.

고통 중에도 하나님을 부를 때 기뻐하신다

성경에 나오는 욥이 바로 그랬습니다. 욥이 왜 하나님께 영광을 돌린 사람입니까? 갑절의 복을 받아서입니까? 아닙니다. 하나님과 사탄이 욥을 두고 내기를 할 때 사탄은 "하나님, 욥이 하나님께서 복을 주시니까 믿는 척하는 거지, 그거 다 빼앗아 보세요. 당장 하나님 욕하고 떠날 겁니다" 이렇게 호언장담합니다.

그래서 욥은 하루아침에 재산과 자녀를 잃고 건강까지 잃었습니다. 몸에는 종기가 나고 고통이 너무 심해 기와 조각으로 몸을 긁어야 했습니다. 옆에서 아내는 "당신은 이런 상황에서도 하나님을 붙들고 싶어? 하나님을 저주하고 그냥 죽어"라고 말하고 친구들이 와서 비아냥거리고 세상이 손가락질합니다. 그러나 그런 자리에서도 욥은 하나님을 떠나지 않습니다. 오히려 그는 하나님을 향해 고백합니다.

욥 1:21 … 주신 이도 여호와시요 거두신 이도 여호와시니 여호와의 이름이 찬송을 받으실지니이다 하고

이 고백이 대단한 이유는, 욥이 고난의 이유를 이해해서 한 말이 아니기 때문입니다. 그는 지금 왜 이런 일이 일어났는지 이유도 몰랐고 이해도 되지 않았습니다. 그런데도 하나님을 부릅니다. 항변하고, 따지고, 울부짖으면서 하나님께 매달렸습니다.

욥 23:3 내가 어찌하면 하나님을 발견하고 그의 처소에 나아가랴

욥은 고난 중에 하나님을 피하고 도망가지 않았습니다. 오히려 실패의 자리 한가운데서 하나님을 찾았습니다. 욥이 하나님께 영광을 돌린 순간은 모든 문제가 해결된 다음이 아니었습니다. 아직 답이 없고 여전히 고난 한가운데 있을 때, 하나님을 부르고 하나님께 매달린 그 모든 순간이 하나님께 영광이었습니다. 이게 왜 영광일까요. 욥이 하나님을 나의 하나님으로 인정했기 때문입니다.

"하나님, 저는 하나님밖에 없습니다. 저를 고쳐주실 분도 하나님이고, 저를 살려내실 분도 하나님이십니다!"

사탄은 욥이 하나님을 떠날 거라고 장담했지만, 욥은 오히려 하나님을 더 꽉 붙잡았습니다. 하나님이 그 모습을 보며 얼마나 기뻐하셨을까

요. 사탄에게 이렇게 말씀하시지 않았을까요.

"봐라, 내 종 욥을 보아라. 아무것도 가진 것이 없어도 나를 찾지 않느냐. 모든 것을 잃어도 나를 부르고 있지 않느냐. 나를 자기 아버지로 믿고 있지 않느냐."

하나님은 완벽한 자녀보다 자기를 부르는 자녀를 기뻐하십니다. 잘 버티는 자녀보다 아버지를 찾는 자녀를 기뻐하십니다. 욥이 하나님께 영광을 돌린 것은 고난을 잘 견뎌냈기 때문이 아니라, 고난 속에서도 하나님을 붙들었기 때문입니다.

우리도 마찬가지입니다. 우리가 부족해도 하나님을 기쁘시게 할 수 있고, 연약해도 하나님을 영화롭게 할 수 있습니다. 하나님을 위해 무언가를 열심히 하는 것뿐만 아니라 하나님이 우리를 위해 일하실 수 있도록 "하나님, 도와주세요" 하고 하나님을 부르는 것, 그 자체가 하나님께 영광이 됩니다.

실패의 자리, 고난의 자리에서 하나님을 부르세요. 그 자리는 하나님의 영광을 가리는 자리가 아니라 오히려 하나님의 영광이 드러나는 자리입니다. 당신의 약함을 숨기지 마세요. 눈물을 부끄러워하지 마세요. 하나님을 찾고 하나님께 도와달라고 하세요. 그것이 하나님을 가장 기쁘시게 하는 최고의 영광입니다. 기도는 나보다 나를 더 사랑하시는 하나님께 나를 사랑할 기회를 드리는 일입니다. 우리는 하나님께 영광을 돌리기 위해 어떤 순간에도 기도해야 합니다.

기도로 하나님을 알게 된다

신앙은 정보가 아니라 관계입니다. 지식이 아니라 만남입니다. 사랑에 빠진 사람은 상대방의 프로필을 연구하지 않습니다. 그저 그 사람의 눈을 보고 대화합니다. 기도 또한 하나님에 대한 정보를 수집하는 시간이 아니라 사랑하는 주님과 눈을 맞추고 대화하는 시간입니다. 기도는 하나님에 대해 아는 것을 넘어, 하나님을 알고 하나님의 마음을 알아가는 과정입니다.

그래서 사도 바울도 에베소 교회 성도들을 위해 기도할 때 가장 먼저 이렇게 기도합니다.

> 엡 1:17 우리 주 예수 그리스도의 하나님, 영광의 아버지께서 지혜와 계시의 영을 너희에게 주사 하나님을 알게 하시고

"주님, 사랑하는 에베소 교회 성도들에게 지혜와 계시의 영을 주셔서 하나님을 알게 해주시옵소서."

이것이 에베소 성도들을 향한 사도 바울의 첫 번째 기도 제목이었습니다. 문제가 해결되거나 형편이 좋아지는 것보다 먼저 하나님을 알게 해달라고 기도한 것입니다. 이 기도가 가장 중요하다는 뜻입니다.

우리가 기도해야 하는 것은 머리로 알았던 하나님을 경험적으로, 인격적으로 아는 것이 가장 중요하기 때문입니다. 신앙이란 하나님을 아는 것이고, 하나님의 사랑을 아는 것입니다. 하나님을 알면 상황이 흔들려도 삶이 흔들리지 않습니다. 응답이 늦어져도 믿음이 무너지지 않습니다. 고난이 와도 하나님을 떠나지 않습니다.

> 렘 29:12,13 너희가 내게 부르짖으며 내게 와서 기도하면 내가 너희들의 기도를 들을 것이요 너희가 온 마음으로 나를 구하면 나를 찾을 것이요 나를 만나리라

여기서 "내가 들을 것"이라는 말은, 단지 귀에 소리가 들어온다는 뜻이 아닙니다. 부모가 자녀의 울음소리에 모든 신경을 집중하듯, 주의 깊게, 마음을 다해, 놓치지 않고 경청해서 듣겠다는 뜻입니다. 마치 온 세상에 나 한 사람밖에 없는 것처럼 내 입에 귀를 바짝 대고, 내 목소리에 귀 기울이겠다는 말입니다. 그렇게 우리를 만나 주시겠다는 것입니다.

어느 날 새벽에 기도하는데, 성령님이 생각으로 제게 말을 걸어오셨습니다.

"장 목사야, 너 산이 좋지?"

"예, 주님. 산이 너무 좋아요. 감사합니다."

정말 산이가 너무 좋아서 자다가도 일어나 괜히 얼굴을 한 번 쓰다듬고, 발가락도 만져보고, 그러고 다시 잠들곤 했습니다. 그런데 주님께서 이렇게 말씀해주셨습니다.

"장 목사야, 나도 네가 그렇게 좋아."

그 음성을 듣고 새벽에 얼마나 울었는지 모릅니다. 하나님이 나를 사랑하신다는 말을 수천 번도 더 들었고, 목사로서 설교도 수없이 했습니다. 그런데 그날 새벽, 기도를 통해 만난 하나님은 이론이 아니었습니다. 자식의 발가락을 만지며 행복해하는 아비처럼, 저를 보며 어쩔 줄 몰라 하시는 진짜 아버지였습니다.

하나님께서 나를 이렇게 사랑하시는구나, 하고 느껴지자 더 이상 구할 수가 없었습니다. "이것 해주세요, 저것 해결해주세요"라는 기도가 나오지 않았습니다. 그저 "감사합니다, 주님. 저도 주님 사랑해요"라는 고백만 한 시간을 넘게 드렸습니다.

그날 저는 기도 응답보다 더 소중한 것이 있다는 것을 알았습니다. 하나님이었습니다. 이것이 기도의 목적지입니다. 기도는 응답을 받는 데서 끝나지 않습니다. 기도의 목적지는 기도에 응답해주시는 하나님을 만나는 것입니다. 기도가 응답되었을 때의 기쁨도 크지만, 기도에 응답하신 하나님을 알게 되는 기쁨은 그것과는 비교도 할 수 없을 만큼 훨씬 더 큽니다.

하나님이 얼마나 선하고 놀랍고 위대하신 분인지, 성경을 통해 배웠던 하나님을 경험적으로 알게 되는 것입니다. '아, 하나님이 진짜 내 말을 듣고 계셨구나. 나를 이렇게나 사랑하시는구나!' 이 하나님을 알게 되는 것이 우리가 기도해야 하는 진짜 이유입니다. 나보다 더 나를 사랑하시는 하나님을 알고 그분을 사랑하게 될 때 우리는 어떤 상황에도 무너지지 않는 삶을 살 수 있습니다.

시 116:7 내 영혼아 네 평안함으로 돌아갈지어다 여호와께서 너를 후대하심이로다

하나님은 우리를 박하게 대하시지 않고, 후히 대해주십니다. 사람들은 우리를 함부로 대하고, 우리 자신도 때로는 자신을 막 대하지만, 하나님은 넉넉하고 너그럽게 대해주십니다. 기도로 그 좋으신 하나님을 알게 되기를 축복합니다.

매일 30분 따라 하는 기도

CHECK	차수	날짜	QR코드	영상 제목
☐	Day 1			하나님의 선하심을 신뢰하는 기도
☐	Day 2			하나님의 인도를 구하는 기도
☐	Day 3			도움을 구하는 기도
☐	Day 4			행복한 삶을 위한 기도
☐	Day 5			하나님의 사랑을 깊이 깨닫게 되는 기도
☐	Day 6			하나님을 만나고 싶을 때 드리는 기도
☐	Day 7			하나님의 뜻을 구하는 기도

* 한 기도문을 3번 반복해서 따라 기도하고 개인기도 시간을 가진 후 체크하세요.

3

살기 위해 하는 기도

시편 62:5

주차할 곳을 찾지 못해 주차장을 한참 돌던 남자가 기도합니다.

"하나님, 주차할 자리를 찾아주시면 이번 주부터 열심히 교회 갈게요."

기도를 마치자마자 바로 눈앞에 주차할 자리가 나타났습니다. 그러자 그 사람이 곧바로 이렇게 기도합니다.

"하나님, 괜찮아요. 제가 찾았어요. 방금 한 기도는 취소할게요."

우스개지만, 여기에 우리가 기도를 어떻게 생각하고 있는지가 그대로 담겨 있습니다. 우리는 종종 기도를 내가 원하는 무언가를 얻기 위한 수단으로 생각합니다. "이것만 주시면 제가 이렇게 하겠습니다"라고 말입니다.

잘하든 못하든 우리는 기도를 합니다. 그런데 기도를 무엇이라고 생각하나요? 기도는 한마디로 정의할 수 없을 만큼 그 의미가 크고 깊습니다. 이 장에서는 기도의 본질을 다섯 가지로 정리해보려고 합니다.

기도의 본질 1 **기도는 선하신 하나님과의 교제**

제 유튜브 채널에 이런 질문을 남긴 분이 계셨습니다.

"하나님께서 우리에게 필요한 것을 이미 다 아시는데 왜 기도해야 하나요?"

참 좋은 질문입니다. 하나님께서 이미 다 아시는데, 왜 굳이 기도하라고 하실까요? 세 가지로 정리해보겠습니다.

1. 기도로 하나님의 은혜를 알게 된다

우리는 기도하지 않고 받은 것이 정말 많습니다. 햇빛과 하늘과 공기, 이 모든 것은 우리가 기도해서 받은 것이 아닙니다. 그런데 기도하지 않고 받다 보니 당연하게 여깁니다. 아침에 출근했다가 저녁에 사고 없이 집에 도착해도 당연하다고 생각합니다. 회사에서 승진해도 운이 좋았다고 말합니다. 기도하지 않으면 하나님의 은혜를 은혜로 보지 못하고, 그저 우연이나 운으로 여기게 됩니다.

그런데 기도하면 시각이 달라집니다. 기도하고 나면 이것이 당연한 일이 아니라는 것을 알게 됩니다. 운이 좋아서가 아니라 하나님의 은혜이고, 기도 응답이라는 사실을 깨닫게 됩니다. 기도하지 않으면 은혜가 은혜인 줄 모르지만, 기도하면 내가 하나님의 특별한 사랑 가운데 있다는 것을 알게 됩니다.

하나님께서 우리의 필요를 다 아시는데도 기도하게 하시는 이유는, 우리가 당연하게 여기던 모든 것이 하나님의 은혜라는 사실을 알게 하시기 위해서입니다.

2. 기도로 하나님과 동역하게 된다

저는 집에서 가끔 가족을 위해 요리를 합니다. 보기보다 곧잘 해서 혼자서도 충분히 할 수 있습니다. 그런데 요리할 때 제 아들을 불러 이것 저것 부탁합니다. 파를 썰어달라거나 양파 껍질을 벗겨달라거나 소금을 뿌려달라고 합니다.

혼자 하면 30분이면 끝날 요리가 아들과 함께하면 한 시간이 걸립니다. 양파를 옮기다 떨어뜨리고, 소금을 쏟는 일도 생깁니다. 실수도 많습니다. 그래도 저는 아들과 함께하고, 요리가 완성되면 "우리 산이가 함께해서 요리가 더 맛있게 됐네"라고 말해줍니다. 그 순간이 저는 참 행복합니다. 왜일까요? 아들과 함께하고 싶기 때문입니다.

> 렘 33:2,3 일을 행하시는 여호와, 그것을 만들며 성취하시는 여호와, 그의 이름을 여호와라 하는 이가 이와 같이 이르시도다 너는 내게 부르짖으라 내가 네게 응답하겠고 네가 알지 못하는 크고 은밀한 일을 네게 보이리라

하나님은 일하시는 분입니다. 모든 일을 계획하시고, 그 계획을 성취하시는 분입니다. 그런데 하나님은 혼자 일하지 않고 사람과 함께 일하십니다. 어떤 사람과 함께 일하실까요. 기도하는 사람을 통해 일하십니다. 기도 응답을 통해 역사하시겠다는 것입니다.

하나님께서 모든 것을 다 아시면서도 기도하게 하시는 이유는, 그것이 하나님께서 일하시는 방식이기 때문입니다. 제가 아들과 함께 요리하는 것을 좋아하는 것처럼, 하나님은 기도하는 자들과 동역하기를 원하십니다. 요즘 왠지 모르게 기도하게 하는 일이 있다면 이렇게 생각하면 됩니다. '하나님께서 나와 함께할 일이 있으시구나. 하나님이 나를 동역자로 부르시는구나'라고요. 하나님은 우리와 동역하기 위해서 기도하게 하십니다.

3. 기도로 하나님이 우리와 교제하신다

우리는 아무 일도 없을 때도 기도합니다. 그러나 기도는 하는데 새벽 예배는 안 나옵니다. 금요일은 안 나옵니다. 간절하지는 않습니다. 그런데 힘든 일이 생기고 도움이 필요해지면 금요일에도 나오고 새벽에도 나옵니다. 기도가 간절해집니다.

그런데 하나님은 우리가 도움이 필요해서 그분을 찾는 그 시간조차도 기뻐하십니다. 그래서 모든 것을 한 번에 다 주지 않으십니다. 한 번에 한 가지씩, 일용할 양식만큼, 한 발 내디딜 수 있을 만큼만 허락하십니다. 그래야 내일 또 하나님을 찾기 때문입니다.

하나님께서 우리의 필요를 다 아시는데도 기도하게 하시는 이유는 우리의 얼굴을 한 번이라도 더 보고 싶고, 이야기 한마디라도 더 나누고 싶으시기 때문입니다. 이것이 우리에게 무엇이 필요한지 다 아시면서도 기도하게 하시는 하나님의 마음입니다.

말을 넘어서는 인격적인 교제

처음 신앙생활을 할 때 제일 힘들었던 것은 오래 기도하는 것이었습니다. 제가 처음 신앙생활을 했던 교회는 기도를 세게 하는 교회라 예배가 끝나면 보통 한두 시간 기도하고 일어납니다.

"주님, 오늘은 날씨가 좋네요. 어제보다 더 좋아요. 감사해요. 할렐루야."

한참 기도한 것 같아서 시계를 보면 겨우 5분이 지났습니다. 솔직히 그렇게 오랫동안 할 말이 없습니다. 그래도 분위기상 그냥 앉아 있다가 일어납니다. 먼저 일어나면 왠지 믿음이 부족한 것 같고, 진 것 같은 느낌이 들기 때문입니다. 고개만 왔다 갔다 하면서 기도하고 있는 척합니다. 여러분도 그런 적 있으시죠. 할 말은 없는데 괜히 일찍 일어나기 민망해서 앉아 있다가 일어났던 경험 말입니다.

할 말이 없는데 한 시간을 앉아 있으려니 얼마나 힘든지 모릅니다. 그래도 오래 기도하는 것은 버틸 만합니다. 한 시간만 견디면 되니까요. 그런데 "쉬지 말고 기도하라"(살전 5:17)라는 말씀은 불가능해 보이는 미션이었습니다. 어떻게 쉬지 않고 온종일 기도할 수 있죠?

도무지 말이 안 되는 것 같아서 '왜 하나님은 이렇게 말도 안 되는 명령을 하실까?' 하고 생각했습니다. 기도가 무엇인지 잘 몰랐기 때문입니다. 그때 제가 이해했던 기도는 하나님께 말하는 것이었습니다. 하나님께 말하는 것도 분명 기도입니다. 하지만 그것은 좁은 의미의 기도입니다. 성경이 말하는 기도는 말을 넘어서 하나님과의 인격적인 교제를 의미합니다.

기독교의 기도가 다른 종교의 기도와 다른 점이 바로 이것입니다. 하나님은 인격적인 분이시고, 기도는 하나님과 인격적인 교제라는 것입니다. 미신에는 인격이 없습니다. 점 보러 가서 귀신을 향해 "총각귀신님, 온 맘과 정성 다해 사랑해요"라고 말하는 사람은 없습니다. 미신은 내가 얼마나 많은 복채를 내느냐가 중요하지, 관계는 중요하지 않습니다. 그러나 하나님은 우리와의 관계를 중요하게 여기시고, 인격적인 교제를 원하십니다.

출 33:11 사람이 자기의 친구와 이야기함같이 여호와께서는 모세와 대면하여 말씀하시며 …

여기서 "대면하여"는 얼굴과 얼굴을 마주 보았다는 뜻입니다. 당시 문화에서 하나님은 감히 쳐다볼 수도 없는 두려운 분이셨는데 하나님은 모세를 회막으로 불러 가장 친한 친구와 수다를 떨듯 다정하게 이야기를 나누십니다. 그리고 "말씀하시며"의 원어는 단순히 정보를 전달하는 것이 아니라 '마음을 쏟아내어 사귀다'라는 의미가 있습니다. 하나님은 모세에게 명령만 내리신 것이 아니라, 친구처럼 마음을 나누고 싶어 하셨던 것입니다.

저는 아내와 종종 산책합니다. 처음에는 이런저런 이야기를 나누는데 어느 순간이 되면 그냥 손만 꼭 잡고 걷습니다. 말없이 함께 걷는 그 시간이 너무 좋습니다. 그저 곁에 있다는 것만으로도 사랑이 느껴집니다. 이것이 인격적인 교제입니다. 교제란 계속 말을 해야만 하는 것이 아닙니다. 말하기도 하고, 듣기도 하고, 때로는 아무 말 없이 함께 있는 그 시간을 누리는 것입니다. 인격적인 교제가 기도라는 것을 알고 나니, 하루 종일 기도하는 것도 가능하겠다는 생각이 들었습니다.

쉬지 말고 기도하라는 말씀은 단순히 24시간 기도하라는 시간적인 개념을 넘어서서, 제가 제 아내를 항상 사랑하듯, 부모가 자녀를 항상 생각하듯 그렇게 사랑의 관계 안에 살라는 것입니다. 온 우주를 창조하시고 나보다 나를 더 사랑하시며 우리의 생각을 뛰어넘어 우리를 축복하길 원하시는 하나님께서 우리에게 이렇게 말씀하시는 것과 같습니다.

"나는 늘 네가 보고 싶어. 네가 늘 생각나. 너와 함께 있으면 너무 좋고, 너와 함께 있으면 시간 가는 줄 모르겠어. 너와 같이 있는 시간이 제일 재밌어."

우리와 개인적인 교제를 나누기 원하시는 하나님이 계신다는 사실이 얼마나 놀라운 축복입니까. 제가 당신에게 연락해서 "제가 공원에 산책하러 가는데 시간 되시면 같이 가시겠어요?"라고 말한다면 기분이 어떠시겠습니까. 속으로 '왜요?' 하실지도 모르겠지만, 누군가가 나를 보고 싶고 만나고 싶어 한다면 대부분은 마음이 따뜻해집니다. 그런데 전능하신 하나님께서 우리에게 그렇게 말씀하십니다.

"보고 싶은데 시간 되니? 시간 있으면 차 한잔할까? 머리도 식힐 겸 같이 산책할래?"

혹시 사랑하는 사람과 교제하는 것이 힘드신가요? "오늘 친구랑 카페에서 만나기로 했는데 너무 긴장돼. 무슨 말을 해야 할지 몰라서 원고 준비하고 외우고 했더니 너무 피곤해" 이런 분은 거의 없겠지요.

카페에서 아주머니 다섯 분이 앉아 이야기하는데, 말하는 사람은 다섯 명이고 듣는 사람은 없습니다. 각자 자기 하고 싶은 이야기만 합니다. 대화의 주제도 없고 결론도 없습니다. 옆에서 듣다 보면 머리에 쥐가 나는 것 같습니다. 그렇게 몇 시간을 쉬지 않고 떠들다가 헤어질 때는 "중요한 이야기는 전화로 하자"라고 합니다. 집에 와서는 또 세 시간 통화하고 다시 "중요한 이야기는 만나서 하자" 그러죠. 도대체 중요한 이야기는 언제 하는지 모르겠지만, 교제는 그렇게 시간 가는 줄 모르고 합니다. 이것이 바로 기도입니다.

하나님과 나누는 친밀한 대화

"하나님, 제가 좋으세요?"

왠지 애정결핍 환자 같은 질문이지만, 저는 아침에 눈을 뜨면 제일 먼저 하나님께 질문합니다. 그러면 이렇게 대답하시는 것 같습니다.

"그럼, 네가 좋지."

"제가 왜 좋으세요?"

"내가 너를 좋아하는데 이유가 어디 있니. 그냥 좋은 거지. 나는 네가 그냥 좋아."

매일 아침 제게 이렇게 말씀해주시는 것 같습니다.

혼자 있을 때도 계속 하나님께 질문합니다.

"하나님, 오늘은 어떤 일을 준비하셨어요? 제가 무엇을 하면 좋을까요? 하나님, 오늘도 하나님이 너무 기대돼요."

설교를 준비할 때도 주님과 함께합니다. "주님, 이 말씀을 왜 하신 거예요? 이 말씀을 어떻게 성도님들에게 전하면 좋을까요? 어떻게 설명하면 좋을까요?"라고 묻고, 귀 기울입니다. 설교하러 가는 동안에도 "주님, 오늘도 도와주세요"라고 말합니다. 그러면 "걱정하지 마. 네가 준비한 것보다 내가 준비한 게 훨씬 더 많아"라는 음성이 마음에 들려옵니다. 그렇게 대화를 나눕니다. 이 좋으신 하나님과의 교제가 기도입니다.

저는 되도록 정오까지는 약속을 잡지 않고 누구도 만나지 않습니다. 오전 시간이 제가 하나님을 만나는 시간이기 때문입니다. 기도하고 성경을 읽고 주님과 교제하는 이 시간이 너무 좋습니다. 좁은 골방에서 매일 몇 시간씩 기도하는데, 누가 시켜서라면 할 수 있겠습니까. 좋으니까 하는 것입니다.

한국의 무디라 불리는 이성봉 목사님은 늘 왼손을 꼭 쥐고 다니셨다고 합니다. 그 이유는 예수님의 손을 잡고 다니기 위해서였습니다. 한국의 무디라 불릴 만큼 유명한 목사님이 하루 종일 옆에 계신 예수님을 의식하고 그분과 교제하기 위해 어린아이처럼 한 손을 주먹 쥐고 예수님의 손을 잡고 사셨던 것입니다. 이것이 그 분이 그렇게 놀라운 삶을 살게 된 비밀이었습니다. 우리도 이번 한 주간 주먹을 쥐고 다녀봅시다.

우리가 기도로 하나님을 찾은 것 같지만, 그보다 먼저 하나님께서 기도를 통해 우리에게 찾아오십니다. 우리의 기도를 들으시고 우리에게 말씀해주십니다. 우리의 걸음을 인도하시고 그분의 사랑으로 우리를 채워주십니다. 이 주님과의 친밀한 교제를 누리며 사는 것이 기도입니다.

기도의 본질 2 **기도는 전능하신 하나님의 능력을 받는 것**

"은혜의 보좌 앞으로 나아가 때를 따라 돕는 은혜를 구하라. 기도는 은혜와 능력이 가득 쌓인 창고 문을 여는 열쇠다."

남아프리카의 성자라 불리는 앤드류 머레이 목사님의 말입니다. 하나님의 은혜와 능력이 가득 쌓인 창고를 여는 열쇠가 바로 기도라는 것입니다.

열쇠를 들고도 귀찮다고 창고 앞에서 삽질하는 사람은 없을 것입니다. 기도하면 문은 그냥 열립니다. 인생의 막힌 담을 넘고 장애물을 돌파하게 하는 능력이 기도에 있습니다. 견디기 힘든 고난을 인내하게 하는 능력도, 함께하기 힘든 사람들과 하나 되게 하는 능력도 기도에 있습니다. 기도하면 능력이 임합니다.

사 22:22 내가 또 다윗의 집의 열쇠를 그의 어깨에 두리니 그가 열면 닫을 자가 없겠고 닫으면 열 자가 없으리라

삶에는 아무리 애써도 열리지 않고, 아무리 두드려도 움직이지 않는 문들이 있습니다. 그러나 하나님은 우리에게 예수 그리스도라는 열쇠를 주셨습니다. 기도라는 열쇠를 주셨습니다. 열쇠로 문을 열면 됩니다. 하나님의 능력이 임하면 우리 힘으로는 열리지 않던 삶의 문이 열리고 닫혀 있던 길이 열립니다.

인생이 힘들다고 말하는 사람이 있습니다. 맞는 말입니다. 그런데 인생이 쉽고 재미있다고 말하는 사람도 있습니다. 그 말 역시 맞습니다. 예전에 기도원에 있을 때, 기도원의 빈 땅을 삽으로 모두 뒤집는 작업을 한 적이 있습니다. 전도사님과 함께 삽을 들고 땅을 파는데 아무리 해도 진도가 나가지 않았습니다. 삽으로 넓은 땅을 뒤집으려니 얼마나 힘든지,

허리가 끊어지는 줄 알았습니다.

며칠이 돼도 절반도 못 했는데, 커다란 트랙터가 와서 기도원 옆 논을 갈기 시작했습니다. 그 넓은 논이 불과 몇 시간 만에 모두 뒤집혔습니다. 우리는 삽으로 며칠을 일해도 반도 못 했는데, 훨씬 더 넓은 땅이 몇 시간 만에 정리되니 얼마나 부러웠는지 모릅니다.

이것이 능력입니다. 기도가 바로 그런 것입니다. 삽질로 하면 그렇게 힘든 일이 트랙터가 오면 너무 쉬워집니다. 인생은 원래 힘든데, 기도로 능력을 받으면 힘들던 인생이 쉬워지고 복잡하던 인생이 단순해집니다.

> 행 4:31 빌기를 다하매 모인 곳이 진동하더니 무리가 다 성령이 충만하여 담대히 하나님의 말씀을 전하니라

초대 교회 성도들이 함께 모여 기도했을 때, 기도를 마치자 모두 성령이 충만해졌고 담대하게 하나님의 말씀을 전하기 시작했습니다. 그리고 그들을 통해 새로운 시대가 열리는 놀라운 역사가 일어났습니다. 이들의 배경이 좋아서가 아닙니다. 학벌이 좋아서도 아니고, 가진 것이 많아서도 아니었습니다. 성령의 능력을 받았기 때문입니다. 기도로 능력을 받으니 무식했던 자들이 지혜로워지고, 소심했던 자들이 대범해졌습니다. 자기 살겠다고 주님을 버리고 도망쳤던 자들이 목숨을 걸고 복음을 전하게 되었습니다.

평안의 능력

저는 마커스워십의 심종호 형제의 소개로 제 아내를 만나게 되었습니다. 저는 아내와 일곱 살 차이가 납니다. 제가 대학생일 때 아내는 초등학생이었더라고요. 결혼 후 6년이 넘도록 한 번도 싸운 적이 없었습니

다. 어린 아내와 싸워서 뭐하겠습니까. 뭘 해도 귀여웠습니다. 이혼은 몇 번 생각한 적이 있지만 그래도 한 번도 싸운 적은 없습니다.

그런데 한번은 아내와 이야기를 나누다가 아내 말에 상처를 받았습니다. 지금은 기억도 안 날 만큼 별것 아닌 일인데 그때는 상처받았습니다. 속상해서 말없이 방에 들어왔는데 아내가 너무 밉고 저도 화가 나서 제 상황을 하나님께 솔직하게 다 털어놓는 기도를 드렸습니다. 그렇게 제 하고 싶은 말을 다 하고 나니 하나님께서 제게 말씀하셨습니다.

"재기야, 영숙이 내 딸이야."

그 말을 듣는 순간, 제 안에 있던 아내에 대한 미움이 한순간에 사라졌습니다. 내가 용서해야지, 미워하지 말아야지 결심한 게 아니었습니다. 그냥 제 솔직한 마음을 기도했을 뿐인데, "영숙이 내 딸이야"라는 주님의 그 한마디에 분노가 사라지고 '내가 아내에게 더 잘해야겠다. 더 사랑해줘야겠다'라는 마음이 들었습니다.

그래서 지금도 제 아내에게 사랑한다고 하루에도 여러 번 말해줍니다. 이것이 기도의 능력입니다. 제게 백 번이라도 사랑한다고 말해줄 마음은 있어도 실제로 그렇게 하기는 쉽지 않습니다. 그런데 주님의 능력이 임하니까 그렇게 고백하게 됩니다.

지방 집회에 갔을 때 매일 교회에 와서 두세 시간씩 기도하고 가신다는 한 장로님을 만났습니다. 건축 일을 하시는 분이었는데 어떻게 그렇게 매일 기도하시는지요. 참 귀하다고 말씀드렸더니 이렇게 대답하셨습니다.

"목사님, 아무것도 안 하고 숨만 쉬어도 매달 몇억이 나가요."

인건비와 렌트비는 아무것도 안 해도 나가니 밤에 자려고 누우면 불안해서 잠이 안 온다고 합니다. 그런데 교회에 와서 기도하면 밤에 잠을 잘 수 있어서 매일 교회에 와서 기도하신다는 거예요. 불안해서 잠을 못

자는 상황인데, 기도하면 마음이 평안해집니다. 이것이 기도의 능력입니다.

연약함을 넘어서게 하는 능력

인천의 한 교회에서 6주간 기도학교를 한 적이 있습니다. 그 교회의 담임목사님은 목회가 너무 힘들어서 어떻게 하면 목회를 그만둘까 늘 고민하셨고, 교회 장로님들에게도 사역을 내려놓겠다고 몇 번이나 얘기하셨다고 합니다. 교제 중에 제가 이렇게 말씀드렸습니다.

"목사님, 저는 거의 매일 정오까지 오전 시간에는 다른 건 안 하고 기도하는 시간을 가져요. 그런데 그 시간이 너무 좋아요."

그다음 주에 다시 갔더니 이 목사님이 매일 아침 세 시간씩 기도하기 시작하셨다며, 그 기도 시간이 너무 좋다고 하셨습니다. 주님과 교제하다 보면 시간 가는 줄을 모르겠다는 겁니다. 전에는 사람 만나는 것도 부담스럽고 설교 준비도 너무 힘들었는데 이제는 너무 좋다면서 이렇게 고백하셨습니다.

"목사님, 목회가 너무 재미있어졌어요. 하나님께서 다시 목회할 기회를 주셔서 너무 감사해요."

이것이 기도의 능력입니다. 살다 보면 우리의 힘으로는 도저히 어찌할 수 없는 일들이 있습니다. 아무리 애를 쓰고 노력해도 내 뜻대로 되지 않는 일들이 있습니다. 막막한 순간이 있습니다. 그런데 그 모든 것을 넘어서게 하는 것이 기도입니다.

하나님은 언제 역사하실까요? 불가능한 상황 속에서 역사하십니다. 우리의 힘으로는 도저히 어찌할 수 없는 그 한복판에서 일하십니다. 하나님께는 못 하시는 일이 없고 안 되는 일이 없습니다. 불가능이 없습니다. 기도는 능력입니다.

결혼이 우리 힘으로 되던가요. 부부 문제, 내 힘으로 안 됩니다. 남편이 내 편이 아니라 남의 편 같다는 말이 괜히 나오는 게 아니지요. 자녀 문제도 우리 힘으로 안 됩니다. 부모가 손을 떼야 하나님이 손대기 시작하십니다. 거룩하게 사는 것, 말씀대로 사는 것, 하나님의 영광을 위해 사는 것, 절대 우리 힘으로는 안 됩니다. 능력을 받아야 합니다.

우리는 여전히 연약합니다. 자주 넘어지고, 흔들리고, 실패합니다. 그러나 그 모든 부족함에도 불구하고 결국 승리할 수 있는 이유는 전능하신 주님이 우리와 함께하시기 때문입니다. 기도할 때 우리는 전능하신 하나님과 연결됩니다. 그분의 무한한 능력과 지혜가 우리에게 임합니다. 우리 안에 가득한 미움과 증오를 녹이고, 새롭게 살아갈 힘을 주는 것이 기도의 능력입니다. 기도할 때 하나님께서 우리의 강함이 되어주십니다.

기도의 대가인 E. M. 바운즈 목사님은 《기도하지 않으면 죽는다》라는 책에서 기도를 '하나님의 능력이 나오는 출구이자, 그분의 능력이 우리에게 들어오는 입구'로 표현했습니다. 기도할 때 능력이 임한다는 뜻입니다. 인생에서 우리의 연약함은 문제가 되지 않고 우리의 부족함도 큰일이 아닙니다. 진짜 문제, 진짜 큰일은 기도하지 않는 것입니다.

기도하면 어떤 문제도 뚫고 나갈 능력이 임하고, 어떤 어려움도 견뎌낼 힘이 생깁니다. 기도할 때 이해할 수 없는 고난도 해석이 되고, 감당할 수 없는 시련도 통과하게 되며, 최악의 시간도 가장 좋은 기회로 한순간에 바뀝니다.

기도로 능력을 받은 사람은 꿈을 꾼다

인생을 흘러넘치는 은혜로 사는 사람이 있고, 마른 바닥을 박박 긁어가며 사는 사람이 있습니다. 때로는 쥐어짜며 살아야 할 때도 있지만, 인생은 흘러넘치는 은혜로 살아야 합니다. 그 은혜를 흘러넘치게 하는 것이 바로 기도입니다. 기도는 하나님을 떠나서는 우리가 할 수 있는 것이 아무것도 없다는 사실을 인정하는 것이고, 전적으로 하나님을 의지하겠다는 믿음의 고백입니다.

우리는 최선을 다하고 열심히 노력하며 살아야 합니다. 그러나 자기 노력으로만 사는 사람은 언제나 자신의 한계에 부딪힙니다. 진짜 무서운 사람은 열심히 노력하면서도 겸손히 기도하는 사람입니다. 이들은 인간적인 한계 안에 갇히는 게 아니라 자신의 한계를 초월하고 자신의 능력을 뛰어넘는 놀라운 삶을 살게 됩니다.

기도에는 산을 옮기고, 상처를 치유하고, 삶을 변화시키는 능력이 있습니다. 기도할 때 병든 자가 치유받고, 가정이 회복되고, 교회가 하나 됩니다. 관계를 회복하고, 원수를 용서하고, 시험을 이기는 능력이 바로 기도에 있습니다. 온 열방이 주님 앞에 돌아와 예배하는 기적이 기도를 통해 일어납니다.

기도로 능력을 받은 사람들은 더는 편안하고 안정적인 삶을 위해 살지 않습니다. 그들은 꿈을 꿉니다. 가능한 꿈이 아니라 불가능한 꿈을 꿉니다. 내 수준의 꿈이 아니라 하나님 수준의 꿈을 꿉니다. 하나님나라의 꿈을 꾸고 세상을 변화시키는 꿈을 꿉니다. 그래서 더 이상 염려하고 걱정하지 않습니다. 두려워하지 않습니다.

대신 하나님이 이루실 일들을 기대하고 그것이 반드시 이루어질 것을 확신합니다. 가진 게 없어도, 하나님께서 반드시 이루신다는 놀라운 확신을 품고 불가능에 도전합니다. 가슴 뛰는 인생을 살아갑니다. 불타는 인생을 살아갑니다. 이것이 바로 하나님의 능력에 사로잡혀 살아가는 사람들의 삶의 모습입니다.

기도는 그리스도인의 최후 수단이 아니라 최고의 수단인 동시에 최선의 수단입니다. 기도는 사망 권세를 깨뜨린 하나님의 능력을 받는 것입니다. 함께 그 능력을 사모하고, 함께 그 능력을 누리며, 그 능력으로 살게 되기를 축복합니다. 기도가 모든 것을 이깁니다.

기도의 본질 3 **기도는 크신 하나님을 바라보는 것**

자동차 운전면허를 따고 도로 연수를 받을 때 선생님이 중요한 것 두 가지를 얘기해주셨습니다. 하나는 "흐름을 방해하지 마세요"였습니다. 도로에 처음 나왔는데 엑셀을 더 세게 밟으라고 계속 말씀하셔서 너무 무서웠지만, 덕분에 지금은 절대 도로의 흐름을 방해하지 않습니다.

또 하나는 "차는 눈이 가는 대로 갑니다"라는 말씀이었습니다. 도로에 나가 보니 옆에 큰 차들이 오면 너무 무섭고, 그러다 보니까 제 눈이 자꾸 옆 차를 보게 되었습니다. 그런데 무섭다고 옆에 있는 차를 보면 차가 그쪽으로 가니까 옆을 보지 말고 갈 길을 보라고 하시더라고요.

"차는 눈이 가는 대로 갑니다. 옆을 보지 말고 앞을 봐요. 눈! 눈! 눈!"

그런데 그 말이 정말 진리예요. 인생이 그렇습니다. 사람은 무엇을 바라보느냐가 중요합니다.

옆 사람 보며 비교하지 마라

현대인이 우울증에 걸리는 이유 중 하나는 지나친 비교와 경쟁입니다. 비교와 경쟁의 본질은 과도하게 사람을 주목하는 것입니다. 자신의 연약함과 부족함을 끊임없이 생각하고, 상대방과 자신을 비교하다 보면 결국 마음이 무너질 수밖에 없습니다.

청년들이 언제 자존감이 가장 낮아지는지를 조사한 설문의 결과가 이 렇습니다. 5위는 외모입니다. "거울아 거울아, 누가 제일 예쁘니?" 하고 아무리 물어봐도 거울은 절대 여러분이라고 안 하지요. 그러나 성경은 언제나 여러분을 보석이라고, 걸작품이라고 이야기해줍니다. 거울 말고 성경을 보세요. 4위는 관계 갈등입니다. 많은 사람이 일보다 사람 때문에 힘들어할 만큼 관계는 참 어려운 문제입니다.

3위는 가족의 기대에 부응하지 못할 때입니다. 아닌 것 같아도 청년들이 생각보다 부모님의 눈치를 많이 봅니다. 요즘 아이들은 부모님과 자신을 비교합니다. "우리 부모님은 어느 대학 나왔는데 나는 어느 대학 다닌다" 하면서 기가 죽어 있는 거예요. 2위는 취직입니다. 청년들의 취업난이 정말 심하죠. 저는 이게 1위일 줄 알았는데 2위더라고요.

그렇다면 1위는 뭘까요? 청년들은 언제 자존감이 가장 낮아질까요? 친구들의 SNS(소셜 네트워크 서비스)를 볼 때라고 합니다. 남들의 인스타그램을 보면서 어떤 집은 고양이 생일 파티를 호텔에서 하는데 나는 편의점에서 생일 파티를 한다고 비교하다 보면 사람이 무너집니다. 사람은 무엇을 보느냐가 중요한데, 성경에도 그 대표적인 사람이 나옵니다. 바로 사울입니다.

삼상 18:6-9 무리가 돌아올 때 곧 다윗이 블레셋 사람을 죽이고 돌아올 때에 여인들이 이스라엘 모든 성읍에서 나와서 노래하며 춤추며 소고와 경쇠를 가지고 왕 사울을 환영하는데 여인들이 뛰놀며 노래하여 이르되 사울이 죽인 자는 천천이요 다윗은 만만이로다 한지라 사울이 그 말에 불쾌하여 심히 노하여 이르되 다윗에게는 만만을 돌리고 내게는 천천만 돌리니 그가 더 얻을 것이 나라 말고 무엇이냐 하고 그날 후로 사울이 다윗을 주목하였더라 사울과 다윗이 골리앗을 죽이고 돌아오자, 이스라엘 걸그룹이 나와서 축하 공연을 하는데 노래 제목이 〈사천다만〉입니다. 사울이 죽인 자는 천 명이고 다윗이 죽인 자는 만 명이라는 것입니다. 요즘 말로 하면 "사울의 구독자는 천 명인데 다윗의 구독자는 백만 명이다" 이런 노래를 부르고, 사람들이 그 노래에 열광합니다.

그것을 보고 불쾌해하며 분노한 사울은 그날 후로 다윗을 주목합니다. 이제 그의 머릿속은 다윗으로 가득 찹니다. 사람들이 다윗을 어떻게 바라보는지, 다윗이 어디에 있는지, 무엇을 하는지, 무슨 말을 하는지, 늘 다윗을 의식하며 삽니다. 매일 다윗 유튜브에 들어가서 '좋아요'가 몇 개인지, 댓글이 뭐라고 달렸는지 보면서 혼자 열받습니다. 그러다 악한 영에 이끌려 자신을 위해 연주하던 다윗에게 창을 던집니다. 자신에게 집착하고 사람에게 집중하다 보니 결국 인생이 망가진 것입니다.

혹시 당신도 이런 인생을 살고 있진 않습니까? 늘 다른 사람들은 뭐 하나, 뭐 입나, 뭐 타고 다니나, 어디 사나, 다른 집 자식은 어느 대학 나왔나… 사람을 주목하고 비교하며 살다 보니 사울처럼 시기하고 질투하고 미워하게 되고, 그래서 정작 가장 가까운 사람들에게 짜증 내고 화내며 살고 있지는 않습니까?

사울의 인생은 늘 화가 나고 짜증이 나 있는데 다윗은 어떻게 합니까?

시 62:5 나의 영혼아 잠잠히 하나님만 바라라 무릇 나의 소망이 그로부터 나오는도다

다윗은 사울을 바라보지 않았습니다. 사람들의 평가에 연연하지 않았습니다. 수많은 원수가 자신을 공격하는 상황에도 다윗은 하나님을 바라봅니다. 내 삶의 소망은 내 능력도 아니고, 유명한 사람과 친해지는 것

도 아니며, 오직 전능하신 하나님이라는 것을 알았기 때문입니다.

하나님께 시선을 옮겨 고정하라

기도란 모든 능력의 근원이 되시는 하나님께 시선을 고정하고 하나님을 바라보는 것입니다. 자신을 향해 있던 생각의 시선, 주변을 향해 있던 생각의 시선을 하나님께로 옮겨 고정하는 것입니다.

마귀는 우리의 시선을 공격하고 무너뜨립니다. 보는 것이 무너지면 다 무너집니다. 그래서 되는 대로 볼 것이 아니라 무엇을 볼지 선택해야 합니다. 유튜브도 아무거나 막 보면 안 됩니다.

《지선아 사랑해》라는 책을 쓴 이지선 자매는 대학생 때 교통사고를 당해 전신과 얼굴에 큰 화상을 입었습니다. 처음에는 차마 거울로 자신의 얼굴을 볼 용기가 나지 않아 유리창에 비친 자신의 모습을 봤는데, 외계인 같은 모습에 '저건 내가 아니다'라고 스스로 세뇌시켰다고 합니다.

그러다 어느 날, 이제는 스물세 살의 여대생으로 살 수 없을 만큼 삶이 완전히 달라졌다는 사실을 깨닫고, 돌아갈 수 없는 자신의 현실을 정면으로 마주하게 됩니다. 절망 속에서 자신에게 남은 선택지는 두 가지뿐이었습니다. 하나는 아파트 옥상으로 올라가는 것이고, 또 하나는 하나님을 찾아보는 것이었습니다.

고민 끝에 어머니에게 교회에 가자고 말했습니다. 한 번은 하나님께 따져보고 싶었다고 합니다. 교회에 가서 불도 켜지 않은 채 맨 앞자리에 엎드려 기도 아닌 기도를 합니다. "하나님, 저 어떻게 하실 거예요. 살려 놓으셨으면 대책이 있으셔야 하는 거 아니에요. 전지전능하다면서 왜 저한테는 아무것도 하지 않으세요" 하고 몇 시간을 묻고 또 물었지만 아무 대답도 듣지 못한 채 집으로 돌아왔습니다.

그다음 날, 예배를 드리러 갔습니다. 자신이 속해 있던 성가대가 앞에서 찬양하는데, 본인은 사람들이 볼까 봐 모자를 눌러 쓰고 마스크를 한 채 몸을 웅크리고 앉아 있었습니다. 살은 찢어질 듯 아프고, 흘러내리는 침 때문에 수건을 계속 갈아 끼우고 있는 자신의 모습이 너무 초라해 보였고, 찬양도 하고 싶지 않고 설교도 귀에 들어오지 않았다고 합니다.

"하나님, 설마 계획이 있지 않겠어요. 제게 이런 엄청난 일이 일어났는데, 그런데 하나님의 계획을 알면 저도 다시 살아볼 힘이 나지 않겠어요. 저도 좀 알려주세요."

그렇게 기도해도 예배가 끝날 때까지 아무 일도 일어나지 않았습니다. 그런데 예배 후 목사님이 찾아와 꼭 안아주시고 "사랑하는 딸아"라며 기도해주셨는데, 그 음성이 하나님의 음성처럼 들렸다고 합니다. 자기 자신조차 사랑할 수 없던 그때, 하나님께서 자신을 사랑하신다는 그 말씀이 마음 깊이 들어온 것입니다.

그리고 하나님께서 이 자매에게 두 가지를 약속해주셨다고 합니다. 하나는 반드시 세상 가운데 다시 세우시겠다는 약속, 또 하나는 병들고 힘들고 약한 사람들에게 희망의 메시지가 되게 하시겠다는 약속이었습니다. 말도 안 되는 이야기처럼 들렸지만, 하나님이라면 정말 그렇게 하실 수도 있겠다는 믿음이 생겼다고 합니다. 얼굴이 회복될 것이라는 말은 듣지 못했지만, 모든 것이 끝난 것 같은 인생에도 하나님의 계획이 있다는 사실 하나만으로 다시 살아보기로 결단했다고 합니다. 그리고 집에 돌아와 처음으로 거울을 볼 용기가 생겼다고 합니다.

그녀의 두 번째 책 제목이 《꽤 괜찮은 해피엔딩》입니다. '이제 여기가 끝이구나'라는 생각이 들 때마다 주님을 바라보면 주님께서 이렇게 말씀해주셨다고 합니다.

"지선아, 여기가 끝이 아니야. 네 인생은 이렇게 끝나지 않아."

그 음성 덕분에 자신의 인생이 어두운 동굴에 갇힌 인생이 아니라 터널을 지나고 있는 인생이라는 사실을 깨닫게 되었다고 합니다.

우리는 모두 인생에서 두 가지 선택지 앞에 서게 됩니다. 옥상으로 올라갈 것인가, 하나님을 바라볼 것인가. 어떤 절망적인 상황 속에서도 하나님을 바라보면 살길이 열립니다. 내 앞의 문제가 아무리 커도 문제보다 더 크신 하나님을 바라보면 살 수 있습니다. 나를 공격하는 원수가 아무리 강해도 원수보다 강하신 하나님을 바라보면 이길 수 있습니다. 눈앞의 상황이 아무리 절망적이어도 모든 것을 가능하게 하시는 하나님을 바라보면 상황은 한순간에 역전됩니다.

인생이 앞이 꽉 막힌 깜깜한 동굴처럼 느껴지십니까. 기도로 하나님을 바라볼 때, 당신의 인생이 막다른 동굴이 아니라 끝이 보이는 터널이라는 사실을 깨닫게 될 것입니다.

집중해서 하나님을 바라보라

기도란 하나님을 바라보는 것입니다. 집중해서 하나님을 바라보는 것입니다. 내가 얼마나 약한지가 아니라 나와 함께하시는 하나님이 얼마나 크고 놀라우신지, 내가 얼마나 부족한지가 아니라 나를 도우시는 하나님이 얼마나 위대한 분이신지, 내가 얼마나 초라한지가 아니라 나를 지으신 하나님이 얼마나 아름다운 분이신지, 내가 얼마나 준비되지 못했는지가 아니라 하나님께서 얼마나 완벽하게 준비하셨는지, 모든 상황을 돌이키시는 하나님을 바라보고 그분께 시선을 집중하는 것입니다.

인생은 사람의 손에 달린 것도 아니고 상황에 달린 것도 아닙니다. 전능하신 하나님의 손안에 있습니다. 우리는 부족하지만 주님은 부족함이 없으시고, 우리는 흔들렸지만 주님은 단 한 번도 흔들리지 않으셨습니다. 우리가 신실하지 못할 때도 주님은 늘 신실하셨고, 우리가 주님을 잊을 때도 주님은 항상 먼저 우리를 찾아오셨습니다. 이제 사람과 상황이 아니라 주님을 바라보는 삶으로 나아가야 합니다. 주님을 바라보면 살아납니다. 주님을 바라보면 길이 열리고 기적이 일어납니다.

어떻게 하나님을 바라볼까요. 하나님의 이름을 부르는 것입니다. 두려울 때마다, 낙심될 때마다, 죄의 유혹이 있을 때마다 하나님을 부르며 하나님을 바라보는 것입니다. 광야에 길을 내신 하나님, 풍랑을 잔잔하게 하신 하나님, 문제보다 더 크신 하나님, 한계가 없으신 하나님, 없는 것을 있게 하시고 죽은 것을 살리신 하나님, 실패가 없으신 하나님, 내가 갈 수 없는 길로 인도하시고 내가 알지 못하는 시간에도 지켜주신 하나님, 내가 이해할 수 없는 방법으로 일하시는 전능하신 하나님.

하나님을 바라볼 때 걸어가도 피곤하지 않고 달려가도 지치지 않습니다. 주님을 바라볼 때 막혀 있던 길이 열리고, 닫혀 있던 문이 움직이며, 불가능한 일이 가능해집니다.

기도는 결국 하나님께 살려달라는 외침입니다. 하나님을 바라보면 살아납니다. 어떤 사람도 하나님을 바라보면 살 수 있습니다. 당신이 어떤 상황에 있든지, 기도로 하나님을 바라보기로 결단할 때 하나님께서 일하기 시작하실 줄 믿습니다.

이제부터 하루에 수십 번이든, 수백 번이든 주님의 이름을 부르십시오. 주님을 바라보고, 주님을 의지하고, 주님을 붙드십시오. 주님을 바라보는 자에게 하나님은 새 힘을 주실 것입니다.

기도의 본질 4 **기도는 완전하신 하나님과 하나 되는 것**

사람들이 건조하게 사는 이유가 있습니다. 내면이 공허하고, 삶의 의

욕이 없고, 하고 싶은 일도 없고, 예배를 드려도 무감각하게 느껴지는 것은 죄의 문제일 수도 있고 마음의 상처 때문일 수도 있지만, 근본적인 이유는 하나님과 단절되었기 때문입니다.

죄가 하나님과 우리 사이를 단절시켰든, 마음의 상처가 하나님을 오해하게 해서 하나님과 멀어지게 했든, 결국 포도나무이신 예수님과 가지인 우리가 단절되었기 때문입니다. 삶이 달라지는 것은 아주 단순합니다. 예수님과 연결되면 됩니다.

요 15:5 나는 포도나무요 너희는 가지라 그가 내 안에, 내가 그 안에 거하면 사람이 열매를 많이 맺나니 나를 떠나서는 너희가 아무것도 할 수 없음이라

가지가 할 일은 나무에 붙어 있는 것입니다. 나무에 붙어 있기만 하면 잎도 나고 꽃도 피고 열매도 맺힙니다. 아무리 굵고 튼튼한 가지도 나무에서 떨어져 나가면 반드시 말라 죽습니다.

청년 사역을 하면서 청년들이 가장 생기 넘칠 때를 보았습니다. 선교지에 갔을 때입니다. 아침에 일어나면 가장 먼저 큐티를 하고, 사역지를 이동할 때마다 차 안에서 뜨겁게 찬양합니다. 사역을 시작하기 전에 기도하고, 사역을 마쳤을 때도 기도합니다. 저녁에 모여서 말씀을 나누고 하루 동안 경험한 하나님을 나눕니다.

아침에 눈을 뜰 때부터 밤에 잠들 때까지 예수님을 생각하고, 예수님에 관해 이야기하고, 예수님이 하신 일들을 나누는 이런 삶을 2주 정도 계속하다 보면 밥맛이 없다던 청년들이 밥을 두 그릇씩 먹고, 불면증에 시달리던 청년들이 머리만 대면 곯아떨어집니다. 삶의 의욕이 없던 청년들의 가슴이 다시 뛰고, 왜 사는지 모르겠다던 청년들이 빨리 쓰임 받고 싶다고 말합니다.

기도란 하나님과 연결되는 것입니다. 내가 예수님 안에, 예수님이 내 안에 계시면서 예수님과 내가 하나 되는 것입니다. 예수님과 내가 하나 된다는 것은 내가 하나님이 된다는 뜻이 아닙니다. 그것은 범신론에서 말하는 개념이지, 성경이 말하는 기도는 아닙니다. 내가 하나님이 되는 것이 아니라, 하나님의 뜻과 내 뜻이 하나 되는 것입니다.

하나님과 우리는 너무 다릅니다. 그런데 주님을 사랑하기 때문에 주님이 무엇을 좋아하실지를 늘 기도하고 생각하며 예수님과 연결되어 살아가다 보면, 어느 순간 하나님께서 무엇을 기뻐하실지를 깊이 고민하지 않아도 자연스럽게 선택한 것이 하나님의 뜻과 일치하는 상태가 됩니다. 하나님의 뜻에 내 뜻이 일치되는 것입니다. 이것이 기도입니다. 나무에 수액이 흐르듯 하나님의 말씀과 생각과 뜻이 우리 안에 흘러 들어와 우리를 생명력 있게 만드는 것입니다.

예수님이 제자들을 위해 하신 마지막 기도에 기도의 목적이 분명하게 나타납니다.

요 17:21 아버지여, 아버지께서 내 안에, 내가 아버지 안에 있는 것같이 그들도 다 하나가 되어 우리 안에 있게 하사 세상으로 아버지께서 나를 보내신 것을 믿게 하옵소서

메시지 성경은 이 부분을 이렇게 번역합니다.

그들 모두 한마음 한뜻이 되고 아버지께서 내 안에 계시고 내가 아버지 안에 있듯이, 그들도 우리와 한마음 한뜻이 되는 것, 이것이 내 기도의 목적입니다.

예수님이 기도하신 목적은 우리가 하나님과 한마음 한뜻이 되는 것입니다. 기도는 예수님과 우리를 하나 되게 합니다. 그래서 기도할수록 예수님의 생각과 내 생각이 하나가 됩니다. 점점 예수님의 생각으로 채워지고, 예수님을 닮아가며, 예수님의 뜻에 순종하는 사람이 됩니다.

한 청년이 자기 엄마는 교회에서는 천사인데 집에서는 마귀가 된다고 합니다. 그래서 엄마를 교회에서 가끔씩만 보고 싶다고 합니다. 기도를 많이 하는데 하나님의 성품을 닮아가는 대신 마귀의 언어와 눈빛과 표정이 나온다면, 그 기도는 어딘가 잘못된 것입니다. 기도는 예수님과 우리를 하나 되게 합니다.

삶은 내가 잘살려고 애써서 되는 것이 아닙니다. 과거에 아무리 많은 열매를 맺었어도 오늘 나무에서 분리되는 순간 가지는 죽습니다. 열매는 우리가 맺는 것이 아니라 예수님이 맺게 하시는 것입니다. 내 힘으로는 도저히 불가능해 보이는 일도 예수님께 붙어 있으면 가능해집니다. 풍성한 열매를 맺는 삶의 비밀은 포도나무에 붙어 있는 것입니다. 그것이 가지가 할 일입니다. 기도란 완전하신 하나님과 하나 되는 것입니다. 당신이 기도로 하나님과 하나 되고 하나님께 바짝 붙어 있기를 축복합니다.

기도의 본질 5 기도는 살기 위해 하는 것

《무릎으로 사는 그리스도인》이라는 책에 이런 글이 나옵니다.

어찌하여 수많은 그리스도인이 그토록 자주 패배하는가? 기도를 너무 적게 하기 때문이다. 어찌하여 수많은 교회 일꾼이 그토록 자주 용기를 잃고 낙심하는가? 기도를 너무 적게 하기 때문이다. 어찌하여 대부분의 사람들이 그들의 사역을 통해 '어둠에서 빛으로' 이끌어내는 영혼이 그토록 적은 가? 기도를 너무 적게 하기 때문이다. 어찌하여 교회는 하나님을 향한 뜨거운 불이 타오르지 않는가? 참된 기도가 너무 적기 때문이다. 주 예수님은 오늘도 여전히 능력이 무한하신 분이시다. 주 예수님은 여전히 인간들의 구원을 갈망하고 계신다. 그의 팔이 짧아 구원하지 못하시는 것이 아니라, 우리가 더 많이 더 진실하게 기도하지 않기 때문에 그의 팔을 내밀 수가 없는 것이다. 우리가 분명히 알아야 할 것은 모든 실패의 원인은 은밀한 기도를 하지 못하는 데 있다는 사실이다.

모든 것이 기도에 달려 있고 기도가 모든 것을 이긴다는 것입니다.

기도하지 않으면 죽는다

저는 지난 20년간 청년 사역을 했습니다. 청년 사역의 꽃은 제자훈련입니다. 교역자 한 명이 열두 명의 훈련생을 데리고, 30분이면 끝낼 강의 내용을 네 시간씩 귀납법으로 진행합니다. 늦은 밤 한 시간이 넘도록 목이 터져라 부르짖으며 기도하고, 함께 1박 2일 MT를 가서 서로 깊은 이야기를 나누기도 합니다. 어느 날 키가 190센티미터가 넘는 한 형제가 저를 끌어안고 웁니다. "목사님, 저도 하나님을 믿고 싶은데 안 믿어져요"라고 말하던 이 형제가 "목사님, 제가 하나님을 만났어요" 하면서 펑펑 울던 모습이 지금도 생생합니다.

제자훈련을 통해 변화된 청년들이 후배들에게 제자훈련을 추천합니다. 너도 제자훈련을 받아야 사람이 된다고, 마늘 먹는 게 아니라 제자훈련을 받아야 사람이 된다면서요. 그래서 제자훈련 신청 날이면 정오에 열리는 신청을 위해 아침 여덟 시부터 줄을 서서 교회 복도가 신청자로 가득 찹니다. 제자훈련은 강도가 아주 셉니다. 매일 큐티하고 성경 읽고 기도해야 합니다. 예습하고 암송해야 합니다. 생활 숙제와 독서 과제도 있습니다. 안 하면 벌금을 냅니다. 지각해도 벌금이고, 결석 세 번이면 아웃입니다. 그런데도 몇 시간을 기다려서 신청하고 훈련받다 보니 오리엔테이션만 해도 분위기가 정말 좋습니다.

한번은 오리엔테이션이 끝난 후 한 훈련생이 이렇게 묻더군요.

"기도가 중요한 건 알겠는데 왜 벌금까지 내면서 기도를 해야 돼요?"

순간 분위기가 좀 싸해졌습니다. 그때 제가 이렇게 대답했습니다.

"왜냐하면 기도는 안 하면 죽으니까. 안 하면 죽으니까 이렇게라도 하게 하는 거야."

병원에서 생명이 왔다 갔다 하는 환자에게 의사가 "이 주사 맞으실래요?", "이 약 드실래요?" 하고 의견을 묻지 않습니다. 무조건 살리고 봅니다. 그게 의사입니다. 기도도 마찬가지입니다. 해도 되고 안 해도 되는 거라면 이렇게까지 하지 않습니다. 안 하면 죽기 때문에, 해야만 살 수 있기 때문에 벌금을 물리면서라도 하게 하는 것입니다.

누군가 제게 기도가 뭐냐고 물으면 저는 언제나 이렇게 대답합니다. "기도란 안 하면 죽는 것이다. 살기 위해 하는 것이 기도다."

우리 신앙의 선배들은 기도를 호흡이라고 가르쳤습니다. 기도가 호흡이라는 말은 이런 뜻이 아닐까요? 안 하면 죽는 것, 살기 위해 하는 것. 사도 바울이 쉬지 말고 기도하라(살전 5:17)고 한 것도 기도가 호흡이기 때문입니다. 기도 생활은 여러 신앙생활 중 하나가 아닙니다. 기도 생활이 곧 신앙생활입니다.

기도의 호흡이 살아 있는가

왜 예수를 믿는데도 우리 삶이 이렇게 무기력하고 생명력이 없을까요? 왜 두려워하고 불안해하고 낙심할까요? 왜 우리 주변에는 변화가 없을까요? 기도가 무너졌기 때문입니다. 사고 현장에 119 구급대가 오면 가장 먼저 확인하는 것이 호흡입니다. 우리가 영적으로 살아 있는지 확인하는 방법도 간단합니다. 기도의 호흡이 살아 있는지 보면 됩니다.

예수님의 삶은 기도로 시작해서 기도로 끝났습니다. 공생애 사역을 시작하기 전 40일 금식기도로 사역을 시작하셨습니다. 새벽을 깨우며 기도하셨고, 습관을 따라 기도하셨습니다. 시간을 정해놓고 기도하신 것입니다. 제자들을 세우기 전날 밤에도 사람들과 회의하지 않고 밤새 하나님 앞에 기도하셨습니다. 제자들에게 이렇게 기도하라고 기도를 가르치셨고, 기도 외에는 이런 능력이 나타날 수 없다고 기도의 능력을 직접 보여주셨습니다.

마지막 설교 후에도 제자들을 위해 기도하셨고, 십자가를 지기 전 가장 고통스러운 시간에도 사람을 붙잡고 하소연하지 않고 겟세마네 동산에서 기도로 십자가를 준비하셨습니다. 심지어 십자가 위에서도 기도하셨습니다. 예수님의 삶 자체가 기도였습니다. 예수님에게도 이렇게 기도가 필요했다면, 오늘 우리에게는 얼마나 더 기도가 필요하겠습니까.

우리 신앙의 선배들도 언제 어디서든 기도했습니다. 성전에서도, 집에서도, 산에서도, 바닷가에서도, 지붕에서도, 구덩이에서도, 광야에서도, 감옥에서도, 심지어 물고기 배 속에서도 기도했습니다. 어디를 가든, 무슨 일을 만나든 먼저 하나님 앞에 엎드렸습니다. 그 기도가 그들을 거룩하고 생명력 있게 살게 했습니다.

그런데 우리는 왜 이렇게 기도하지 않게 되었을까요. 바빠서가 아닙니다. "요즘 너무 바빠서 일주일째 숨을 못 쉬고 있어요." 이런 분은 없죠.

아무리 바빠도 숨은 쉽니다. 기도하지 않는 이유는 바빠서가 아닙니다. 시간이 없어서가 아닙니다. 겸손이 없기 때문입니다. 하나님의 도움이 필요 없다는 것입니다. 내 힘으로 할 수 있다는 것입니다. 내 힘이면 충분하다고 생각하기 때문에 기도하지 않는 것입니다.

기도가 필요 없는 사람이 어디 있습니까. 누구나 걱정하고 염려합니다. 불안해하고 두려워합니다. 이것은 우리의 능력이 부족해서가 아닙니다. 기도의 호흡을 멈췄기 때문입니다.

제가 챗GPT에게 "만약 네가 사탄인데 성도들을 무너뜨리기 위해 딱 한 가지의 방법을 써야 한다면 어떤 방법을 쓸 거니?"라고 물어봤더니 이렇게 대답했습니다.

"저는 기도를 멈추게 하는 것을 선택할 것입니다. 왜냐하면 기도는 성도와 하나님을 연결하는 생명의 줄이기 때문입니다. 기도가 끊기면 모든 것이 멈추기 때문입니다."

기도하지 않으면 죽는다는 것을 챗GPT도 압니다. 이래도 기도하지 않겠습니까? 기도를 방해하고 기도를 멀리하게 하는 모든 것은 사탄의 역사입니다. 기도하지 않고도 잘살고 있다는 착각에서 벗어나야 합니다.

당신에게 기도란 무엇입니까? 기도란 안 하면 죽는 것, 살기 위해 하는 것입니다. 저는 당신의 삶에 이 기도가 회복되고, 당신의 가정에 꺼지지 않는 기도의 불이 다시 타오르기를 주님의 이름으로 축원합니다. 우리 공동체가 기도가 살아 있는 공동체, 어떤 사역을 하든 먼저 모여 기도하는 공동체가 되기를 축복합니다. 기도가 살아나면 반드시 살아납니다. 기도가 모든 것을 회복시키고, 기도가 모든 것을 이깁니다.

매일 30분 따라 하는 기도

CHECK	차수	날짜	QR코드	영상 제목
☐	Day 1			하나님과의 관계가 회복되는 기도
☐	Day 2			영적 능력이 강해지는 기도
☐	Day 3			기적이 일어나는 기도
☐	Day 4			하나님을 바라보는 기도
☐	Day 5			고난 중에 하나님의 임재를 구하는 기도
☐	Day 6			하나님께 내려놓는 기도
☐	Day 7			영적 성장을 위한 기도

* 한 기도문을 3번 반복해서 따라 기도하고 개인기도 시간을 가진 후 체크하세요.

응답받는 기도

마가복음 11:24

"기도는 내 뜻이 아니라 하나님의 뜻을 구하는 것이다."

"기도는 응답받기 위해 하는 것이 아니고 하나님을 알기 위해 하는 것이다."

아주 그럴듯하고 멋있게 들리는데 이 말들은 사실 반은 맞지만, 반은 틀렸습니다. 오히려 하나님을 오해하게 만들 수 있는 말이기도 합니다. 기도는 하나님의 뜻만 구하는 것이 아니라, 우리의 뜻도 함께 구하는 것입니다. 내 뜻이 없다는 것은 우리가 로봇이 된다는 말인데, 하나님은 우리를 로봇이 아니라 인격을 가진 존재로 지으셨습니다. 하나님은 우리의 뜻을 존중해주시는 인격적인 분입니다.

"주님, 주님은 무엇을 원하세요?"라고 기도하면 하나님은 "나는 이게 좋아"라고 말씀하시기도 하지만, 때로는 "너는 무엇을 원하니?"라고 우리의 마음을 물어보시기도 합니다. 기도할 때 우리는 하나님이 인격적인 분이시라는 사실을 기억해야 합니다.

기도의 응답을 받는 것도 중요하다

우리가 기도하는 데는 아주 중요한 두 가지 목적이 있습니다. 하나는 기도를 통해 하나님의 응답을 받는 것이고, 또 하나는 기도에 응답하시는 하나님을 알아가고 그분을 사랑하게 되는 것입니다. 이 둘은 어느 하나를 선택하는 문제가 아닙니다. 둘 다 중요합니다.

그런데 기도 응답에 대해 부정적인 생각을 하는 분들이 있습니다. 기도는 응답받는 게 아니라는 식으로 생각하는 것인데, 그런 생각을 하고 있으면 응답을 기대하기 어렵습니다. 기도할 때는 하나님이 선하신 분이며, 언제나 가장 좋은 것으로 응답하신다는 사실을 믿어야 합니다.

왜 우리의 신앙이 삶을 변화시키지 못하고, 왜 하나님이 우리의 현실이 아니라 머릿속 관념에만 머무르게 될까요? 기도하고 응답받은 경험이 없기 때문입니다. 기도하고 응답받는 과정을 통해 하나님은 우리 삶 속에서 실제가 되십니다. 정말 하나님이 살아 계신다는 사실을 부인할 수 없게 되는 것입니다. 그래서 응답받는 기도는 너무나 중요합니다. 당신이 기도의 응답을 경험하는 신앙을 살아가기를 축복합니다.

살아오면서 기도하고 응답받아 본 경험이 있습니까? 기도하고 응답받는 것처럼 재미있는 일은 없습니다. 제가 사는 곳은 늦게 퇴근하면 주차하기가 쉽지 않아서 늦은 시간에 주차장으로 들어갈 때마다 "하나님, 오늘도 주차할 자리를 예비해주신 줄 믿습니다"라고 기도합니다. 그러면 자리가 있거나, 없더라도 조금만 기다리면 반드시 자리가 납니다. 한 번도 주차하지 못해 다른 곳에 주차해본 적이 없습니다. 그래서 제게 주차는 스트레스가 아니라, 기도 응답을 경험하는 즐거운 시간입니다.

한번은 월요일 가정예배 시간에 기도 제목을 나누며 "요즘 내 소원은 한라봉을 귤 먹듯이 마음껏 먹는 거야"라고 말한 적이 있습니다. 휴가 때 제주도 농장에서 바로 딴 한라봉을 먹었는데 너무 맛있었던 생각이 나서 다음 날 마트에 갔지만, 생각보다 비싸 그냥 돌아왔습니다.

그런데 그다음 날, 아내 생일에 끓일 미역국 재료를 사러 마트에 갔더니 한라봉 4개가 담긴 봉지 하나에 특별 세일 스티커가 붙어 있었습니다. 마지막 한 봉지였습니다. 저는 속으로 할렐루야를 외쳤고, 그날 정말 달콤하게 한라봉을 먹었습니다.

목요일에는 제가 한라봉 이야기를 하지도 않았는데 한 전도사님이 사무실에 한라봉 한 봉지를 사 와서 함께 먹었고, 금요일에는 한 형제를 상담하러 간 카페에 한라봉 주스가 있었으며, 토요일에는 결혼을 앞둔 커플을 만났는데 그 카페에 아주 맛있는 제주 감귤차가 있었습니다.

제가 한라봉이 먹고 싶다고 말했더니 하나님께서 한 주 내내 한라봉을 먹게 해주셨습니다. 정말 행복한 한 주였습니다. 하나님은 우리가 보기에는 하찮아 보이는 작은 기도까지도 귀 기울여 들으시고 응답해주시는 분입니다. 기도의 축복은 바로 응답받는 데 있습니다. 그렇다면 어떻게 응답받는 기도를 할 수 있을까요?

기도, 그냥 하라

제 아들이 처음 한 말은 "엄마"였습니다(안타깝게도 아빠가 아닙니다). 돌지난 아들이 발음도 제대로 되지 않는 "엄마"를 말하는데 얼마나 귀여운지요. 사실은 정확하게 엄마라고 한 것도 아니었는데, 저희가 엄마로 알아들은 것이죠.

그런데 신기한 일이 벌어졌습니다. 제 아들이 냉장고를 가리키며 엄마라고 합니다. 청소기를 보고도 엄마라고 합니다. 모든 것을 다 엄마라고 합니다. 그래서 제가 제 아들에게 이렇게 말했을까요?

"산이야, 냉장고를 보고 엄마라니. 이건 엄마가 아니라 냉장고야. 너

자꾸 그렇게 틀릴 거니. 너도 이제 두 살이야. 내가 언제까지 기다려야 제대로 냉장고라고 할 거니. 네가 군대를 안 갔다 와서 그래."

그렇지 않습니다. 냉장고를 엄마라고 하고, 청소기를 엄마라고 하는 그 모습마저도 너무 귀여웠습니다.

아이들은 말을 배울 때 틀리는 것을 무서워하지 않습니다. 맞든 틀리든 상관없이 그냥 내뱉습니다. 말은 배워서 하는 것이 아니라 하면서 배우는 것입니다. 기도도 그렇습니다.

그런데 신기한 건, 아이가 알아들을 수 없는 옹알이를 하는데도 제 아내는 다 알아듣는다는 겁니다.

"어, 산이가 배가 고프구나."

"어, 우리 산이가 응가를 했구나."

"어, 우리 아들이 씻고 싶구나."

알아듣기 어려운 옹알이도 엄마는 다 알아듣듯 하나님도 그러십니다. 그분은 우리가 틀린 기도를 했다고 지적하거나 혼내시는 분이 아닙니다.

"그건 너무 이기적인 기도잖아."

"넌 어떻게 그런 세속적인 기도를 할 수 있니."

"그 기도는 욕심이 너무 많이 들어갔어."

"너 지난 주일 예배 빠졌지? 그러니까 앞으로 3주 동안은 응답 없어."

하나님은 이런 식으로 우리의 기도를 평가하고 판단하고 정죄하시는 분이 아닙니다. 오히려 우리가 틀린 기도를 했을지라도 이렇게 말씀하시는 분입니다.

"그래, 괜찮아. 잘하고 있어."

"그래, 네가 무슨 말 하는지 내가 알아."

"네가 지금 이것이 필요하다는 거구나."

"네가 지금 이것 때문에 힘들다는 거구나."

"걱정하지 마. 내가 이해했어. 내가 도와줄게."

우리가 어떤 기도를 하든지 하나님은 다 알아서 해석해주십니다. 오히려 서툰 기도를 보며 더 귀여워하십니다. 그러니 이 기도가 틀린 기도는 아닐까, 잘못된 기도는 아닐까 너무 고민하지 마세요. 틀려도 괜찮습니다. 너무 잘하려고 하지 않아도 괜찮습니다. 완벽하게 배워서 하지 않아도 됩니다. 이기적인 욕심이 섞인 기도도 괜찮습니다. 기도는 그냥 하면 됩니다.

하나님은 우리가 하는 어떤 기도라도 다 들어주실 수 있을 만큼 충분히 크신 분입니다. 기도의 단어 하나 틀렸다고 지적하며 응답하지 않는 그런 분이 아닙니다. 하나님은 우리가 무엇을 원하고 무엇이 필요한지 다 아시고, 우리에게 가장 좋은 것을 주시는 선하신 분입니다.

어떤 일이든 처음부터 완벽하게 해내는 사람은 없습니다. 운동을 처음 시작할 때 어떻게 처음부터 곧바로 100킬로그램을 들 수 있겠습니까. 처음부터 욕심을 내고 무리하면 다치거나 지치게 됩니다. 목표가 100킬로그램이라 할지라도 출발은 반드시 1킬로그램입니다. 기도도 그렇습니다. 가장 중요한 것은 시작하는 것입니다. 할 수 있는 만큼, 할 수 있는 내용으로 시작하는 것입니다. 이 단계를 거치지 않고 기도의 다음 단계로 넘어갈 수 없습니다.

성경에 '기도'라는 단어는 총 280번 등장하는데, 그중 명사로 쓰인 것은 87번이고, 193번은 동사로 쓰입니다. 기도는 일단 하라는 것입니다. 기도는 하는 것이 중요합니다. 옳은 기도, 바른 기도, 수준 높은 기도보다 지금 기도를 시작하는 것이 더 중요합니다.

완벽한 기도보다 솔직한 기도

성경에서 '기도의 사람' 하면 저는 다윗이 떠오릅니다. 그의 기도를 보면 감사의 기도도 있고 찬양의 기도도 있지만, 솔직한 기도가 참 많습니다. 시편 150편 중에서 탄식시는 67편이 넘습니다. 단일 주제로는 가장 많습니다. 하나님의 마음에 합한 사람이라 불린 다윗이 이런 기도를 합니다.

> 시 3:7 여호와여 일어나소서 나의 하나님이여 나를 구원하소서 주께서 나의 모든 원수의 뺨을 치시며 악인의 이를 꺾으셨나이다

현실적으로 풀면 이런 느낌입니다.

"하나님, 저 원수들의 뺨을 갈겨주시고 아구창(입·턱 부위를 낮잡아 이르는 비속어)을 날려주시니 너무 좋아요. 너무 짜릿해요. 하나님 짱."

다윗의 기도는 매우 주관적입니다. 옳은 기도 같지 않고, 경건해 보이지도 않습니다. 우리라면 "주님, 저 집사가 저를 너무 힘들게 하는데 이 좀 뽑아주세요" 이런 기도 잘 안 하잖아요. 그런데 하나님은 다윗의 그런 솔직한 기도를 기뻐하십니다. "내가 … 다윗을 만나니 내 마음에 합한 사람이라"(행 13:22, 개역한글)는 "나는 다윗과 마음이 통한다"라는 것입니다.

다윗에게는 하나님과 단둘이만 나누던 비밀이 있었습니다. 그는 사울을 죽일 기회가 있을 때도 옷깃만 베고 나왔고, 그 옷깃을 벤 일로조차 괴로워했습니다. 어떻게 그럴 수 있을까요. 하나님 앞에서 솔직하게 기도했기 때문입니다.

당신을 힘들게 한 사람을 하나님 앞에 솔직하게 올려보세요. "하나님, 이 사람이 저를 너무 힘들게 합니다. 하나님이 손 좀 봐주세요" 그렇게 기도하고 나서 그 사람의 얼굴을 보면 이상하게 미안해집니다. '내가 너무 세게 기도했나' 이런 마음이 들면서 분노가 사라집니다. 오히려 불쌍

한 마음이 생깁니다. 다윗은 사람에게 풀기 전에 하나님께 먼저 풀었기 때문에 사람에게 풀 것이 남지 않았던 것입니다.

기도는 솔직하게, 있는 그대로 하는 것입니다. "하나님, 저 힘들어요", "하나님, 저 괴로워요", "저 두려워요"라고 하면서 힘들면 힘들다고, 괴로우면 괴롭다고, 아프면 아프다고, 두려우면 두렵다고, 기도가 안 되면 기도가 안 된다고 말하는 것입니다. 하나님께서 원하시는 기도는 완벽한 기도가 아니라 솔직한 기도입니다.

욕심대로 구해도 되나 아니면 욕심을 내려놓게 해달라고 기도해야 하나, 이것이 하나님의 뜻인가 내 뜻인가, 너무 고민하지 않아도 괜찮습니다. 줘도 될 만하면 하나님께서 주실 것이고, 우리가 변할 필요가 있다면 하나님께서 우리를 변화시키실 것입니다. 부족한 기도도 다 알아들으시고 부족한 우리를 성숙하게 이끌어가실 하나님을 신뢰하며 그냥 시작하세요.

제 유튜브 채널에 "목사님, 로또 1등 되게 해달라고 기도해도 되나요?"라고 질문을 해오신 분에게 저는 이렇게 답글을 남겼습니다.

"네, 기도하세요. 하나님께서 그 기도도 들으시고 가장 좋은 것으로 응답해주실 거예요."

저는 정말 그렇게 믿습니다. 하나님께서 로또 1등이 되게 해주실지는 모르지만, 하나님은 로또 1등을 구할 수밖에 없는 형편과 마음을 아시고 그 분에게 가장 좋은 것으로 응답하실 선하신 분이라는 것을 믿습니다.

그 분이 대댓글을 달았습니다. 지금까지 이런 글을 남기면 아무도 반응하지 않았는데 자기 글에 답을 해준 사람은 목사님이 처음이라며 고맙다고 하더군요. 그 분이 그날 기도를 시작하지 않았을까요.

기도의 장소와 시간을 정하라

세상에는 기도하는 사람과 기도하지 않는 사람, 두 종류의 사람만 있습니다. 기도에 대해 아무리 많은 설교를 듣고 기도 이야기를 아무리 많이 해도 기도하지 않으면 응답은 없습니다. 부족해 보여도, 이기적으로 보여도, 일단 기도해야 응답이 시작됩니다. 응답받는 기도를 위해 가장 먼저 필요한 것은 '기도를 하는 것'입니다. 그러기 위해서는 교회에 와야 합니다.

"공부를 꼭 도서관에서만 해야 하냐, 어디서나 할 수 있지 않냐"라는 말도 맞는데 진짜 공부하는 사람들은 다 도서관에 있습니다. 기도도 그렇습니다. "꼭 교회에 와야만 기도하냐, 어디서나 기도할 수 있지 않냐"라는 말도 맞습니다. 어디서나 기도할 수 있습니다. 그런데 진짜 기도하는 사람들은 교회에 있더군요.

성경에 나오는 "구하라, 찾으라, 두드리라"라는 모든 기도의 명령은 현재형입니다. 한 번 구하고 멈추는 게 아니라 주실 때까지 계속 구하라는 것입니다. 찾을 때까지 계속 찾고, 열릴 때까지 계속 두드리라는 뜻입니다. 그런데 혼자서는 계속 기도하는 사람으로 살기가 쉽지 않습니다. 혼자 하면 잘해야 한 달입니다. 경험 있으시죠? 매년 새해가 되면 다짐합니다. 다이어트해야지, 영어 공부해야지, 성경 일독해야지…. 왜 안 될까요? 혼자 하기 때문입니다.

계속 기도하는 사람이 되려면 기도하는 사람들과 함께해야 합니다. 기도 모임에 나오고, 교회에 와야 지속할 수 있습니다. 새벽이든 낮이든 저녁이든, 출근 전이든 퇴근 후든 상관없습니다. 시간이 허락하는 대로 교회에 오시기 바랍니다. 와서 그냥 앉아 있다가 가도 됩니다. 그것조차 하나님은 기도로 받으십니다. 우리의 작은 신음까지 들으시는 분이니까요. 매일 교회에 옵시다. 기도는 그렇게, 그냥 시작하는 것입니다.

또 시간을 정해서 기도해야 합니다. 한 자매를 상담하다가 지금이 기도할 때인 것 같다고 함께 기도하자고 했더니 "목사님, 저 기도할 기분이 아니에요"라고 말한 적이 있습니다. 어떤 형제는 제게 전화해서 "목사님, 오늘은 기도가 너무 땡겨요. 이따 교회에서 봬요"라고 하더군요. 이렇게 기분에 따라 기도하면 지속적으로 기도할 수 없습니다. 진짜 기도하는 사람들은 기분에 따라 기도하지 않습니다. 지속적으로 기도하려면 시간을 정해놓고 기도해야 합니다.

프로와 아마추어의 차이를 아시죠. 프로는 비가 오나 눈이 오나 바람이 부나 정해진 연습 시간을 채웁니다. 반면 아마추어는 비가 오면 비가 와서 안 하고, 눈이 오면 눈이 와서 안 하고, 오늘은 드라마 하는 날이라고 안 합니다. 그래서 아마추어입니다. 기도에 아마추어가 아니라 프로가 됩시다.

중요한 것은 절대로 되는 대로 하지 않습니다. 중요하면 장소와 시간을 정해야 합니다. 당신의 기도 시간은 언제인가요? 시간을 정해보세요. 지금, 구체적으로 시간을 정해보세요. 기도는 일단 해야 합니다. 부족해도, 서툴러도, 이기적으로 보여도 먼저 해야 합니다. 잘하려고 애쓰지 말고 그냥 하세요. 기도는 해야 응답을 받습니다.

정말로 기도를 하고 싶다면 결심보다 더 중요한 것이 있습니다. 환경을 만드는 것입니다. 기도하기 쉬운 환경, 안 하면 안 되는 환경을 만드는 것입니다. 가장 쉬운 방법은 주변에 알리는 것입니다. 소그룹 카카오톡 방에 "저는 이제 몇 시에 기도하겠습니다" 이렇게 알리세요. 가족과 친구들에게도 알리세요. 이것이 결심보다 훨씬 더 효과적입니다.

구하라

"'쥬씨옵소서' 이렇게 하나님의 축복을 구하는 수준 낮은 미신적인 기도는 기복적인 기도이고, 이런 기복적인 신앙은 기독교가 아닙니다."

제가 예전에 설교하면서 이렇게 축복을 구하는 기도를 기복적인 신앙이라고 말하자, 성도들이 기도에 가면을 쓰기 시작했습니다. 제 앞에서는 누가 들어도 무난한 기도만 하고, 솔직하게 기도하지 못합니다. 구하는 기도를 하면 뭔가 잘못하는 것처럼 느껴지고 죄책감을 느낍니다. 그러다 시간이 지나면서 결국 기도를 하지 않게 되더라고요. 제가 잘 몰라서 그랬습니다.

물론 우리의 기도가 하나님과 더 깊고 친밀한 교제 가운데, 하나님께 사랑을 고백하고, 그저 하나님의 깊은 임재 안에서 "주님" 하고 부르기만 해도 주님과 하나 됨을 느낄 수 있습니다. "주님, 저에게 주실 은혜가 있으면 다른 사람에게 주세요. 저는 주님이면 충분합니다" 이런 고백도 얼마든지 드릴 수 있습니다.

그러나 처음부터 그렇게 할 수는 없습니다. 기도는 먼저 구하는 것에서 시작합니다. 구하지 못할 거면 기도를 왜 하고, 도와달라고도 말하지 못한다면 신앙생활을 왜 합니까? 우리가 기도한다는 것은 하나님의 도움이 필요하다는 것이고, 하나님의 응답이 필요하다는 것이고, 하나님의 기적이 필요하다는 것입니다.

시 2:8 내게 구하라 내가 이방 나라를 네 유업으로 주리니 네 소유가 땅끝까지 이르리로다

하나님은 우리에게 구하라고 하셨고, 구하는 자에게 놀라운 복을 주겠다고 약속하셨습니다. 땅 몇 평 정도가 아니라 나라를 주겠다고 하십

니다. 우리의 소유가 땅끝까지 이르게 하겠다고 하십니다. 성경의 많은 사람은 현실적인 것들을 구했습니다. 아브라함은 소돔이 망하지 않게 해달라고 기도했고, 한나는 아들을 달라고 기도했으며, 히스기야는 죽음 앞에서 살려달라고 기도했습니다. 예수님이 가르쳐주신 주기도문을 봐도 구하는 기도로 가득 차 있습니다. 물질적인 필요를 구하고, 정서적인 필요를 구하고, 영적인 필요를 구합니다.

예수님은 "나는 네 영혼만 사랑한다"라고 말씀하지 않으셨습니다. "나는 너를 사랑한다"라고 말씀하셨습니다. 우리의 전인격을 사랑하신 것입니다. 예수님은 영혼의 문제뿐 아니라 현실의 문제에도 관심을 가지고 해결해주셨습니다. 그러니 하나님께 구하는 기도를 드리는 것은 너무나 자연스러운 일입니다. 구하는 기도를 기복적인 기도라고 정죄해서는 안 됩니다. 구하는 기도를 드린다고 해서 죄책감을 가질 필요도 없습니다. 하나님께 자유롭게, 마음껏 구하시기 바랍니다.

주님을 부르기만 해도 된다

제 영적 멘토인 임은미 선교사님이 사역하시는 곳은 아프리카 케냐 나이로비에서 한 시간 정도 떨어진 '리무루'(Limuru)라는 지역입니다. 저도 이곳을 다녀온 적이 있는데, 온통 초록빛 차밭으로 덮여 있습니다. 선교사님은 그 차밭을 걸으며 기도하시곤 하는데 걷다 보면 선교사님이 섬기는 아이들이 멀리서 선교사님의 이름을 부른다는 거예요. 선교사님의 영어 이름이 '유니스'(Eunice)인데, 아이들이 목이 터져라 외칩니다.

"유니스! 유니스!"

그런데 참 신기한 것은, 아이들이 무엇을 달라고 말하지 않고 그저 선교사님의 이름만 불렀을 뿐인데, 그 소리를 듣는 순간 선교사님의 마음속에는 아이들을 향한 선한 생각들이 파도처럼 밀려온다고 합니다.

"유니스!"

'저 아이는 요즘 밥을 못 먹고 있다던데, 내가 밥을 사줘야지.'

"유니스!"

'저 아이는 신발이 없네, 신발을 사줘야겠다.'

"유니스!"

'저 아이는 학교를 못 가고 있는데, 내가 돈이 많으면 저 아이를 위해 학교를 세워주고 싶다.'

아이들은 그저 이름만 불렀을 뿐인데, 선교사님의 마음에는 이 아이들을 어떻게 도와줄지 선한 계획들이 쉼 없이 떠오른다는 것입니다. 그렇다면 우리 하나님은 어떠시겠습니까? 오늘 우리가 하나님 앞에 나아가 무슨 말을 해야 할지 몰라도, 그저 "주님…" 하고 그분의 이름을 부르는 것만으로도 충분하지 않겠습니까?

아기가 태어나서 가장 먼저 하는 것은 부르짖는 것입니다. "응애, 응애" 하고 부르짖습니다. 아무리 천재라 해도, "어머니, 수고 많으셨어요" 하고 인사하며 태어난 아이는 없습니다. 갓난아기는 자세히 설명하지 못합니다. 엄마가 하는 말을 알아듣지도 못하고, 이해하지도 못합니다. 그저 부르짖는 것이 전부입니다. 하지만 아이가 평생 부르짖기만 하지는 않습니다. 부르짖다가 점점 언어를 배웁니다. 듣는 법도 배우고, 말하는 법도 배우고, 순종하는 법도 배웁니다. 그러나 언제나 시작은 부르짖음입니다.

영적으로도 마찬가지입니다. 부르짖으며 구하는 것이 기도의 전부라고 할 수는 없지만, 먼저 부르짖어 구해야 합니다. 그런데 솔직하게 부르짖어 기도하다 보면, 점점 기도의 내용이 바뀝니다. 내 마음의 소원을 가지고 기도하다 보면 하나님께서 기도의 방향을 바꿔 가십니다.

시편 기도의 특징이 바로 이것입니다. 한숨으로 시작해서 언제나 찬송으로 끝납니다. 처음에는 솔직하게 기도하지만, 마무리할 즈음에는 하나님을 찬양하는 하나님 중심의 기도로 바뀌어 있습니다. 우리를 변화시켜 가실 하나님을 신뢰하고, 걱정하지 말고 솔직하게 기도하세요.

자녀가 울 때 하나님의 시간은 멈춘다

저는 한 번 잠이 들면 누가 업어 가도 모를 정도로 깊이 잡니다. 아무 소리도 들리지 않습니다. 그런데 아들 산이가 조리원에 있다가 처음 집에 온 날 밤, 아기가 "응애" 하고 우는데 그 소리가 제 귀에 들렸습니다. 제 아내보다 제가 먼저 일어났습니다. 이상합니다. 다른 소리는 들리지 않는데, 제 아들의 울음소리는 자다가도 들립니다.

산이가 카시트에 처음 앉았을 때는 불편했는지 자지러지게 울었습니다. 그러면 달리다가도 차를 세우고 아이를 살폈습니다. 산이가 울면 제 모든 것이 멈춥니다.

이것이 부모입니다. 아이가 울면 그 울음소리밖에 들리지 않습니다. 부모를 가장 긴장하게 하고 집중하게 만드는 것은 아이의 울음소리입니다. 자녀의 울음소리가 들리면 모든 신경이 그곳으로 향합니다. 하나님도 그러하십니다. 우리가 울면 하나님의 모든 시간이 멈추고 모든 신경이 우리에게 집중됩니다.

하나님께 부르짖어 구하십시오. 말을 많이 하지 않아도 됩니다. 그냥 어린아이처럼 "아빠" 하고 우는 것입니다. 아이가 "응애" 하고 부르짖듯, 우리도 "주여!" 하고 부르짖는 것입니다. 그것만으로도 충분합니다. 하나님은 우리의 부르짖음을 들으시고, 그 의미를 아시며, 그 부르짖음에 응답해주십니다.

렘 33:3 너는 내게 부르짖으라 내가 네게 응답하겠고 네가 알지 못하는 크고

은밀한 일을 네게 보이리라

하나님은 우리에게 부르짖으라고 하십니다. 부르짖음에 응답하겠고, 우리가 상상할 수 없는 크고 놀라운 일을 보여주겠다고 약속하십니다. 부르짖음이 곧 기도라는 것입니다.

홍해 앞에 선 모세는 하나님께 자신의 상황을 길게 설명하거나 설득하지 않았습니다. "주님, 어찌합니까. 주님, 살려주세요!"라는 절박한 마음으로 하나님께 부르짖었습니다. 엘리야는 무릎 사이에 머리를 박고 간절하게 주님께 부르짖었습니다. 앞을 보지 못하는 거지 바디매오는 사람들이 시끄럽다고 손가락질해도 "다윗의 자손 예수여, 나를 불쌍히 여기소서!"라며 부르짖었습니다. 예수님 역시 겟세마네 동산에서 이 잔을 자신에게서 거두어달라고, 땀이 핏방울같이 되도록 부르짖어 구하셨습니다.

새벽 다섯 시에 전화벨이 울립니다. 새벽 다섯 시에 전화가 왔다는 것은 밤새 잠을 이루지 못했다는 뜻입니다.

"목사님…."

"그래, 무슨 일이야?"

우느라 말을 잇지 못하던 그 형제는 한참 만에 말합니다.

"목사님, 아버지가 또 이혼하신대요. 저는 이제 어떻게 해요?"

깨어진 가정으로 고통받는 자녀들의 기도입니다.

매번 학기가 시작될 즈음이면 등록금이 없어 휴학을 걱정하며 교회에 와서 간절히 기도하는 학생들이 있습니다. 이 아이들의 간절한 기도.

얼마 전에는 졸업한 지 3년이 넘었는데도 취직이 되지 않는 한 자매를 만났습니다. 이력서를 수백 통 썼지만 연락 오는 곳이 없었습니다. 대인기피증이 오고, 집 밖으로 나오지 못하는 자매에게 일단 나오라고, 밥을 사주겠다고 해서 만났는데 두 시간 동안 울기만 하고 밥을 먹지 못했습니다. 이 젊은이들의 눈물 젖은 기도.

또 어느 날 새벽 예배 설교를 마치고 기도하는데, 맨 앞자리에 앉은 한 아버지의 기도 소리가 지금도 잊히지 않습니다.

"주님, 저에게 한 번만 더 기회를 주세요. 저 좀 살려주세요."

사업이 부도 위기에 놓여, 새벽에 예배당에 나와 눈물로 부르짖는 아버지의 기도였습니다.

또 어떤 날은 아들이 사고로 코마 상태에 빠진 어머니가 병원 바닥에 주저앉아 제 손을 붙잡고 부탁합니다.

"목사님, 기도해주세요. 제발 우리 아들 깨어나게 해달라고 기도해주세요. 하나님께서 기적을 베풀어주시도록 기도해주세요."

기적을 바라는 어머니의 간절한 기도.

딸이 우울증에 걸려 온 가족의 시간이 멈춰버린 가정도 있습니다. 딸을 살려보겠다고 부모님 두 분이 하던 일을 내려놓고 매달려 기도합니다. 이 가정의 간절한 기도. 이런 기도를 어떻게 기복적인 기도라고 정죄할 수 있습니까.

구하는 기도는 기복이 아니라 축복이다

저는 오늘도 하나님의 은혜를 구했고, 하나님의 도우심을 구했고, 하나님의 축복을 구했습니다. 하나님의 축복 없이 우리가 어떻게 살아갈 수 있겠습니까. 복음의 불모지였던 이 조선 땅이 백 년 만에 천만 명이 예수님을 그리스도로 고백하는 나라가 되었습니다. 어떻게 이런 기적 같은 일이 가능했겠습니까. 우리 신앙의 선배들, 목회자들과 성도들의 간절한 부르짖음의 기도가 있었기 때문에 가능했던 것입니다.

저희 할머니는 나이 예순에 예수님을 만나셨습니다. 술과 담배를 그렇게 좋아하셨는데, 몸이 다 망가져 병원에서 이제는 할 수 있는 것이 없다고, 며칠 안 남았으니 장례를 준비하라고 했습니다. 장례 준비까지 다 마쳤을 그때 할머니께 교회에 가서 기도해보시라고 해서 할머니가 처음으로 교회에 가서 기도를 시작하셨습니다. 매주 교회에 가서 기도하시는데, 돌아가셔야 할 분이 오히려 점점 상태가 좋아지셨습니다. 하나님께서 기적처럼 고쳐주셔서 아흔여덟 살까지 사셨습니다.

아흔이 넘어서도 새벽 네 시면 어김없이 일어나 샤워하시고, 새 옷으로 갈아입고 세 시간 동안 기도하셨습니다. 젊어서는 하루에 여덟 시간씩 기도했는데 이제는 힘이 없어서 세 시간밖에 기도를 못 한다고 하시며, 아흔이 넘은 할머니께서 제 기를 죽이셨습니다.

어느 날 교회를 다녀오신 할머니께서 밥도 못 드시고 잠도 잘 못 주무시고, 기도하며 울기만 하셨습니다. 목사님이 "성경 말씀이 하나님의 말씀"이라는 설교를 하셨는데 저희 할머니는 학교에 다니지 못해 글을 모르셨기 때문입니다. 그래서 울며 간절히 기도하셨다고 합니다.

"하나님, 저는 글을 모릅니다. 성경 말씀이 하나님의 말씀이라고 하는데, 제가 하나님의 말씀을 읽을 수 없으니 너무 속상합니다. 하나님, 저도 성경을 읽고 싶어요. 제게 한글을 깨우쳐주세요."

창피해서 누구에게 말도 못 하고, 그저 하나님께만 기도하셨습니다.

할머니의 기도는 늘 주기도문으로 시작해 나라와 민족을 위해 기도하고, 대통령을 위해 기도하고, 목사님을 위해 기도하고, 교회를 위해 기도하고, 가족들을 위해 기도하고, 중보기도를 부탁받은 사람들을 위해 기도한 뒤 사도신경으로 마쳤다고 합니다.

그런데 어느 날 성경 앞에 있는 주기도문과 사도신경을 보는데, 그 글이 조금씩 해석이 되기 시작하더랍니다. 그래서 성경을 폈는데 "태.초.에…" 하면서, 더듬더듬이지만 성경의 글자들이 자기도 모르게 읽히더랍니다. 하나님께서 자신에게 글을 깨우쳐주셨다고 너무 기뻐하며 저에게 간증하셨습니다. 할머니가 보시던 성경찬송가는 다 해졌고, 은혜받은 곳마다 실을 끼워 놓아 성경책이 반은 책이고 반은 실이었습니다.

말도 안 되는 기도 아닙니까. 글을 배우려면 공부를 해야지, 기도한다고 되겠습니까. 그런데 하나님은 나이 많은 할머니의 간절한 부르짖음을 기복적인 기도라고 외면하지 않고 응답하셨습니다. 그분은 우리의 간구와 부르짖음을 정죄하지 않고 더 좋은 것으로 축복해주시는 분입니다.

물질 문제로 어려움을 겪고 있다면 물질을 달라고 구하십시오. 사람이 필요하다면 사람을 보내달라고 기도하십시오. 질병으로 고통 가운데 있다면 고쳐달라고 부르짖으십시오. 마음의 깊은 상처가 있다면 치료해달라고 매달리십시오.

시험을 앞두고 있다면 합격시켜달라고, 결혼하고 싶다면 배우자를 달라고, 출근할 직장이 필요하다면 일터를 달라고 구하십시오. 자녀를 원한다면 자녀를 달라고 기도하십시오. 영적으로 성숙하고 싶다면 신앙을 성숙시켜달라고 기도하십시오. 믿지 않는 가족이 있다면 가족을 구원해달라고, 믿음의 가정이 되게 해달라고 기도하십시오.

무엇을 하고 싶고 무엇이 되고 싶은지, 무엇이 필요하고 무엇을 이루고 싶은지, 어떤 삶을 살고 싶고 어떤 사람이 되고 싶은지 구체적으로 구하십시오. 기도는 구하는 것입니다. 이 땅의 삶이 전부는 아니지만, 이 땅의 삶을 무시하는 것도 건강한 신앙은 아닙니다. 건강한 영성은 균형입니다. 하늘의 신령한 복과 땅의 기름진 복이 모두 필요합니다. 구하는 기도는 기복이 아니라 축복입니다.

기도의 핵심은 구하는 것

열 살짜리 제 아들은 제 입장에서 구하지 못합니다. 언제나 자기 입장에서 구합니다. 그러나 응답은 언제나 아빠의 입장에서 이루어집니다. 저는 제 아들이 달라는 대로 다 주지는 않지만, 언제나 아들이 구한 것보다 더 좋은 것을 줍니다. 이것이 축복입니다. 혹시 내가 잘못 구한 것은 아닐까 걱정할 필요가 없습니다. 하나님께서 언제나 나에게 가장 좋은 것을 주신다는 믿음만 있으면 됩니다.

기도의 대가인 리차드 포스터는《기도》라는 책에서 이렇게 말합니다.

캠브리지 대학의 허버트 파머 교수는 우리에게 상기시켜 주기를 '만일 기도가 신앙의 핵심이라면, 간구는 기도의 핵심이다'라고 했다. 간구 기도가 없으면 우리는 꼭지가 잘린 기도 생활을 하는 것이다. 나는 하나님께서 우리에게 줄 만한 구실을 찾으시다가 우리가 구할 때 얼마나 기뻐하실까 하는 것을 다시 한번 우리 모두에게 상기시키고 싶다.

기도의 핵심은 구하는 것입니다. 우리가 하나님께 도와달라고 소리칠 때, 하나님의 심장이 빠르게 뛰기 시작하고 하나님의 피가 뜨거워집니다. 하나님의 손이 바빠지기 시작합니다.

어린 아들을 데리고 장난감 가게에 갔을 때, 제 아들이 '우리 아빠가 이것을 살 수 있을까, 없을까' 고민하며 제 눈치를 보다가 작은 것을 집어 든다면 제가 기쁠까요? 그것은 아빠의 자존심을 상하게 하는 것입니다. 저는 제 아들이 아빠를 믿고 가장 마음에 드는 것을 집어 드는 배짱이 있었으면 좋겠습니다. 그것이 아빠의 기를 살려주는 것이죠. 물론 저는 아이 장난감을 사기 위해 다이소로 갑니다.

연약하고 한계가 있는 저도 이렇게 생각하는데, 제한이 없으신 하나님은 얼마나 더하시겠습니까. 하나님께 기도하면서도 하나님이 이 온 우주보다 크신 분이라는 것을 믿지 못하고, 하나님이 과연 줄 수 있을까 없을까를 고민하며 작고 사소한 것만 구한다면 하나님께서 얼마나 자존심이 상하시겠습니까. 기도는 크게 하는 것입니다. 그것이 하나님을 인정해드리는 것입니다.

예수님이 기도를 가르치실 때 "하늘에 계신 우리 아버지"라고 부르라 하셨습니다. 아버지이신데 그분은 하늘에 계신 분이라고 하십니다. 이 좁은 땅에 담을 수 없을 만큼 크신 분이라는 뜻입니다. 그 크신 하나님의 자존심을 세워드리는 것은, 하나님의 크심을 믿고 크게 구하는 것입니다. "네 입을 크게 열라 내가 채우리라"(시 81:10) 하였으니 크게 구하십시오.

우리에게 큰일이 하나님께도 큰일일까요. 우리가 기도할 때 주님께서 부담스러워하실까요. "그 기도는 나도 좀 부담스럽다"라고 말씀하시겠습니까. 하나님께서 우리의 상황을 보시며 놀라거나 당황하실까요. 하나님은 죽은 자도 다시 살리시는 분입니다. 죽음조차 하나님의 역사를 제한할 수 없습니다. 우리에게 아무리 큰일도 하나님께는 작고 쉽고 가벼운 일입니다.

이제부터 하나님의 능력과 성품을 제한하지 마세요. 마음껏 부르짖어 구하세요. 하나님은 우리의 능력, 우리의 재능, 우리의 상황과 실수에 제한받지 않고 역사하시며, 우리의 부르짖음에 놀랍게 응답하시는 전능하신 하나님입니다. 그 하나님께 마음껏 부르짖어 구할 때, 주님께서 우리의 기도에 응답해주십니다.

믿어라

열두 해 동안 혈루증을 앓았던 여인처럼 비참한 인생이 있을까요? 열두 해를 앓았다는 것은 이제 나을 가망이 없다는 뜻입니다. 누구도 이 여인이 회복될 수 있다고 믿지 않았습니다. 그런데 어느 날 예수님에 대한 소문을 들은 이 여인의 마음에, 예수님의 옷에 손만 대어도 나을 것이라는 믿음이 들어옵니다. 그 믿음으로 예수님의 옷 가에 손을 대자, 기적처럼 낫게 됩니다. 그 여인에게 예수님이 "딸아 네 믿음이 너를 구원하였으니 평안히 가라 네 병에서 놓여 건강할지어다"(막 5:34)라고 말씀하십니다. 하나님을 믿는 믿음이 기적을 일으킨 것입니다.

가나안의 이방 여인은 귀신 들린 딸을 고치기 위해 예수님께 나아갔지만, 개 취급을 받으며 거절당합니다. 그래도 포기하지 않습니다.

"주님, 맞아요. 저는 개예요. 그런데 개에게도 주인의 상에서 떨어지는 부스러기는 주잖아요. 온전한 은혜를 구하지 않아요. 주님, 제게 부스러기 은혜라도 주세요. 부스러기로도 충분해요. 제 딸을 살려주세요."

이렇듯 간절한 부르짖음에 감동한 예수님이 그 믿음을 칭찬하십니다.

"여자여 네 믿음이 크도다 네 소원대로 되리라"(마 15:28).

한 아버지가 귀신이 들려 말을 못 하고 발작하며 쓰러지는 아들을 고치기 위해 예수님 앞으로 데려와 청합니다.

"예수님, 할 수 있으면 제 아들 좀 고쳐주세요."

"할 수 있거든이 무슨 말이냐 믿는 자에게는 능히 하지 못할 일이 없느니라"(막 9:23).

그러자 이 아버지가 외칩니다.

"주님, 제가 믿어요. 제가 믿을게요. 제게 믿음을 주세요. 우리 아들을 살려주세요."

그 순간 예수님이 귀신을 꾸짖으시고, 귀신이 떠나갑니다. 믿음 없는 아버지도 믿음을 달라고 하니까, 예수님이 믿음을 주셨습니다.

중풍에 걸려 혼자 걸을 수 없는 친구를 들것에 실어 데려온 친구들에 대해 성경은 "그들의 믿음을 보시고"(눅 5:20)라고 기록합니다.

성경의 많은 기적의 현장에서 예수님은 "네 믿음이 너를 구원하였다"라고 말씀하십니다. 내 믿음도 중요하고, 엄마의 믿음도 중요하고, 아빠의 믿음도 중요하고, 친구들의 믿음도 중요합니다. 중요한 것은 믿음으로 기도할 때 주님께서 응답하신다는 사실입니다.

믿음의 등기권리증을 들고

막 11:24 그러므로 내가 너희에게 말하노니 무엇이든지 기도하고 구하는 것은 받은 줄로 믿으라 그리하면 너희에게 그대로 되리라

기도했다면 이미 이루어졌다고 믿으라는 것입니다. 그러면 그대로 된다는 것입니다. 성경은 기도하고 계획을 세우면 이루어진다고 하지 않습니다. 기도하고 열심히 노력하면 이루어진다고도 하지 않습니다. 기도에 믿음을 더하면 이루어진다고 말씀합니다. 계획 세우지 말고 노력하지 말라는 뜻이 아니라, 믿음이 핵심이라는 것입니다. 믿음이 없는 계획, 믿음이 없는 노력, 믿음이 없는 기도는 열매가 없습니다. 우리가 믿음으로 기도한 순간, 하나님의 시간 안에서는 이미 이루어진 것입니다. '언젠가 주실 것이다'가 아니라 '하나님께서 이미 주셨다'라고 믿으라는 것입니다.

히 11:1 믿음은 바라는 것들의 실상이요 …

그저 바라기만 하고 소망하기만 하는 것이 아니라, 바라는 것에 하나님을 믿는 믿음, 하나님의 약속을 믿는 믿음을 더할 때 그것이 실제가 됩니다. 여기서 "실상"이라는 단어는 헬라어로 등기권리증을 뜻합니다. 아직 내 눈앞에 집이 없어도 등기권리증이 있으면 그 집은 내 집이죠. 믿음이 바로 그런 것입니다.

하나님께서 믿음의 조상 아브라함에게 하늘의 별들을 보게 하십니다.

"아브라함아, 보이지? 네 자손이 저렇게 많아질 거야."

아브라함은 그 후로 밤하늘의 별을 볼 때마다 그때 들었던 하나님의 음성을 떠올렸을 것입니다. 기도할 때마다 그 별들을 바라보며 믿음으로, 이미 모든 것이 응답된 모습을 상상하며 기도했을 것입니다. 그때 기적이 일어났습니다.

믿음은 아직 오지 않은 미래를 현재로 당겨 미리 사는 능력입니다. 미래를 현재처럼 보게 하는 능력입니다. 그래서 믿음으로 기도한 사람은 기도를 마친 후 태도가 다릅니다. 여전히 문제는 그대로일지라도, 이미 손에 등기권리증이 있기에 다 얻은 사람처럼 당당합니다. 눈에 보이는 일들 때문에 걱정하고 염려하며 무너지지 않습니다. 이것이 믿음입니다.

기도한다는 것은 하나님의 기적을 믿는 것입니다. 기도가 어떻게 응답될지 몰라도 괜찮습니다. 방법은 하나님의 영역입니다. 우리가 방법까지 알 필요는 없습니다. 우리는 그저 믿음으로 구하고, 이미 기도가 응답되었다고 믿는 것으로 충분합니다.

"네가 나를 믿느냐?"

이천 년 전에 믿음을 통해 수많은 기적을 일으키신 주님은 오늘 우리를 향해서도 물으십니다. 우리는 하나님께서 우리의 기도를 들으시고 이미 그 기도에 응답하셨다고 믿기만 하면 됩니다. 이미 이루어진 것처럼 믿고 감사하는 것입니다.

"주님, 응답해주셔서 감사합니다. 고쳐주셔서 감사합니다. 채워주셔서 감사합니다."

예수님이 오병이어의 기적을 일으키기 위해 기도하실 때 먼저 감사의 기도를 드리십니다(막 6:41, 공동번역). 이미 하나님께서 이루셨음을 믿고 감사하신 것입니다. 그리고 기적이 일어납니다. 어떻게 물고기 두 마리와 보리떡 다섯 개로 오천 명을 먹였는지, 언제 떡과 물고기가 불어났는지는 모릅니다. 중요한 것은 예수님께서 이미 이루어주신 것을 믿고 감사의 기도를 드리셨고, 그날 기적이 일어났다는 사실입니다.

자신의 부정적인 생각을 믿지 마세요. 사람들의 부정적인 말을 믿지 마세요. 하나님을 믿고, 하나님의 말씀을 믿으세요.

상처와 낙심에 "아니"라고 말하라

Y대에 다니는 한 형제가 언제부터인가 몸이 바짝 마르고 우울증이 찾아왔습니다. 자해까지 해서 무슨 일이 있었는지 물어봤습니다. 부모님이 방에서 대화하는 것을 우연히 듣게 되었는데 아버지가 어머니에게 "쟤는 내 인생의 실패작이야"라고 말하더랍니다. 아버지는 S대 교수였고, 아들은 Y대에 진학한 것이었습니다. 그 말을 듣고부터 아들은 밥도 못 먹고 잠도 못 자며 삶이 무너져 내린 것입니다.

사람들이 "너는 안 돼. 너는 이미 틀렸어. 너무 늦었어. 네가 뭘 하겠어"라고 말할 때 상처받지 마세요. 상처를 받았다는 것은 그 말에 "아멘" 했다는 뜻입니다. 사람들이 그렇게 말할 때는 믿음으로 이렇게 선포하시기 바랍니다.

"아니야, 나는 네 말대로 되지 않고 하나님의 말씀대로 돼. 하나님은 '할 수 있거든이 무슨 말이냐 믿는 자에게는 능히 하지 못할 일이 없느니라'라고 말씀하셨어."

　의사는 평생 이 병을 안고 살아야 한다고 말할지 몰라도, 하나님은 "내가 채찍에 맞음으로 너희가 나음을 입었도다"라고 말씀하십니다. 더는 이렇게 살지 않아도 된다고 하십니다. 아무리 통증이 심하고 고통스러워도 이미 하나님께서 고쳐주셨다고 믿고 기도하시기 바랍니다.

　아무리 노력해도 끊어지지 않던 중독의 사슬도 이미 하나님께서 끊으셨다고 믿으십시오. 사람들이 결혼하기엔 너무 늦었다고 말할지라도, 지금이 결혼하기 가장 좋은 때이며 하나님께서 가장 알맞은 배우자를 준비해두셨다고 믿음으로 기도하십시오. 빚더미를 헤치고 나올 방법이 전혀 보이지 않아도 이미 하나님께서 모든 빚을 갚아주셨다고 믿고 감사하십시오. 법적인 소송으로 힘든 시간을 보내고 계십니까? 최고의 변호사이신 주님이 함께하실 것을 믿고 기도하시기 바랍니다.

　자녀에게 문제가 많다고 해서 "하나님, 제발 사람 노릇이라도 하게 해주세요"라고 기도하지 마세요. "주님, 주님께서 이 아이를 놀랍게 쓰실 줄 믿습니다"라고 믿음으로 기도해야 합니다. 가정이 도저히 회복될 기미가 보이지 않아도, 믿음으로 하나 되는 가정을 바라보며 기도하시기 바랍니다. 모든 꿈이 산산조각이 난 것처럼 느껴질지라도 하나님은 여전히 그 꿈을 이루어가고 계신 것을 믿으시길 바랍니다.

　지금 당장 눈에 보이는 변화가 없어도 하나님께서 일하고 계시며, 그분의 손이 당신을 감싸고 있음을 믿으세요. 모든 것이 실패한 것 같아도 하나님께서 그 상황을 다스리시고, 모든 것을 합력하여 선을 이루실 것을 믿으세요. 하나님의 은혜가 지금 내 머리 위에 있음을 확신하세요. 하나님을 믿는 믿음이 오늘 당신의 삶에 기적을 일으킵니다.

　내게 방법이 없다고 해서 하나님께도 방법이 없을까요? 내가 할 수 없다고 해서 하나님도 할 수 없을까요? 하나님께는 방법이 있습니다. 삶에 어떤 문제와 어떤 장벽이 있을지라도 믿음으로 선포하시기 바랍니다. 하나님은 할 수 있습니다. 지금 소리 내어 말해보세요.

"나는 할 수 없지만, 하나님은 할 수 있습니다."

하나님은 큰 산을 옮기기 위해 큰 산 같은 믿음을 요구하지 않으십니다. 눈에 잘 보이지도 않는 겨자씨 한 알의 믿음만으로도 큰 산을 바다에 던져버리겠다고 약속하셨습니다. 우리에게 큰 믿음은 없을지 몰라도 겨자씨 한 알만 한 믿음은 있습니다. 하나님은 그 믿음을 사용하라고 하십니다. 이 믿음을 사용할 때, 당신 앞에 있는 거대한 산 같은 문제들이 무너지게 될 줄 믿습니다.

하나님은 언제나 최고의 것으로 응답하신다

사람들은 하나님께서 우리의 기도에 'yes', 'wait', 'no'의 세 가지로 응답하신다고 말합니다. 그러나 저는 그렇게 믿지 않습니다. 하나님은 저의 기도에 언제나 'the best'로 응답해주신다고 믿습니다. 그것이 yes든, wait이든, no든, 하나님은 언제나 가장 좋은 것으로 응답해주십니다. 이것이 저의 믿음입니다.

유튜브를 시작한 지 1년이 지났을 때 〈따라 하는 기도〉 책이 있냐는 댓글이 달렸습니다. 제가 책은 없다고, 그냥 유튜브 보시면 된다고 댓글을 달아드렸지만, 그 뒤로도 많은 분이 계속 그런 댓글을 남겨주셨습니다.

그러던 어느 날, 길에서 나이 드신 한 권사님이 제게 혹시 장재기 목사님이시냐고 물으시고는 가방에서 수첩 하나를 꺼내셨는데 거기에 따라 하는 기도문이 빽빽하게 적혀 있었습니다. 그 분이 이걸 일일이 휴대폰으로 캡처해서 받아쓰려니까 너무 힘들다고, 책으로 좀 내라고 하시면서 길거리에서 저를 혼내셨습니다.

그래서 기도문을 책으로 낼 수 있게 인도해달라고 하나님께 기도했습니다. 출판사를 위해 기도하던 중 하나님께서 한 분을 떠오르게 하셔서 그 분에게 연락을 드려 책을 내려고 한다고 말씀드렸습니다. 그 분은 어떤 콘텐츠인지 묻고 한참 생각하시더니 규장출판사를 제안해주셨습니다. 자기가 할 수도 있지만, 규장출판사가 더 잘 맞을 것 같다고 하셨습니다.

그런데 저는 '그렇게 큰 출판사에서 내 책을 내려고 할까?'라는 생각이 들어서 원고를 보내지 않았습니다. 아직 안 보냈다고 하니 그 분이 빨리 보내라고 하셨지만, 그래도 보내지 않았습니다. 그 큰 출판사에서 제 책을 왜 내겠습니까.

그날 저녁, 가정예배를 드리면서 이 이야기를 나누자 아내가 그러면 어느 출판사에서 책이 나왔으면 좋겠냐고 묻더군요. 제가 규장출판사라고 했더니, 그러면 기도하고 보내보라고 했습니다. 그래서 기도하면서 원고를 보냈습니다. 다음 날 출판사로부터 15일 후에 답변을 준다는 메일이 와서 기도하며 기다리기로 했습니다. 그런데 그날 오후, 모르는 번호로 전화가 왔습니다. 저는 모르는 번호는 잘 받지 않는데, 그날은 하나님께서 전화를 받으라는 마음을 주셔서 전화를 받았습니다.

"안녕하세요. 규장출판사 여진구 대표입니다."

출판사 대표님이 직접 연락을 주셔서 며칠 후 만나게 되었습니다. 규장은 기도로 모든 것을 결정하는데 제 원고를 놓고 기도하는 가운데 하나님께서 응답을 주셨다는 것입니다.

"이 목회자는 나를 경외하는 자다. 내게 속한 종이니 극진히 대접해드려라."

그 말을 듣는데 마치 하나님께서 제게 직접 말씀하시는 것 같아 눈물이 핑 돌았습니다.

'아, 하나님께서 나를 잊지 않고 기억하고 계시는구나.'

그리고 규장출판사와 계약을 하게 되었습니다.

이동원 목사님은 제게 영적인 아버지 같은 분이십니다. 추천서를 받고 싶어서, 또 몇 분께 추천서를 받을 수 있는지 물어보았더니 편집팀장님이 "목사님, 하나님께서 추천하신 책인데 왜 사람 추천을 받으려고 하세요"라고 하셨습니다. 그 말이 제게 하나님의 음성처럼 들렸습니다.

'내가 하나님을 의지한다고 하면서 사람을 의지하려 했구나.'

그래서 무명의 목회자가 첫 책을 내는데 추천서 없이 책을 내기로 했습니다. 그 후 대표님이 이런 얘기를 해주셨습니다. 규장출판사에 1년에 500-600편의 원고가 투고되고 그중 2권 정도만 책으로 나오는데, 제 원고가 그중 하나라는 것입니다. 목사님이 잘 모르시는 것 같아서 알려드린다고 하셨습니다. 그 책이 그해 규장출판사 전체 베스트셀러 1위를 했고 그다음 해에 나온 《따라 하는 기도 2》가 또 상반기 전체 1위를 했습니다. 지금까지 8권의 책이 나왔는데 모두 베스트셀러 1위를 했습니다.

제 자랑을 하는 것이 아닙니다. 하나님께서 하셨다는 이야기입니다. 비록 흔들리는 작은 믿음일지라도 하나님은 하나를 구하면 두 개를 주십니다. 내가 구한 것보다 더 좋은 것을 주시고, 가장 좋은 것을 주십니다. 우리의 부족함 때문에 하나님의 역사가 제한받지 않습니다. 우리의 실수 때문에 하나님의 계획이 실패하지 않습니다. 내가 포기했다고 해서 하나님도 포기하신 것이 아닙니다.

비록 흔들리는 믿음, 작은 믿음일지라도, 그 믿음을 가지고 주님께 기도할 때 하나님은 우리를 위해 최선을 다하시고 가장 좋은 것을 주십니다. 그 선하신 하나님을 믿는 것입니다. 그래서 저는 기도할 때 "주님, 이렇게 해주세요"라는 기도도 하지만 "주님, 이렇게 해주실 줄 믿습니다. 이렇게 해주셔서 감사합니다"라는 기도를 더 자주 합니다. 이 믿음의 기도를 하나님께서 기뻐하십니다.

믿음의 면역력을 키우라

제 채널에 이런 질문이 올라온 적이 있습니다.

"믿음으로 기도해야 하는데 자꾸 의심이 들어요. 어떻게 해야 하나요?"

아주 좋은 질문입니다. 우리가 주님을 믿는다고 고백하지만, 어느 순간 의심이 불쑥 올라옵니다. 의심은 감기와 같습니다. 없어지는 것이 아닙니다. 감기 바이러스를 늘 몸에 지니고 다니듯, 우리는 의심 바이러스를 안고 살아갑니다.

그러면 언제 증상이 나타날까요. 면역력이 떨어졌을 때입니다. 의심이 든다는 것은 없던 의심이 새로 생긴 것이 아니라 내 믿음의 면역력이 약해졌다는 뜻입니다. 그래서 중요한 것은 의심을 없애는 것이 아니라 믿음의 면역력을 키우는 것입니다. 의심에 집중하지 말고 믿음에 포커스를 맞추는 것입니다. 믿음의 면역력을 어떻게 키울 수 있을까요.

롬 10:17 그러므로 믿음은 들음에서 나며 들음은 그리스도의 말씀으로 말미암았느니라

믿음은 하나님의 말씀에서 납니다. 말씀과 가까워지면 믿음의 그래프는 올라가고, 말씀과 멀어지면 믿음의 그래프는 내려갑니다. 믿음이 좋은 사람, 믿음이 나쁜 사람이 따로 있는 것이 아닙니다. 누구든 말씀과 가까이 지내면 믿음이 살아나고, 말씀과 멀어지면 믿음이 식어갑니다. 결국 차이는 하나입니다. 말씀과의 거리입니다. 말씀을 보고, 듣고, 묵상하고, 암송하고, 공부하세요. 그러면 믿음의 면역력이 자연스럽게 올라갑니다.

기도한 대로 살아가라

아들이 없어 마음에 큰 상처를 안고 살던 한나가 성전에 와서 간절히 기도합니다. 진짜 간절하면 주변이 보이지 않습니다. 하나님만 보입니다. 기도하다 보면 몸을 가누지 못하고, 가슴을 치며, 소리를 지르는 분들을 보게 됩니다. 마음속 깊은 상처를 하나님 앞에 쏟아내는 것입니다. 한나가 그렇게 기도했습니다. 그런데 엘리 제사장이 그 모습을 보고 "언제까지 술에 취해 있겠느냐. 정신 차려라"라고 합니다. 완전히 망가진 여자 취급한 것입니다. 한나가 대답합니다.

"제사장님, 저는 술에 취한 것이 아닙니다. 제 삶이 너무 힘들어서 하나님 앞에 기도하고 있는 것입니다."

그 말에 엘리 제사장이 "그래, 걱정하지 말고 돌아가라. 하나님께서 반드시 응답해주실 것이다"(삼상 1:17)라고 말합니다.

놀랍게도 한나가 이 말을 그대로 믿었습니다. 기도하는 사람과 술 취한 사람도 분간하지 못할 만큼 영적으로 무너진 제사장의 말인데도 한나는 그 말을 믿음으로 받았습니다. 설교는 누가 하느냐도 중요하지만, 어떻게 듣느냐가 더 중요합니다. 그리고 한나에게 변화가 나타납니다.

삼상 1:18 이르되 당신의 여종이 당신께 은혜 입기를 원하나이다 하고 가서 먹고 얼굴에 다시는 근심 빛이 없더라

"가서 먹고 얼굴에 다시는 근심 빛이 없더라."

진짜 믿음으로 기도했다면, 더는 응답받지 못한 사람처럼 살 수 없습니다. 믿음은 눈빛과 표정과 말과 태도에서 드러납니다. 진짜 기도한 사람은 반드시 행동이 달라집니다. 기도와 삶은 나뉘지 않습니다. 믿음과 행함은 분리될 수 없습니다. 진짜 기도하는 사람은 기도만 하지 않습니

다. 자신이 할 수 있는 최선을 다합니다.

당신이 믿음으로 기도하고, 최선을 다해 살아가는 기적의 주인공이 되기를 주님의 이름으로 축복합니다. 기도는 믿음으로 해야 하고, 믿음은 삶으로 나타나야 합니다. 기도는 하는 것이면서 동시에 사는 것입니다. 믿음으로 하는 기도는 기도한 대로 살아가는 것입니다.

포기하지 마라

"기도는 얼마나 해야 하나요? 몇 번을 기도해야 응답되나요?"

제 유튜브 채널에 기도 응답 간증이 참 많다 보니 이런 질문도 받곤 합니다. 답은 아주 간단합니다. 기도는 응답될 때까지 하는 것입니다. 몇 번이든 반복하는 것입니다.

어떤 기도는 빨리 응답되지만, 어떤 기도는 오랜 시간이 필요합니다. 철저한 유교 집안이던 저희 가정에서 모든 제사가 사라지고 하나님을 예배하게 되기까지 20여 년이 걸렸습니다. 언제 응답될지, 몇 번을 기도해야 할지는 알 수 없습니다. 어떤 기도는 당대가 아니라 다음세대에 응답되기도 합니다. 엘리야는 일곱 번이나 반복해서 기도했고(왕상 18:43,44), 예수님도 세 번이나 같은 기도를 반복하셨습니다.

멈추지 않는 한 기도는 반드시 응답된다

눅 11:8 내가 너희에게 말하노니 비록 벗 됨으로 인하여서는 일어나서 주지 아니할지라도 그 간청함을 인하여 일어나 그 요구대로 주리라

친구가 밤늦게 찾아와 먹을 것이 없다고 도와달라고 하면 우리는 도

와줄 것입니다. 친구니까요. 그런데 이 비유에서는 처음엔 도와주지 않았습니다. 그만큼 친한 사이는 아니었다는 뜻입니다. 하지만 친하지도 않은 사람이라도 끈질기게 부탁하니, 귀찮아서라도 들어주었다는 것입니다. 가장 가까운 자녀인 우리가 끈질기게 기도하는데, 하나님께서 듣지 않으시겠습니까. 기도는 끈질기게 하는 것입니다.

누가복음 18장에 억울한 과부의 이야기가 나옵니다. 과부 중에서도 억울한 과부예요. 의지할 곳이 전혀 없는 사람이에요. 재판관인데 불의한 재판관입니다. 힘 있는 자들의 편에 서고, 힘 있는 자들을 위한 재판관이라는 뜻입니다. 억울한 과부와는 전혀 어울리지 않는 사람입니다. 그런데도 힘없는 과부가 매일 와서 졸라대니까 이렇게 말합니다.

"내가 하나님도 두려워하지 않고 사람도 무시하는데 이 여자가 나를 너무 귀찮게 하니 그 원한을 풀어주겠다."

이렇게 불의한 재판관도 끈질기게 졸라대는 힘없는 과부의 기도를 들어주는데 하물며 선하신 하나님께서 사랑하는 자녀들의 간절한 기도에 응답하시지 않겠냐는 것입니다. 그러니 포기하지 말고 끈질기게 기도하세요. 그러면 반드시 응답됩니다.

마 7:8 구하는 이마다 받을 것이요 찾는 이는 찾아낼 것이요 두드리는 이에게는 열릴 것이니라

이 말씀은 헬라어 직설법 현재로 기록되어 있습니다. 해는 동쪽에서 뜨고 물은 100도에서 끓는 것처럼, 변하지 않는 자연법칙을 말할 때 사용하는 문법입니다. "구하면 어쩌면 얻을지도 모른다"가 아닙니다. 반드시 얻는다는 것입니다. 찾으면 반드시 찾게 되고, 두드리면 반드시 열립니다. 예외가 없습니다. 응답되지 않는 기도는 없습니다. 우리가 기도를

멈추지 않는 한, 우리가 드린 모든 기도는 반드시 응답됩니다. 그러니 기도에 지치지 마십시오. 기도를 포기하지 마십시오.

끝까지 기도하십시오. 인생의 승패는 포기하지 않는 기도에 달려 있습니다. 기도가 열리면 하늘 문이 열리고, 기도가 닫히면 인생도 닫힙니다. 기도를 포기할 때 인생을 포기하는 것입니다. 끈질기게 기도하신 분을 떠올리면 제가 목양하던 공동체의 한 어머니가 생각납니다.

어느 날, 이 어머니가 상담을 받고 싶다고 찾아오셨습니다. 사연을 들어보니, 아들이 어머니에게 입에 담을 수 없는 욕을 할 정도로 감당하기 어려운 상태였습니다. 그 아들은 고등학교를 졸업하고 대학에 가지 못한 뒤 방황하다가 결국 인생을 내려놓은 것처럼 보였습니다. 제가 아들을 만나 몇 차례 상담해봤지만 전혀 변화가 없었습니다. 결국 아들은 가출했고, 시간이 흐르면서 제 마음에도 포기가 찾아왔습니다. '아, 이 아이는 어렵겠구나'라는 생각이 들었습니다.

그런데 이 어머니는 포기하지 않았습니다. "목사님, 저는 계속 기도할 거예요. 하나님께서 응답해주실 거예요"라고 말씀하시며 매일 교회에 와서 기도하셨습니다. 1년쯤 지났을 때, 어머니에게서 연락이 왔습니다. 집을 나갔던 아들이 돌아왔다는 것입니다. 또 얼마 지나지 않아 다시 연락이 와서 아들이 자격증을 따고 일을 시작했다고 알렸습니다. 그런데도 어머니는 계속 교회에 와서 기도하셨습니다.

지금은 그 아들이 결혼해서 아이까지 낳고 살아가고 있습니다. 그때는 도저히 상상할 수 없던 일이었습니다. 다른 사람들은 다 포기해도, 엄마는 포기하지 않았습니다. 기도는 이렇게 하는 것입니다. 그 어머니의 포기하지 않는 기도가 아들의 인생을 구덩이에서 건져 올린 것입니다.

하나님의 기다리심을 기다려라

사람들은 기도할 때 이 기도가 응답될까, 안 될까를 고민하는데, 기도할 때는 그래선 안 됩니다. 반드시 응답된다는 믿음으로 기도해야 합니다. 국가대표 선수는 상대가 누구든 경기장에 나갈 때 반드시 이긴다는 마음으로 나갑니다. 이미 시작하기도 전에 질 것을 생각하는 경기라면 누가 보고 싶겠습니까. 기도도 마찬가지입니다. 기도할 때는 '오늘 주님께서 반드시 응답하신다!' 오직 이 한 가지만 생각하는 것입니다.

20년 동안 응답되지 않았던 기도라도, 기도의 자리에 나아갈 때는 오늘 주님께서 반드시 응답하신다는 믿음으로 기도하는 것입니다. 그때 주님께서 놀랍게 응답해주십니다. 이것은 근거 없는 자신감이 아닙니다. 성경이 분명하게 말씀합니다.

사 65:24 그들이 부르기 전에 내가 응답하겠고 그들이 말을 마치기 전에 내가 들을 것이며

우리가 기도를 시작하기 전부터 하나님은 이미 응답을 준비하고 계십니다. 우리가 기도를 마치기도 전에 이루어주신다는 말씀입니다.

기도해본 사람은 알겠지만, 기도하다 보면 정말 믿어질 때가 있습니다. 기도하다 보면 어느 순간 믿어집니다. 믿어지면 응답됩니다. 믿음으로 기도해야 하지만, 동시에 믿어질 때까지 기도해야 합니다. 그래서 5분 기도로는 부족합니다. 기도의 양과 질이 항상 일치하는 것은 아니지만, 많은 경우, 기도의 양이 기도의 질을 결정합니다. 기도는 쌓입니다. 사라지지 않습니다. 기도의 잔을 채워야 합니다. 그 잔이 넘칠 때까지 기도하시기를 바랍니다.

기도 응답이 빨리 오면 좋겠지만, 그렇지 않을 때가 있습니다. 나는 급

한데 하나님은 너무 여유 있어 보일 때 참 답답합니다. '정말 하나님이 계신 게 맞나? 하나님이 나를 사랑하시는 게 맞나?'라는 의심도 찾아옵니다. 그래서 하나님의 침묵이 힘든 것입니다.

저는 아들과 글쓰기 공부를 합니다. 공부하고 나면 받아쓰기를 하는데 문제가 어렵거나 힘들면 아들이 알려달라고 합니다. 공부할 때는 알려주지만 받아쓰기 시험을 볼 때는 알려주지 않고 다 풀 때까지 기다립니다. 아들이 알려달라는데 알려주지 않았다고 해서 제가 없는 것도 아니고 아들을 사랑하지 않는 것도 아닙니다. 제가 침묵하는 이유는 아들이 이 문제를 풀 수 있도록 기회를 주려는 것입니다. 풀 수 있다고 믿기 때문이고, 그 힘을 기르기 위해서입니다.

하나님께서 우리의 기도에 침묵하시는 것 역시, 그분이 우리를 사랑하지 않아서가 아니라 우리를 믿고 기다려주시기 때문입니다. 우리의 영적인 힘을 기르기 위해 기다리시는 것입니다.

하나님께서 우리의 기도에 응답하지 않는 것처럼 느껴질 때 필요한 것이 끈기입니다. 눈에 보이는 상황이 아니라 선하신 하나님을 믿고 끈질기게 기다리는 것입니다.

'나는 부분만 보지만 하나님은 전체를 보신다. 하나님은 반드시 가장 좋은 것으로 응답하신다. 하나님께서 기다리신다는 것은 분명한 뜻이 있다는 것이다. 아들까지 내어주신 하나님께서 나를 버리실 리가 없다' 이 믿음으로 끈기 있게 기도하는 것입니다.

자식 이기는 부모 없다고 하는 이유는 부모가 자식을 더 많이 사랑하기 때문입니다. 관계에서는 언제나 더 많이 사랑하는 사람이 약자입니다. 하나님은 우리의 아빠가 되시고, 우리와 개인적이고 친밀한 관계를 원하십니다. 우리가 하나님을 사랑하는 것보다 하나님이 우리를 더 사랑하시고, 우리가 하나님을 기다리는 것보다 하나님이 우리를 더 오래 기다리시며, 우리가 하나님을 원하는 것보다 하나님이 더 간절하게 우리를 원하십니다. 하나님은 우리 앞에서 약자가 되십니다.

그렇다고 해서 하나님이 우리보다 진짜 약자는 아닙니다. 기도할 때 하나님이 얼마나 위대한 분이신지를 잊어버리면 안 됩니다. 우리는 기도할 때 내 뜻을 말씀드리고 내 소원을 아뢰지만, 내 뜻과 내 계획과 내 시간표대로 되지 않는다고 실망해서는 안 됩니다. 내 생각보다 하나님의 생각이 훨씬 더 크고, 내 계획보다 하나님의 계획이 훨씬 더 완벽하며, 내 시간표보다 하나님의 타이밍이 훨씬 더 정확하다는 것을 믿어야 합니다.

어쩌면 내 뜻대로 안 되는 것이 은혜입니다. 내가 원하는 대로 내가 원하는 때에 다 응답되었다면 세상은 엉망이 되었을지도 모릅니다. 아무리 내 마음이 급해도 아기는 모태에서 열 달을 채워야 건강하게 태어나는 법입니다. 나보다 크고 정확하신 그 하나님을 믿고 기도해야 지치지 않고 포기하지 않고 기도할 수 있습니다.

기도를 멈추면 인생도 함께 멈춘다

제 아내는 요리를 잘해서 제가 좋아하는 해산물 스파게티를 맛있게 만들어줍니다. 그러려면 면도 필요하고 신선한 게와 새우도 필요합니다. 달콤한 설탕도 필요하고 소금과 간장, 고춧가루와 청양고추도 필요합니다. 아무리 설탕이 달고 맛있어도 그것만으로는 요리가 되지 않습니다. 맛있는 요리를 하려면 짠 소금도 필요합니다. 한 꼬집의 소금만 빠져도 맛이 없어집니다. 모든 재료가 조화를 이룰 때 맛있는 요리가 완성됩니다.

인생도 그렇습니다. 항상 설탕같이 달콤한 일만 있으면 좋겠지만, 소금처럼 짜고 고춧가루처럼 매운 일도 있습니다. 그러나 매운 고춧가루

한 스푼 때문에 하나님을 원망해서는 안 됩니다. 짜디짠 소금 같은 일 때문에 기도를 포기해서도 안 됩니다. 달고, 짜고, 매운 이 모든 것을 합력하여 선을 이루시는 하나님을 믿고 끝까지 기다려야 합니다. 하나님께서 완성되었다고 하실 때까지 포기하지 말고 끈기 있게 기도하며 기다려야 합니다. 지금은 실패한 것처럼 보여도, 때가 되면 상상하지 못했던 기막힌 맛을 내게 됩니다.

우리 중에 지금까지 한 번도 기도하지 않은 분은 없습니다. 그런데 왜 지금은 기도하지 않게 되었을까요. 왜 기도의 간절함을 잃어버렸을까요. 고춧가루처럼 매운 일, 소금처럼 짠 일을 경험했기 때문입니다. 나는 분명히 맛있는 스파게티를 주문했는데, 왜 매운 고춧가루가 나오고 짠 소금이 나오냐고 하며 중간에 기도를 포기해버린 것입니다. 그러나 기도를 멈추는 순간 내 인생도 함께 멈춘다는 것을 기억하시기 바랍니다.

> 합 2:3 이 묵시는 정한 때가 있나니 그 종말이 속히 이르겠고 거짓되지 아니하리라 비록 더딜지라도 기다리라 지체되지 않고 반드시 응하리라

주님은 비록 더딜지라도 기다리라고 하십니다. 지체되지 않고 반드시 응답하겠다고 약속하십니다. 하나님의 응답은 지체되는 것처럼 보여도 결코 늦는 법이 없습니다. 하나님의 역사가 멈춘 것처럼 보여도 주님은 쉬지 않고 일하고 계십니다. 하나님의 때는 언제나 완벽하며, 거절당하는 것 같은 순간에도 생각지 못한 축복이 숨어 있음을 믿어야 합니다. 하나님은 가장 조용한 시간에 가장 놀랍게 일하시고, 비록 응답이 더딜지라도 여전히 우리를 사랑하시며, 가장 좋은 때, 가장 좋은 방법으로, 가장 좋은 것으로 응답하십니다.

두려운 생각이 밀려올 때 주님께서 더 좋은 것을 준비하고 계심을 믿

고, 지금은 이해할 수 없어도 모든 것이 주님의 선한 계획 안에 있음을 믿으십시오. 응답이 지연되는 것 같을 때 상상할 수 없는 주님의 방법으로 더 완벽하게 준비되고 있음을 기억하시기 바랍니다. 버려지는 시간조차도 꼭 필요한 시간이었다는 것을 깨닫게 될 것입니다.

눈앞의 상황보다 주님을 신뢰하십시오. 느낌보다 약속을 붙드십시오. 이스라엘 백성처럼 광야에서 헤매는 것 같고, 요셉처럼 감옥에 갇힌 것 같고, 예수님의 무덤 앞에 선 마리아처럼 모든 것이 끝났다고 느껴질 때도 주님은 약속의 땅을 준비하시고 높은 자리를 마련하시며 부활의 아침을 예비하시는 분임을 기억하여 포기하지 말고 기도하시기 바랍니다.

주님이 끈질긴 기도에 대해 말씀하실 때 함께 언급하신 것이 낙심입니다.

눅 18:1 예수께서 그들에게 항상 기도하고 낙심하지 말아야 할 것을 비유로 말씀하여 이르시되

기도할 때 절대 낙심하지 말라는 것입니다. 이 말은 기도하면 반드시 낙심할 상황이 찾아온다는 뜻이기도 합니다. 열심히 기도하지만 때로는 기도한 대로 응답되지 않고, 원하는 대로 상황이 흘러가지 않기도 합니다. 실패로 보일 때도 있습니다. 그때 기억하십시오. 실패한 것처럼 보이는 그 상황도 전능하신 하나님께서 다스리고 계십니다. 지금 내 눈에는 잘못 돌아가고 있는 것처럼 보여도, 하나님은 이 모든 상황까지도 합력하여 선을 이루게 하십니다.

그 하나님을 믿고 낙심하지 말고 계속 기도하시기 바랍니다. 포기하지 말고 끈질기게 기도하시기 바랍니다. 하나님께서 가장 좋은 때, 가장 좋은 것으로 응답해주실 것을 믿고 기도하시기 바랍니다. 하나님은 지

금도 살아 계십니다. 그러니 하나님이 죽으신 것처럼 절망하지 말고 계속 기도하십시오.

기도의 임계점에 이를 때까지 포기하지 말라

여러 개의 박사학위를 가지고 계신 한 교수님이 저와 대화하시다가 물리학 이론 중에 '시정수(時定數) 값'이라는 것이 있다고 설명해주셨습니다. 목표를 이루기 위해서는 시간이 필요한데 직선이 아니라 곡선의 시간이 필요하다는 이론입니다. 아무리 열심히 노력해도 어느 시간까지는 어떤 변화도 일어나지 않는데, 그러다가 백분율로 했을 때 63.2퍼센트가 되면 그때부터 놀라운 속도로 변화가 일어난다는 것입니다. 이것은 자연법칙인데, 기도도 그렇습니다.

여호수아가 여리고성을 첫날 돌았더니 동쪽에 금이 가고, 둘째 날 돌자 서쪽이 무너지고, 셋째 날 돌자 남쪽이 무너진 것이 아닙니다. 여섯째 날까지 성을 도는 동안 아무 일도 일어나지 않았습니다. 해봐야 소용없다고 이쯤에서 포기했다면 여호수아는 여리고성이 무너지는 기적을 경험하지 못했을 것입니다. 그러나 일곱째 날, 마지막 열세 바퀴를 모두 돌고 함성을 지르자 그 거대한 여리고성이 한순간에 무너졌습니다.

엘리야가 여섯 번 기도할 때까지 아무 일도 일어나지 않았습니다. 그때 포기했다면 응답은 없었을 것입니다. 그러나 일곱 번째 기도를 마치자, 3년 6개월 동안 가물었던 이스라엘 땅에 단비가 내리는 기적이 일어났습니다. 나아만 장군도 요단강에 여섯 번 들어갔다 나올 때까지는 아무 변화가 없었습니다. 그때 포기했다면 평생 나병에 시달리며 살았을 것입니다. 그러나 일곱 번째 들어갔다가 나오자 한순간에 치료되는 기적을 경험합니다.

하나님의 응답은 이렇게 한순간에 찾아옵니다. 어느 날, 생각지 못한 시간에 응답됩니다. 63.2퍼센트. 기도의 임계점에 이를 때까지 절대 기도를 포기하지 마십시오.

> **사 30:18** 그러나 여호와께서 기다리시나니 이는 너희에게 은혜를 베풀려 하심이요 일어나시리니 이는 너희를 긍휼히 여기려 하심이라 대저 여호와는 정의의 하나님이심이라 그를 기다리는 자마다 복이 있도다

기다리는 시간이 힘들어도, 기다리는 자를 위해 예비하신 은혜와 복이 있다고 하십니다. 그 은혜와 복이 반드시 임할 줄 믿습니다. 그러니 혹시 당신이 기도를 멈춘 상태라면 오늘부터 다시 시작할 수 있기를 바랍니다. 꺼지지 않는 기도의 불을 내려달라고 기도하시기 바랍니다. 낙심했던 마음을 거두고 다시 기도의 자리로 나아가, 무너진 기도의 제단을 다시 회복하기를 축복합니다.

기도의 잔이 가득 차는 순간, 기도는 순식간에 기적처럼 응답됩니다. 하나님의 응답은 한순간에 이루어집니다. 오늘이 바로 그날이 될 줄 믿습니다. 오늘, 하나님께서 반드시 응답하십니다.

기도에 다음이란 없다

C. S. 루이스의 기독교 고전인 《스크루테이프의 편지》는 삼촌 마귀인 스크루테이프가 조카 마귀인 웜우드에게 인간을 유혹하고 하나님에게서 멀어지게 하는 다양한 전략을 편지로 전하는 이야기입니다. 그중 하나로, 인간을 무너뜨리기 위해서는 계획 자체를 못 세우게 하는 대신 오히려 계획을 아주 잘 세우도록 도와주되 단, 그 모든 계획을 '내일부터' 하게 만들라고 합니다. 그러면 내일이 오더라도 그 내일은 다시 오늘이 되기 때문에, 결국 영원히 계획을 실천하지 못하게 된다는 것입니다.

아무리 감동을 받고 아무리 좋은 계획을 세워도, 오늘 실행하지 않으면 의미가 없습니다. 다음에 기도하겠다는 말은 결국 기도하지 않겠다는 말입니다. 우리에게 내일은 없습니다. 오늘만 있습니다. '조금 여유가 생기면, 이 일만 끝나면, 이 문제만 해결되면 하겠다'라는 생각이 마귀의 전략이라는 것을 기억하고 오늘부터 시작하기를 바랍니다. 기도는 오늘부터 하는 것이고, 끝까지 하는 것입니다.

기도로 살기를 원하십니까? 기도로 돌파하고 기도로 인생에 진검승부하겠다는 마음을 품었다면, 지금 가슴에 손을 얹고 고백하십시오.

"하나님, 제게도 기도의 영을 부어주세요. 기도의 불을 내려주세요. 성령의 불을 내려주세요."

우리의 의지와 결심이 얼마나 가겠으며 우리의 열심과 노력으로 어떻게 기도의 사람이 될 수 있겠습니까. 기도하고 싶은데 기도가 되지 않을지라도, 그러나 오늘 주님 앞에 기도하기로 결단하는 이 작은 행동을 하나님께서 우리의 믿음으로 보시고, 우리의 열심이 아닌 하나님의 열심으로, 우리를 기도의 사람으로 빚어가실 것입니다.

나의 기도 서약문

아래 빈칸을 채우며 소리 내어 고백하십시오.

"하나님 아버지,
저는 오늘부터 매일 (   )시에 (   )에서
기도로 주님을 만나겠습니다.

기도를 미루지 않겠습니다.
포기하지 않겠습니다.

주님과 약속한 이 시간을
소중히 지키겠습니다.

목자 되시는 주님께서
이 시간에 저를 만나 주시고
가장 좋은 길로 인도하실 줄 믿습니다.

예수님의 이름으로 기도합니다.
아멘."

나의 기도 시간을 알릴 세 명의 이름을 써주세요.

1 _____

2 _____

3 _____

매일 30분 따라 하는 기도

CHECK	차수	날짜	QR코드	영상 제목
☐	Day 1			소원을 이루는 기도
☐	Day 2			형통한 삶을 위한 기도
☐	Day 3			질병을 치유하는 강력한 축복기도
☐	Day 4			물질의 복을 받는 기도
☐	Day 5			기적을 일으키는 믿음의 기도
☐	Day 6			기도 응답이 없을 때 하는 기도
☐	Day 7			오늘 하루를 버텨낼 힘을 얻는 기도

* 한 기도문을 3번 반복해서 따라 기도하고 개인기도 시간을 가진 후 체크하세요.

하나님을 움직이는 말씀기도

민수기 23:19

기도에는 놀라운 능력이 있습니다. 불임이던 한나는 기도를 통해 시대를 이끌어갈 영적 리더 사무엘을 얻었고, 사업이 부도나고 자녀를 잃고 병들고 인생의 밑바닥까지 내려갔던 욥은 기도를 통해 이전보다 갑절의 복을 받았습니다. 죽음을 선고받았던 히스기야는 기도로 15년의 생명을 더 사는 기적을 체험합니다.

아브라함, 이삭, 야곱, 요셉, 모세와 여호수아, 다윗 등 성경에 등장하는 수많은 하나님의 사람들은 기도의 능력을 알았고, 기도의 능력을 경험했으며, 기도의 능력으로 살았습니다. 믿음의 사람은 자기 실력에 갇힌 삶이 아니라 기도의 능력으로 자신의 한계를 넘어서는 삶을 삽니다.

당신이 기도의 능력을 체험하기를 축복합니다. 기도의 능력으로 다시 살아나고 회복되고 치유되기를 축복합니다. 기도로 상황을 뛰어넘고 한계를 넘어서는 기적의 사람이 되기를 축복합니다.

아빠, 약속하셨잖아요

제 아들이 여덟 살이 되면서 두발자전거를 타고 싶어 해서 제가 자전거 타는 법을 가르쳐줬습니다. 네발자전거를 타다가 두발자전거를 타니까 너무 재미있어서 거의 매일 자전거를 타러 가자고 하더군요.

하루는 아들이 같이 자전거 타러 나가자는데 제가 너무 바빠서 내일 가자고 대답하고 넘겼습니다. 다음 날도 아들이 자전거 타러 나가자고 하는데 그날도 너무 바빠서 "산이야, 아빠가 오늘은 힘들 것 같은데…"라고 했더니 아들이 제게 이렇게 말하는 거예요.

"아빠, 약속하셨잖아요."

그래도 뭔가 반응이 약하자 "장재기 목사님, 어제 약속하셨잖아요" 하는데 그 말을 듣고 어떻게 안 나갑니까. 제가 한 약속을 가지고 이야기하는 아들의 부탁은 거절할 수도 없고 미룰 수도 없습니다. 제 아들이 제게 원하는 것을 받아내는 방법이 이것입니다.

"아빠, 약속해요. 약속하셨잖아요."

불가능을 모르시는 전능하신 하나님께도 못 하시는 것이 있습니다. 하나님은 약속을 어기지 못하십니다. 한 입으로 두말을 하지 않으십니다. 거짓말을 하지 않으십니다. 우리는 부족해서 지키지 못할 약속을 하기도 하고, 약속을 지키지 못할 때도 있지만, 신실하신 하나님은 한 번 하신 약속은 반드시 지키십니다.

민 23:19 하나님은 사람이 아니시니 거짓말을 하지 않으시고 인생이 아니시니 후회가 없으시도다 어찌 그 말씀하신 바를 행하지 않으시며 하신 말씀을 실행하지 않으시랴

"하나님은 사람이 아니시니 거짓말을 하지 않으시고"

우리는 거짓말을 합니다. 계획해서 하지 않더라도 순간을 모면하기 위해 거짓말을 하곤 합니다. 엄마들도 거짓말 많이 합니다. 밥 다 됐다고 해서 가보면 하나도 준비가 안 돼 있고, 일곱 시라고 해서 일어나면 늘 여섯 시 반입니다. 우리 모두 거짓말을 합니다. 그러나 하나님은 거짓말을 하지 않으십니다.

"하나님은 인생이 아니시니 후회가 없으시도다"

우리는 후회를 참 많이 합니다. 결혼 전에는 그 사람 없으면 죽을 것 같아서 주변의 반대를 무릅쓰고 결혼했는데, 지금은 그 사람 때문에 죽겠다며 후회합니다. 처음 임신했을 때는 그렇게 기뻤는데, 사춘기 아이를 보며 다시 배 속에 넣을 수만 있다면 넣고 싶다고 말하기도 합니다.

그러나 하나님은 후회하지 않으십니다. 하나님은 우리를 이렇게 지으시고 후회하지 않으셨습니다. 우리를 선택하시고 단 한 번도 후회하신 적이 없습니다. 우리를 위해 십자가를 지신 것을 결코 후회하지 않으십니다.

"어찌 그 말씀하신 바를 행하지 않으시며 하신 말씀을 실행하지 않으시랴"

하나님은 반드시 약속을 지키신다는 것입니다.

우리는 삶의 다양한 문제를 가지고 하나님 앞에 기도로 나아가야 합니다. "주님, 저 너무 힘들어요. 주님, 저 너무 괴로워요. 주님, 제가 할 수 있는 게 없어요." 이런 우리의 진실한 기도를 주님께서 들으십니다. 그러나 기도가 삶의 문제와 어려움을 나열하는 데서 멈추면 안 됩니다. 제 아들처럼 하나님의 약속을 붙들고 기도할 수 있어야 합니다.

"하나님, 이 약속을 지켜주세요. 이 약속을 이루어주세요."

하나님을 움직이는 기도가 말씀기도입니다. 하나님의 약속 앞에서는 하나님도 꼼짝 못 하십니다.

기도의 능력을 경험한 사람들

하나님의 약속을 붙든 다윗

사울을 피해 적국 블레셋에 망명해 살고 있던 다윗은, 블레셋이 이스라엘과 싸우게 되자 블레셋 군대와 함께 참전할 뻔했습니다. 그러나 블레셋의 지휘관들이 다윗이 전쟁터에서 배신할지 모른다며 막는 바람에, 천만다행으로 그 전쟁에서 열외가 됩니다.

그런데 안도하며 400명의 병사를 이끌고 자신이 살던 시글락으로 돌아와 보니 마을이 온통 폐허가 되어 있었습니다. 그가 돌아오기 직전에 아말렉이 습격해 마을을 약탈하고 불사르고 사람들을 잡아간 것입니다. 그 참담한 모습을 본 군사들의 고통이 얼마나 컸겠습니까. 이들은 통곡하기 시작합니다. 그런데 함께 통곡하던 백성들이 돌변해 모든 책임을 다윗에게 돌리며 돌로 쳐 죽이려 합니다.

이 사람들이 어떤 사람들입니까. 갈 곳이 없던 사람들이었습니다. 실패자요 낙오자들이었습니다. 누구도 받아주지 않던 그들을 다윗이 받아주었습니다. 모두 다윗의 은혜를 입고 다윗에게 빚진 사람들인데 어려움이 닥치자 모든 책임을 다윗에게 돌리고 그를 탓합니다.

다윗도 가족이 포로로 끌려가 정말 힘든 상황인데 자신이 믿어주었던 사람들이 자신을 죽이겠다고 돌을 들었을 때, 그가 얼마나 상심했겠습니까. '내 인생은 왜 이렇게 피곤할까. 남들은 쉽게 잘도 사는데 왜 내 인생만 이렇게 꼬이고 힘든 걸까. 하나님은 도대체 왜 내게 이러실까' 하며 충분히 낙심될 상황입니다. 인생이 참 불공평하다고 느껴질 때가 있습니다.

정말 힘들고 어려운 분이라 내 시간과 물질을 드려가며 섬기고, 잘되기를 간절히 기도했는데, 어느 날 내 욕을 하고 다닌다는 이야기를 들을 때가 있습니다. 나 때문에 자기가 시험에 들었다며 어떻게 그럴 수 있느냐고 합니다. 참 속상하지요. 그럴 때는 기도조차 나오지 않습니다. 지금 다윗이 바로 그런 상황이었습니다. 그런데 모든 상황이 절망적이고 기도조차 나오지 않을 그때 다윗은 하나님께 기도합니다.

지금은 기도할 때가 아닌 것처럼 보입니다. 당장 군대를 정비해서 아말렉을 뒤쫓아야 하는 상황입니다. 이미 긴 행군으로 병사들이 지쳐 있어서 바로 출발해도 아말렉을 따라잡기 쉽지 않습니다. 이렇게 다급한 순간인데도 다윗은 추격부터 하지 않고 먼저 하나님께 기도합니다.

> 삼상 30:8 다윗이 여호와께 묻자와 이르되 내가 이 군대를 추격하면 따라잡겠나이까 하니 여호와께서 그에게 대답하시되 그를 쫓아가라 네가 반드시 따라잡고 도로 찾으리라

"주님, 추격하면 따라잡을 수 있을까요?"

"그래, 쫓아가라. 네가 반드시 따라잡고 잃어버린 모든 것을 되찾을 것이다."

다윗은 하나님의 약속을 붙들고 출발합니다. 아말렉을 추격하는 내내 기도했을 것입니다. '주님, 약속하셨죠. 반드시 따라잡고 모든 것을 되찾을 거라고 약속하셨죠. 주님, 이 약속 꼭 지켜주세요'라고요.

가는 길이 힘들고 험하며 앞이 보이지 않는 상황, 얼마나 따라갔는지, 얼마나 더 가야 하는지 전혀 알 수 없는 그 길에서 다윗은 하나님의 약속을 붙들고 기도하며 나아갔습니다. 그리고 마침내 아말렉을 따라잡아 잃어버린 모든 가족과 재산을 되찾아옵니다.

다윗은 오랜 광야의 시간을 통해 하나님의 약속이 얼마나 강력한지 알았습니다. 광야의 고통스러운 시간을 지나며 인간적인 노력보다 하

나님의 약속을 붙들 때 훨씬 더 놀라운 기적 같은 일이 일어난다는 것을 경험적으로 알게 되었습니다. 우리의 생각으로는 전혀 방법이 보이지 않아도, 하나님의 말씀을 붙들고 기도하기 시작할 때 보이지 않던 하나님의 방법이 보이기 시작한다는 것을 알았던 것입니다.

그래서 다급한 순간, 조급한 순간, 위급한 순간에 사람을 모으고 전략을 세우기보다 먼저 하나님께 엎드렸습니다. 다윗 주변에는 그를 향해 돌을 들어 치려는 사람들뿐만 아니라 최측근도 있었겠지만 다윗은 사람을 찾아다니거나 세력을 모으지 않았습니다.

다급한 순간에 보이는 반응이 진짜 믿음입니다. 다급한 순간에 다윗은 사람을 찾지 않습니다. 다급할 때 사람이 먼저 떠오른다면, 그것은 사람을 믿고 있다는 뜻입니다. 다윗은 인생의 위기와 고난이 찾아왔을 때 하나님께 엎드렸습니다. 다윗은 진짜로 하나님을 믿었습니다.

여러분도 하나님의 약속 말씀을 붙들게 되기를 축복합니다. 하나님의 약속을 붙들고 기도할 때 잃어버린 꿈과 시간과 건강과 재정과 믿음까지 모두 되찾게 될 줄 믿습니다. 원수 마귀에게 빼앗긴 가족이 있지 않습니까. 아직 믿지 않는 가족이 있지 않습니까. 오늘 이 말씀을 붙들고 기도할 때, 빼앗긴 모든 가족을 주님께서 되찾아오게 하실 줄 믿습니다.

응답받는 기도를 한 엘리야

이스라엘에 수년간 비가 오지 않을 것이라 선포하고 시돈 땅 사르밧 과부의 집에서 3년을 은둔하던 엘리야는 마침내 갈멜산에서 기도의 전투를 치르게 됩니다. 그리고 기도를 통해 3년 6개월 동안 비가 내리지 않았던 이스라엘에 비가 오게 합니다.

그런데 엘리야만 기도한 것은 아니었습니다. 바알과 아세라의 선지자 850명도 기도했습니다. 그들이 대충 기도했습니까? 아닙니다. 정말 열심히 기도했습니다. 미친 듯이 기도했습니다. 칼과 창으로 피가 날 정도로 자기 몸을 찔러가며 기도했습니다. 할 수 있는 최선을 다했다는 말입니다. 그런데도 응답이 없었습니다.

반면 엘리야가 기도하자 응답이 임합니다. 엘리야가 특별해서가 아닙니다. 성경은 엘리야가 우리와 성정이 같은 사람이라고 말합니다. 우리와 똑같은 사람이라는 뜻입니다. 그렇다면 평범한 사람 엘리야의 기도가 응답될 수밖에 없었던 이유는 무엇일까요.

왕상 18:1 많은 날이 지나고 제삼년에 여호와의 말씀이 엘리야에게 임하여 이르시되 너는 가서 아합에게 보이라 내가 비를 지면에 내리리라

하나님께서 엘리야에게 먼저 이스라엘에 비를 내리겠다고 약속하신 것입니다. 엘리야는 그 약속을 붙들고 기도했습니다. 그러자 어떤 일이 일어났습니까?

왕상 18:45 조금 후에 구름과 바람이 일어나서 하늘이 캄캄해지며 큰비가 내리는지라

약속의 말씀을 붙들고 기도하자 3년 6개월 동안 내리지 않던 비가 내리는 기적이 일어났습니다. 이것이 말씀기도의 능력입니다. 엘리야의 기도가 응답될 수밖에 없었던 이유는 엘리야가 특별하고 대단해서가 아니라 하나님의 약속을 붙들고 기도했기 때문입니다. 하나님의 말씀이 능력이라는 것입니다.

당신의 삶에도 하나님께서 주신 약속의 말씀이 있지 않습니까. 인생의 꿈을 달라고 기도했을 때 주셨던 말씀이 있지 않습니까. 그런데 그 꿈

은 지금 어디에 있습니까. 결혼할 때 주셨던 약속의 말씀이 있는데 왜 힘들다고 포기하려 하십니까. 자녀를 낳을 때 주셨던 말씀이 있는데 왜 지금은 말씀이 아니라 "저놈의 자식, 누구를 닮아서 저러냐"라며 불평을 하고 있습니까.

고난의 자리에서 주신 약속의 말씀, 새해를 시작하며 주신 말씀, 목사님이 심방 오셔서 들려주신 말씀, 처음 주님을 만났을 때 주신 말씀, 지난 부흥회 때 주셨던 말씀이 있습니다. 그 말씀을 붙들고 다시 기도하기 바랍니다.

메마른 가정과 일터와 인생의 자리에, 말씀을 붙들고 기도함으로 하나님이 주시는 은혜의 큰비가 내리게 되기를 축복합니다. 오랫동안 기도해도 변화가 없었던 자리, 기대를 내려놓고 포기하고 싶었던 그 자리에 하나님께서 단비처럼 임하시기를 축복합니다. 여러분의 인생에 찾아온 모든 가뭄이 그치고 생수 같은 단비가 내리게 되기를 축복합니다.

말씀을 붙들고 기도할 때 우연처럼 보이는 변화가 일어나고, 설명할 수 없는 하나님의 손길이 드러날 줄 믿습니다. 기도할 때 길이 보이고, 기도할 때 막힌 담이 무너지고, 기도할 때 하나님의 능력이 우리의 한계를 넘어 역사할 줄 믿습니다. 지금 말씀을 붙들고 기도하는 여러분을 통해 하나님께서 일하시고, 여러분의 삶을 통해 하나님의 살아 계심이 분명히 나타나게 되기를 주님의 이름으로 축복합니다.

성경 말씀으로 기도를 시작한 조지 뮬러

신앙의 선배들 가운데 기도 응답을 가장 많이 받은 사람을 떠올리면 조지 뮬러 목사님이 생각납니다. 이분은 19세기 영국에서 고아원 사역을 하며 60년간 만 명이 넘는 아이들을 돌보셨는데, 목사님의 사역 원칙은 사람들에게 도움을 요청하지 않고 오직 기도로 사역하는 것이었습니다.

식사할 것이 없던 어느 날 아침, 조지 뮬러 목사님은 아이들을 모두 식당에 모이게 하고 기도를 드리기 시작하셨습니다.

"하나님, 오늘 아침에 맛있는 식사를 준비해주셔서 감사합니다."

식사 준비가 되어 있지 않은 상황에서 식사기도를 드리니 스태프들이 얼마나 당황했겠습니까. 그런데 목사님의 기도가 끝나자 똑똑 문 두드리는 소리가 들렸습니다. 문을 열어보니, 두 블록 옆의 빵 공장에서 밤새 만들고 남은 빵을 가지고 온 것이었습니다. 이어서 고아원 앞을 지나던 우유 배달 마차가 고장이 났는데, 우유가 상할 수 있어 무료로 나눠주다 고아원까지 오게 되었습니다. 그렇게 그날 아침도 아이들은 하나님께서 준비해주신 빵과 우유로 식사를 했습니다.

이런 간증이 한두 번이 아닙니다. 조지 뮬러 목사님이 이렇게 기도하고 응답받은 횟수가 무려 5만 번이 넘습니다. 대단하지 않습니까. 그는 정말 기도의 사람이었는데 동시에 말씀의 사람이었습니다. 평생 성경을 200번 넘게 읽었고, 그중 대부분을 무릎을 꿇고 기도하며 읽었습니다. 말씀을 읽고 묵상하며 그 안에서 기도의 제목을 찾았고, 약속의 말씀을 붙들고 기도했습니다. 조지 뮬러 목사님이 사용하던 기도 수첩의 내용을 보면, 그의 기도는 언제나 하나님의 말씀에서 시작되었습니다.

"나는 시편 64, 65편을 놓고 세 시간 동안 묵상하며 기도하였다. '기도를 들으시는 주여'라는 소중한 말씀을 붙잡고 나는 주님께 다음과 같이 간구하였다. 이 기도의 제목들을 하늘에 기록하여 응답해 달라고 간절히 구하였다."

그는 성경 말씀을 읽고, 그 말씀을 묵상하고, 말씀 속에서 기도 제목을 찾고, 말씀으로 기도의 힘을 얻어 기도했습니다. 그리고 5만 번의 응답을 경험한 기도의 사람이 되었습니다.

문장이 아름다운 기도도 좋고, 조리 있는 기도도 좋습니다. 그러나 기도는 결국 응답받기 위해 드리는 것입니다. 응답받는 기도가 능력 있는 기도입니다. 우리의 기도가 가장 놀랍게 응답받을 수 있는 길은 하나님께서 이미 약속하신 말씀으로 기도하는 것입니다.

요 15:7 너희가 내 안에 거하고 내 말이 너희 안에 거하면 무엇이든지 원하는 대로 구하라 그리하면 이루리라

성경은 하나님의 말씀이 우리 안에 거하면 우리가 무엇을 기도하든지 응답하겠다고 약속하십니다. 하나님의 말씀을 붙들고 기도하고, 말씀을 따라 기도할 때 말씀과 내가 하나가 되고, 하나님께서 우리가 드린 기도에 응답하신다는 것입니다.

요일 5:14 그를 향하여 우리가 가진 바 담대함이 이것이니 그의 뜻대로 무엇을 구하면 들으심이라

하나님의 뜻대로 기도할 때, 우리가 무엇을 구하든 하나님께서 들으신다고 약속하십니다. 하나님의 뜻대로 기도하는 것이 곧 말씀으로 기도하는 것입니다. 말씀으로 기도할 때 하나님의 뜻 안에서 기도하게 되고, 응답받는 기도를 드리게 됩니다.

내 뜻이 이루어지는 것보다 하나님의 뜻이 이루어지는 것이 언제나 훨씬 더 좋습니다. 예수님도 이것을 아셨습니다. 그래서 겟세마네 동산의 그 절박한 순간에 "이 잔을 내게서 옮겨 달라"라고 기도하셨지만, 자신의 뜻과 하나님의 뜻이 충돌할 때는 자신의 뜻이 아니라 하나님의 뜻

이 이루어지기를 구하셨습니다. 솔직한 마음으로 자신의 소원을 아뢰되, 자신의 뜻을 고집하시지 않았습니다. 내 뜻보다 하나님의 뜻이 훨씬 더 선하다는 것을 믿으셨던 것입니다. 이것이 말씀기도입니다.

우리의 뜻이 이루어지지 않았다고 실망할 필요는 없습니다. 우리의 뜻이 실패하는 순간 하나님의 뜻이 이루어지고 있기 때문입니다. 우리의 계획이 무너질 때 하나님의 더 좋은 계획이 진행되고 있는 것입니다.

시험을 망쳤습니까. 진로의 문이 닫혔습니까. 승진에서 떨어졌습니까. 대출이 막히고, 연애가 되지 않고, 사역의 열매가 보이지 않습니까. 괜찮습니다. 하나님의 더 좋은 뜻이 반드시 이루어질 것입니다.

말씀을 붙들고 약속의 성취를 보다

오천 명을 먹인 찬양사역

저는 오랫동안 찬양인도자로 사역해왔지만 사실 노래를 못합니다. 한번은 가족이 교회에서 무슨 사역을 하느냐고 물어서 찬양을 인도한다고 했더니, 교회에 그렇게 사람이 없냐고 하더군요.

교회에 처음 갔을 때 저에게 성가대를 하라고 했습니다. 목소리가 테너라고 해서 테너를 시켰는데, 음이 높아서인지 아무리 애를 써도 소리가 나오지 않았습니다. 그래서 베이스를 하게 됐는데 베이스는 더 어려웠습니다. 실제 예배 시간에는 베이스가 나왔다가 소프라노가 나왔다가 뒤죽박죽이 되었습니다. 결국 성가대를 그만두었습니다.

저는 정말 노래를 못했습니다. 그래서 찬양 인도를 할 생각은 전혀 없었고 목양 사역을 하려고 했습니다. 그런데 어느 날 전도사님이 찬양인도자가 없다며 제게 찬양을 인도하라고 하셨습니다. 저는 "저는 아니에요. 저는 찬양 인도에 은사가 없어요"라며 거절했습니다. 저는 제조 공정에서부터 문제가 있는 사람입니다. 찬양인도자를 시킬 거였으면 하나님께서 노래 옵션을 넣어주셨을 텐데, 제게는 그 옵션이 없었습니다.

전도사님들이 하는 말 가운데 가장 무서운 말이 기도해보자는 말입니다. 기도해보라고 하시는데 저는 안 된다고 했습니다. 그런데 전도사님들이 참 착한데, 동시에 정말 고집이 있습니다. 계속 기도해보자고 하셔서 일주일 기도해보고 응답이 없으면 다시는 찬양 인도 이야기를 하지 말아달라고 말씀드렸습니다. 그리고 일주일 동안 기도했는데, 기도가 아주 간단했습니다.

"주님, 아니죠?"

제가 찬양 인도의 은사가 없다는 건 저도 알고 주님도 아시는 사실이었기 때문에 길게 기도할 필요가 없었습니다. 그런데 목요일 새벽, "주님, 아니죠?"라고 기도하는데 갑자기 하나님께서 오병이어 말씀을 떠올리게 하시며 이런 감동을 주셨습니다.

"재기야, 네가 물고기 두 마리와 보리떡 다섯 개인 거 알아. 내가 너를 통해 오천 명을 먹일 거야"(마 14:17,21).

그 기도 가운데 고등학교 때 드렸던 기도가 떠올랐습니다.

"하나님, 저 기타 가르쳐주세요. 잘 칠 필요는 없고, 혼자 기도할 때 찬양하면서 연주할 수 있을 정도면 충분해요."

기도하다가 찬양을 부르고 싶은데, 제 찬양 소리를 제가 듣는 게 너무 부담스럽고, 주님도 부담스러우실 것 같아서 제 목소리를 덮을 정도로만 기타를 칠 수 있게 해달라고 기도했습니다. 당시 제 실력이 딱 그 정도였습니다. 사람들 앞에서 연주할 수준은 아니고 혼자 기도 시간에 코드 몇 개로 찬양을 연주하는 정도로, 기타 연주라고 부르기도 민망한 수준이었죠. 그런데 그 기도가 생각이 난 것입니다.

그날 아침, 제 마음이 얼마나 무거웠는지 모릅니다. 하나님께 진지하게 부탁드렸습니다. 제발 '쪽팔리지' 않게만 해달라고요. 은혜를 끼치겠다는 생각은 하지도 못했고, 노래를 못하는 사람이 사람들 앞에서 노래해야 한다는 사실이 너무 두려웠습니다.

처음 찬양 인도를 하던 날, 찬양 시간 15분 동안 13곡을 불렀습니다. 찬양 인도에 대한 개념 자체가 없었습니다. 교회에 와 보니 찬양을 너무 많이 반복하길래 저는 그냥 제가 좋아하는 찬양 13곡을 1절만 한 번씩 불렀습니다. 그랬더니 15분이 되더군요. 은혜는 이미 사라졌고, 성도님들은 '제발 틀리지만 마라'라는 간절한 표정이었습니다. 그런 저를 마귀가 얼마나 많이 괴롭혔는지 모릅니다.

"네가 무슨 찬양인도자를 하니. 전공도 안 했잖아. 넌 자격이 안 돼. 연주하는 사람들이 너 때문에 힘든 거 안 보이니. 이제 그만둬. 찬양 인도하면서 왜 눈을 감아. 눈 뜨고 성도들이 힘들어하는 걸 봐."

그런 공격을 받을 때마다 마음이 한없이 위축되었습니다. 찬양팀 드러머, 반주자에게도 핀잔을 들었지만 안 되는 건 안 되는 거죠. 정말 많이 힘들었고, 그때 이런 기도를 수도 없이 드렸습니다.

"주님, 제가 물고기 두 마리와 보리떡 다섯 개인 거 아시죠. 그런데 오천 명을 먹이시겠다고 하셨죠. 저는 음악적인 재능도, 실력도 없습니다. 너무 부족합니다. 제가 노력해서 될 영역이 아닙니다. 그러니 주님이 도와주세요. 제가 찬양을 부르기 전에 제 목소리만 들어도 은혜가 되게 해주세요. 그 방법밖에는 없어요. 예배당에 들어오기 전에 이미 은혜를 받고 들어오게 해주세요. 주님, 도와주세요."

얼마나 간절히 기도했는지 모릅니다. 그러면 주님은 이렇게 말씀하시는 것 같았습니다.

"재기야, 세상에 노래 잘하는 사람이 얼마나 많니. 그러나 내가 선택한 사람은 너야. 나는 네 찬양을 원해."

그 말에 또 속아서(?) 순종하여 찬양하고 예배를 드리고 내려오면 '내가 아까 왜 그랬을까, 왜 그런 말을 했을까' 하며 또다시 영적 전쟁이 시작됐습니다.

나중에는 부서를 넘어 전체 예배에서도 찬양 인도를 하게 되었는데 당시 함께 찬양 인도를 하던 사역자들은 마커스의 심종호, 예수전도단의 조상신·조정환, 머스트워십의 유가나 등 모두 이름 있는 사람들이었습니다. 저만 족보 없는 찬양인도자였으니 제가 얼마나 힘들었겠어요. 그런데 어느 날 교회 엘리베이터에서 한 자매가 이렇게 말했습니다.

"목사님, 저는 목사님이 찬양 인도해주시면 너무 좋아요. 목사님 목소리만 들어도 은혜가 돼요."

그 말에 얼마나 놀랐는지 모릅니다. 그 자매의 말을 통해, 오래전에 드렸던 제 기도를 하나님께서 듣고 계셨다는 사실을 알게 되었습니다. 그런데 거기서 끝이 아니었습니다. 어느 날 논산 훈련소 군목 목사님을 만났는데, 그 분이 이렇게 말씀하셨습니다.

"목사님, 지난 몇 달 동안 목사님이 작곡하신 〈믿음의 모험〉을 불렀는데, 조교들이 정말 은혜를 많이 받았습니다. 꼭 감사 인사를 드리고 싶었는데 오늘 만나게 됐네요."

그리고 대화 중에 알게 된 것은 논산 훈련소에서 오천 명이 예배를 드린다는 것이었습니다. 그 말을 듣는데 소름이 돋았습니다. 오천 명을 먹이겠다고 하신 주님의 약속이 문자 그대로 이루어진 것입니다. 우리 하나님은 우리의 실력이나 능력에 제한받지 않고 일하시는 분입니다. 한계가 없으신 하나님, 반드시 약속을 이루시는 하나님이십니다.

자녀와 큰 민족

창 12:2 내가 너로 큰 민족을 이루고 네게 복을 주어 네 이름을 창대하게 하리니 너는 복이 될지라

저는 조금 늦은 나이에 결혼했습니다. 결혼할 때 하나님께서 저희 가정에 주신 이 말씀을 붙들고 하나님께 자녀를 허락해달라고 기도했습니다. 그러던 어느 날 제 아내에게서 문자가 하나 날아왔습니다. 줄이 두 개 그어진 임신 테스트기 사진이었습니다. 임신을 알리는 문자를 보고 얼마나 기뻤는지요! 집에 가는데 엘리베이터가 내려오는 시간을 기다릴 수가 없어서 계단을 뛰어 올라갔습니다.

그런데 그 아이를 유산하게 되었습니다. 아내와 함께 얼마나 많이 울었는지 모릅니다. 큰 민족을 이루게 하시겠다고 약속해주셨는데 그 약속은 어떻게 된 거냐고 하나님께 따져 묻기도 했습니다.

몇 년이 지난 어느 날, 다시 아내가 지난번과 비슷한 사진을 보내며 아무래도 임신한 것 같다고 했습니다. 기쁜 한편, 긴장도 되었습니다. 얼마나 기도했겠습니까. 병원에 갔더니 임신이 맞다면서 4주 후에 다시 오라고 했는데 저희는 2주 만에 갔습니다. 목사가 불안해서 2주 만에 간 겁니다. 의사 선생님은 지난번 일은 엄마 아빠 잘못이 아니라 그냥 그 아이가 그런 거라며, 지금 태아는 잘 자라고 있으니 너무 걱정하지 말라고 했습니다.

4주 후, 아기 심장 뛰는 소리를 듣는데 눈물이 났습니다. 다시 4주 후에는 초음파로 아기를 보는데 또 눈물이 났습니다. 곰돌이 젤리 같은 아기를 보며 여기가 머리고 여기가 몸통이라고 설명해주시는데 너무 귀여웠습니다. 그렇게 병원에서는 4주 후, 또 4주 후에 보자고 하셨고, 태아

는 건강하게 잘 자라고 있었습니다.

그런데 어느 날, 보통은 아내가 진료실에 들어가고 3-4분이면 저를 부르는데 그날은 10분이 지나도 부르지 않는 겁니다. 문 앞에서 기다린 그 10분은 제 인생에서 가장 고통스러운 10분이었습니다. 잠시 후 간호사 선생님이 저를 불러 들어갔더니 아내는 침대에 누워 울고 있고, 의사 선생님이 아기 심장이 뛰지 않는다고 말씀하셨습니다.

그 말을 듣는 순간 날카로운 면도칼이 제 심장을 베는 것 같은 아픔을 느꼈습니다. 가슴이 아프다는 말이 추상적인 표현이 아니라는 것을 그때 처음 알았습니다. 정말로 가슴이 찢어지는 것 같은 통증이 느껴졌습니다.

'하나님, 큰 민족을 이루겠다고 약속하셨잖아요! 저한테 왜 이러세요. 저희가 뭘 잘못해서 그러세요!'라고 하나님께 얼마나 따져 물었는지 모릅니다. 너무 속상해서, 액자로 만들어두었던 창세기 12장 말씀을 창고에 넣어버렸습니다. 엄마 아빠의 잘못이 아니라고 하는데도, 내가 잘못해서 그런 것 같은 죄책감이 제 마음을 짓눌렀고, 제 아내는 깊은 우울감에 시달리며 시도 때도 없이 울었습니다. 그 시간이 정말 너무 힘들었습니다.

나중에는 "하나님이 약속하셨잖아요. 이 약속 지켜주세요"라는 기도조차 나오지 않더군요. 아이는 없어도 괜찮다고, 우리 둘이 행복하게 살면 된다고 아무리 위로해도 아내의 마음은 풀리지 않았습니다.

몇 년이 지났습니다. 어느 날 새벽 예배를 다녀온 아내가 "여보, 하나님께서 이제 때가 되었다고 하세요"라고 말했지만 한 달, 두 달, 석 달 후에도 임신이 아니었습니다. 얼마나 낙심이 되었겠습니까. 아내가 힘들어하는 모습을 보는 것이 너무 힘들어 제가 이제 그만하자고 했습니다.

그런데 어느 날, 아내가 임신한 것 같다고 말했습니다. 그때 하나님께 얼마나 간절히 기도했는지 모릅니다. 이번에는 반드시 하나님의 약속이 열매 맺게 해달라고, 제발 이번에는 이 아이를 꼭 만나게 해달라고 기도했습니다. 저와 아이 중 하나만 살아야 한다면 이번에는 제 아이를 살려 달라는 기도까지 했습니다. 그리고 마침내 만난 아이가, 제가 자전거를 가르쳐준 바로 그 아이입니다.

솔직히 지금도 하나님께서 왜 그런 시간을 허락하셨는지 잘 모르겠습니다. 다만 한 가지 분명한 사실은, 우리는 포기했지만 살아 계신 하나님은 포기하지 않으시고, 그분이 하신 약속을 끝내 지키셨다는 것입니다. 약속을 붙들고 기도하지만, 때로는 우리의 기도와 정반대로 상황이 흘러가는 것처럼 느껴지기도 합니다. 그러나 하나님은 그분의 약속을 절대 포기하지 않고 결국 이루십니다.

제 유튜브 채널의 한 구독자분이 이 이야기를 듣고 메일을 보내주셨습니다.

"목사님, 하나님의 말씀대로 이루어졌네요. 큰 민족을 이루겠다고 하신 하나님의 약속이 유튜브를 통해 이렇게 이루어졌네요."

그 메일을 읽으며 이런 마음이 들었습니다. '하나님은 우리가 생각하는 것보다 훨씬 더 크게 생각하고 계시는 분이구나….'

새로운 사역으로의 인도

렘 29:11 여호와의 말씀이니라 너희를 향한 나의 생각을 내가 아나니 평안이요 재앙이 아니니라 너희에게 미래와 희망을 주는 것이니라

2020년, 지구촌교회에서 사역을 내려놓고 1년의 안식년에 들어갔습니다. 이 기간에 하나님께서 제게 주신 말씀은 이 예레미야서 말씀이었

고, 미래에 대한 아무 계획도 없고 앞이 전혀 보이지 않는 상황에서 할 수 있는 것은 주님의 약속을 붙들고 기도하는 것이었습니다.

"주님, 주님의 계획은 평안이요 재앙이 아니라고 하셨죠. 미래와 희망을 계획하고 계신다고 하셨죠. 주님, 앞이 전혀 보이지 않지만 이 약속을 붙들고 기도합니다. 주님께서 인도해주세요. 평안을 주시고 미래를 열어주시고 희망을 주세요."

그런데 안식년을 시작하고 나서 두 달 만에 코로나가 시작됐습니다. 재앙이 아니라고 했는데 재앙이 일어나 하루아침에 재정 수입이 0이 되었습니다. 아무에게도 말하지 못하고 그냥 기도만 하는데 청년들이 매주 연락해서 보고 싶다고, 집에 놀러가면 안 되냐고 합니다.

"너희들, 교회도 안 가면서 우리 집에 왜 오려고 그래. 오지 마. 안 돼" 해도 계속 "목사님, 보고 싶어요"라며 연락해옵니다. 우리 청년들은 절대 혼자 다니지 않고 항상 무리 지어 다닙니다. 다섯 명, 열 명이 오는 거예요. 또 청년들은 항상 마음은 무겁게, 두 손은 가볍게 다니지요. 그러면 그렇게 온 청년들에게 밥을 해 먹이고 하는데, 어느 날 아내가 집에 쌀이 떨어졌다고 하더라고요.

가장으로서 마음이 너무 무거웠습니다. 그렇다고 할 수 있는 것은 없었습니다. 그저 기도만 할 뿐이었습니다. 그때 정말 하루에 수백 번씩 "평안이요 재앙이 아니니라 너희에게 미래와 희망을 주는 것이니라" 이 말씀을 외우면서 기도했습니다. 그런데 그 말씀을 외우며 기도하다 보면 또 마음이 평안해지고 '하나님이 인도하시겠구나' 하는 믿음이 생기는 거예요.

이때 일용할 양식을 채워주시는 하나님과 그분의 위로를 얼마나 많이 경험했는지 모릅니다. 생각도 못 했던 곳에서 쌀 한 포대가 들어오고, 한 장로님이 식사를 대접하고 "목사님, 적지만 쓰세요"라며 제게 흰 봉투를 내미셨는데 거기에 10만 원 현금이 들어있기도 했습니다. 그때 그 하루하루가 얼마나 큰 은혜의 시간이었는지 모릅니다. 사역을 내려놓지 않았다면 절대 경험할 수 없는 시간이었죠.

그렇게 몇 년이 지나서 하나님은 제가 상상도 하지 못한 사역의 자리로 저를 인도하셨습니다. 매일 수만 명의 성도가 온라인에서 함께 기도할 수 있도록 돕는 온라인 기도원 사역을 하게 하신 것입니다. 매주 집회를 인도하러 전국을 다니고 해외를 다니게 하시고, 베스트셀러 저자가 되게 하시고, TV에도 출연하게 하셨습니다.

제가 이런 일을 할 만한 사람이 아닙니다. 저는 이렇게 해달라고 기도한 적도 없고, 계획한 적도 없고, 꿈꿔본 적도 없습니다. 그저 약속의 말씀을 붙들고 기도했을 뿐인데 하나님은 제 능력이나 노력으로는 도저히 감당할 수 없는 놀라운 사역을 이미 준비하고 기다리고 계셨던 것입니다. 이것이 말씀기도의 능력입니다.

말씀기도의 능력

수 21:45 여호와께서 이스라엘 족속에게 말씀하신 선한 말씀이 하나도 남음이 없이 다 응하였더라

성경은 하나님께서 이스라엘에게 약속하신 선한 말씀이 하나도 땅에 떨어지지 않고 다 이루어졌다고 말씀합니다. 주님은 하나도 남김없이 다 이루시는 분입니다. 우리가 눈물로 했던 그 기도들, 믿음으로 붙들었던 약속들이 하나님의 때에 온전히 이루어질 것입니다. 적당한 정도가 아니라 완전하게 이루어지고 완벽하게 응답될 줄 믿습니다. 조금도 부

족함이 없게 하시고 우리의 잔이 넘치게 하실 것입니다.

하나님께 드리는 모든 기도에 능력이 있지만, 그중 가장 강력한 기도는 하나님께서 약속하신 말씀을 주장하는 기도입니다. 성경을 통해 말씀하시는 하나님의 약속으로 기도할 때 하나님의 놀라운 역사가 일어납니다. 길이 없는 곳에 길이 나고, 하루아침에 상황이 역전됩니다. 뜻밖의 사람이 찾아와 도움을 주고, 필요한 재정이 채워집니다. 새로운 아이디어가 떠오르고, 생각지 못한 기회의 문이 열립니다. 꿈이 없던 자들이 꿈을 꾸게 되고, 깨어진 가정이 다시 하나 되고, 기도 제목이던 사람들이 기도자로 변화됩니다.

성경에는 수많은 하나님의 약속이 기록되어 있습니다. 그 모든 약속은 우리를 위해 기록되었습니다. 아브라함의 이야기를 기록하신 것은 단순히 아브라함을 보면서 부러워하라는 뜻이 아닙니다. "복의 근원이 되게 하겠다" 하신 하나님의 약속이 오늘 나를 향하신 하나님의 약속이라는 것입니다(창 12:2). 야곱을 이스라엘로 바꾸신 하나님께서 오늘 나를 그렇게 바꿔주시겠다는 것입니다(창 32:28). 노예로 버려진 요셉을 애굽을 다스리는 총리로 바꾸신 하나님께서 오늘 우리도 그렇게 사용하시겠다는 것입니다(창 45:5). 이름 없는 목동을 왕으로 삼겠다고 하신 하나님의 약속이 바로 우리에게 주시는 하나님의 약속이라는 것입니다(삼상 16:7).

이제부터 성경을 보면서 오늘 나를 향한 하나님의 약속으로 붙들고 기도하시기 바랍니다.

"히스기야의 생명을 15년 연장해주신 하나님, 오늘 저의 생명도 연장해주실 줄 믿습니다. 골리앗을 이기게 하신 하나님, 오늘 저도 만군의 여호와의 이름으로 나아갑니다. 승리하게 하실 줄 믿습니다. 주님, 복의 근원이 되게 하겠다고 약속하셨죠. 밤하늘의 별처럼 자손이 많아질 거라 약속하셨죠. 젖과 꿀이 흐르는 땅을 차지하게 하리라 약속하셨죠. 모든 질병에서 나음을 얻으리라 약속하셨죠. 간절히 찾는 자들을 만나주겠다고, 피할 바위가 되겠다고, 선한 목자가 되어주신다고, 모든 것을 합력하여 선을 이루겠다고 약속하셨죠. 주님, 주님께서 약속을 지키실 줄 믿습니다."

이렇게 기도할 수 있어야 합니다.

사탄은 우리를 향해서 늘 정죄합니다. 너는 죄인이라고, 너는 안 된다고, 너는 이미 끝났다고 말합니다. 그러나 하나님은 우리에게 이렇게 말씀하십니다. 너는 사랑하는 내 아들이라고, 너는 거룩한 내 백성이라고, 너를 향한 놀라운 계획이 있다고 말씀하십니다. 우리의 상황, 환경, 재능이 우리의 인생을 결정하지 않습니다. 당신의 운명은 사람들의 말에 의해 결정되지 않습니다. 당신의 인생은 하나님의 말씀대로 됩니다. 이 시간 함께 기도합니다.

"주님, 제게 말씀해주시옵소서. 제 인생을 던질 말씀을 주시옵소서."

말씀을 붙잡고 기도할 때 누리는 유익

성경에는 다양한 기도의 방법과 기도의 내용이 나오는데 기도를 가장 쉽게 시작할 수 있는 방법이 '말씀으로 기도하기'입니다. 말씀을 한 구절 읽고, 그 말씀 중에 감동이 되는 부분을 하나님께서 내게 주신 말씀으로 믿고 자신의 고백으로 기도하는 것입니다.

글만 읽을 수 있다면 누구나 할 수 있습니다. 성경 66권이 모두 기도로 바뀔 수 있기 때문에 무슨 말을 해야 할지 고민할 필요가 없습니다. 1시간도 할 수 있고, 2시간도 할 수 있습니다. 체력만 된다면 하루 종일 기도하는 것도 가능합니다. 생각날 때나 문제가 있을 때만 기도하는 것이 아니라 매일 꾸준하게 기도하는 것이 말씀기도를 통해 가능해집니다. 하나님의 약속을 붙들고 기도하기 때문에 기도가 응답될지 안 될지 모르는 불안이 아니라 하나님께서 우리의 기도에 반드시 응답하신다는 확신을 가지고 기도할 수 있게 됩니다.

말씀을 따라 기도할 때 우리 생각과 경험에 제한되어 있던 단조로운 기도가 더 넓어지고 풍성해지고 다양해집니다.

하늘의 해와 달을 향해 멈추라고 선포하는 말씀 앞에서 우리도 우리 삶을 향해 기적을 선포하는 기도를 드릴 수 있습니다(수 10:12,13). 하나님께서 조용한 가운데 세미한 음성을 들려주실 때 우리도 침묵 가운데 사랑하는 주님의 음성을 들을 수 있습니다(왕상 19:12). 일용할 양식을 달라는 구절로 기도할 때 우리도 삶의 필요를 구할 수 있습니다(출 16:4). 나라를 빼앗긴 아픔으로 재를 뒤집어쓰고 금식하며 기도할 때 우리도 나라와 민족을 위해 금식하는 기도를 드릴 수 있습니다(단 9:3).

그렇게 말씀을 붙들고 기도하다 보면 기도가 변합니다. 내 생각이 하나님의 말씀에 조정되면서 신앙이 더 건강하게 성장하는 것입니다. 나 중심적인 기도에서 하나님 중심적인 기도로 변화되어 갑니다. 그것이 다가 아닙니다. 말씀으로 기도할 때 우리는 비로소 하나님을 알게 됩니다. 진짜 하나님을 알게 됩니다.

오늘부터 성경을 오늘 내게 주신 하나님의 약속으로 붙들고 기도하시기 바랍니다. 약속을 지키는 하나님께서 당신의 삶에 상상조차 할 수 없었던 초자연적인 역사를 일으키실 것입니다.

자녀 때문에 힘들다면 "주님, 제발 우리 애가 정신 차리게 해주세요"라는 기도를 넘어서 "주님, 주님의 말씀을 따를 때 자녀까지 복을 주시겠다 약속하셨죠(신 28:4). 주님, 약속을 지켜주세요"라고 기도하십시오. 집안이 별 볼 일 없다면 "네 이름을 창대하게 하겠다고 하신 주님(창

12:2), 약속을 지켜주세요"라고 하나님의 약속을 붙들고 기도하시고, 능력이 부족하다면 "피곤한 자에게 능력을 주시며 무능한 자에게 힘을 더하시겠다고 약속하신 주님(사 40:29), 제게 능력을 주시옵소서"라고 약속을 붙들고 기도하십시오.

재정이 필요하다면 "가난한 자를 먼지 더미에서 일으키시고 궁핍한 자를 거름 더미에서 들어 세우시겠다고 약속하신 주님(시 113:7), 저를 들어 세워주시옵소서" 약속을 붙들고 기도하십시오. 마음이 두려울 때는 "오직 내 말을 듣는 자는 평안히 살며 재앙의 두려움이 없이 안전하리라 약속하신 주님(잠 1:33), 제게 평안을 주시옵소서"라고 말씀을 붙들고 기도하십시오. 질병 때문에 고통 가운데 있다면 "그가 채찍에 맞음으로 우리는 나음을 받았다고 약속하신 주님(사 53:5), 제가 깨끗하게 나을 줄 믿습니다"라고 말씀으로 기도하십시오.

삶이 고난의 연속이라면 "의인은 고난이 많으나 여호와께서 그의 모든 고난에서 건지시겠다고 약속하신 주님(시 34:19), 저를 건져주시옵소서" 이렇게 말씀을 주장하며 기도하십시오. 말씀을 붙들고 기도할 때, 약속을 이루시는 주님께서 기적 같은 은혜를 부어주실 줄 믿습니다. 그러할 때 당신의 운명도 바뀔 것입니다.

매일 30분 따라 하는 기도

CHECK	차수	날짜	QR코드	영상 제목
☐	Day 1			하나님의 약속이 이뤄지는 기도
☐	Day 2			여호수아서로 드리는 기도 2
☐	Day 3			사무엘상으로 드리는 기도 2
☐	Day 4			느헤미야서로 드리는 기도
☐	Day 5			민수기로 드리는 기도
☐	Day 6			마가복음으로 드리는 기도 2
☐	Day 7			갈라디아서로 드리는 기도

* 한 기도문을 3번 반복해서 따라 기도하고 개인기도 시간을 가진 후 체크하세요.

예수님이 가르쳐주신 주기도

마태복음 6:9-13

제가 고등학생 때 자꾸 가위에 눌리자 교회 다니던 반 친구 하나가 "주기도문을 외워봐. 그러면 가위눌림이 풀릴 거야"라고 했습니다. 그다음에 가위눌릴 때 주기도문을 외웠더니 정말로 풀렸습니다. 그 후로는 가위눌림이 전혀 걱정되지 않았습니다. 주기도문만 외우면 되었기 때문입니다.

대학 시절에는 한 목사님이 주기도문을 백 번 외우면 기도가 열린다고 하셔서 실제로 해본 적이 있습니다. 단순한 문장을 반복하며 기도하는데, 쉰 번쯤을 넘기자 주기도문의 한 구절 한 구절이 마음 깊숙이 파고들어 오기 시작했습니다. 어느 순간 울고 통곡하며 회개하다가, 나중에는 설명할 수 없는 강력한 평강이 마음에 임하는 것을 경험했습니다.

주기도문은 반복해서 외우기만 해도 마음이 뜨거워지고 영적인 어둠이 물러가는 능력이 있습니다. 그러나 여기서 한 걸음 더 나아가야 합니다. 예수님이 "너희는 이렇게 기도하라" 하시며 주기도문을 주신 진짜 이유는 이를 통해 기도의 원리를 배우라는 것입니다.

게임을 잘하는 사람은 무작정 버튼만 누르지 않습니다. 열심히 하기 전에 먼저 공략집을 보고 어느 길로 가야 하는지, 어디서 아이템을 얻는 지, 보스를 어떻게 공략하는지 알고 시작합니다.

기도도 그렇습니다. 기도의 '길'을 모르면 기도가 힘들 수밖에 없습니다. "하나님, 도와주세요"만 반복하다가 지치고, 결국 기도는 원래 어려운 것이라며 포기하게 됩니다. 그러나 길을 알면 방향이 보입니다. 기도가 막히지 않고 끝까지 갈 수 있습니다. 주기도문은 예수님이 직접 주신 기도의 공략집입니다.

기도할 때 무슨 말을 해야 할지 몰라 "주님, 도와주세요"라고만 하다가 끝난다면 이 기도의 원리를 따라오면 됩니다. 갑자기 모임에서 대표 기도를 해야 하는데 무슨 말을 해야 할지 모를 때 이 기도의 원리를 따라 하면 언제 어디서든 원고 없이 기도할 수 있습니다.

주기도문은 초신자만을 위한 기초 단계의 기도가 아니라, 기도의 고수들이 붙들고 평생 사용하는 기도 원리입니다. 이제 예수님이 가르쳐 주신 다섯 가지 기도 원리를 살펴보겠습니다. 이 원리는 평생 여러분의 기도를 지탱해 줄 강력한 영적 무기가 될 것입니다.

기도의 시작 **하나님 아버지를 바라보는 기도**

마 6:9 그러므로 너희는 이렇게 기도하라 하늘에 계신 우리 아버지여 …

기도할 때 대개 두 손을 모으죠. 이 기도 손은 기도의 대상을 바라본다는 뜻입니다. 두 손을 모으고 이렇게 기도를 시작합니다.

"하늘에 계신 우리 아버지여"

기도에서 중요한 것은 방식보다 대상입니다. '어떻게 기도하느냐'보다 '누구에게 기도하느냐'가 훨씬 중요합니다. 우리는 누구에게 기도합니까? '하늘에 계신 우리 아버지'께 기도합니다. "하늘에 계신 우리 아버지"를 원어로 보면 "아버지, 우리, 하늘에 계신"의 구조로 되어 있습니다. 기도할 때 가장 먼저 "아버지"라고 부르는 것입니다.

제 아들 산이가 막 걷기 시작했을 무렵의 어느 날, 자고 있는데 갑자기 설명하기 어려운 불안한 느낌에 문득 눈을 떴습니다. 그 순간, 산이가 옷장의 서랍을 다 열어놓아 무게 중심이 앞으로 쏠린 옷장이 아이 위로 넘어오고 있었습니다.

그때 정말 저도 모르게 초인적인 힘이 나오더군요. 침대에 누워 있던 제가 벌떡 일어나 옷장 쪽으로 제 몸을 던졌습니다. 혼자 힘으로는 버틸 수 없어 아내를 불렀고, 둘이서 간신히 옷장을 다시 세울 수 있었습니다. 방바닥은 패이고 제 다리와 등에는 멍이 들었습니다. 말도 못 하는 아이가 그 아래 깔렸다면 상상하기도 끔찍한 일이었을 것입니다. 그런데 이상하게, 저도 모르게 눈이 떠진 것입니다.

아이들이 넘어지거나 높은 곳에서 떨어질 때, 순간적으로 아빠가 붙잡아 사고를 피하는 장면을 모아 놓은 영상들이 있습니다. 아버지의 모든 신경이 자녀를 향해 있다는 뜻입니다. 한계가 있는 육신의 아버지도 그럴진대, 전능하신 하나님은 얼마나 더하시겠습니까.

아버지의 시선은 늘 자녀를 향해 있습니다. 하나님은 단 한 순간도 우리에게서 시선을 떼지 않고 우리를 지켜보시는 아버지, 우리 삶의 세세한 부분까지 적극적으로 개입하고 역사하시는 분입니다. 이것을 신학적으로는 하나님의 내재성이라고 합니다. 하나님은 우리의 모든 좋은 일과 힘든 일, 큰일과 작은 일을 다 나눌 수 있을 만큼 가까이 계신 분이라는 뜻입니다.

그 하나님이 하늘에 계신다는 말은 공간적 개념으로 하늘 어딘가에 계신다는 것이 아니라 하나님의 존재가 우리와는 전혀 다른 차원에 있다는 의미입니다. 이것을 신학적으로는 하나님의 초월성이라고 합니다.

하나님의 위대하심과 광대하심, 그 위엄은 인간의 사고가 닿을 수 있는 한계를 넘어섭니다. 요리에 사용하는 미세 저울로 사람의 몸무게를 재는 것은 불가능합니다. 하나님이 그렇습니다. 우리의 작은 머리로는 도저히 이해할 수 없을 만큼 하나님의 지혜와 사랑과 능력이 크다는 뜻입니다. 그런데 놀랍게도, 우주의 창조자이신 그 크신 하나님이 우리의 아버지이십니다. 하나님의 모든 지혜와 사랑과 능력을 누릴 수 있는 존재로 우리가 부름받았다는 것입니다.

한 신학교 교수님이 "인간의 모든 행동은 그가 믿는 신관(神觀)을 벗어나지 못한다"라는 말씀을 하신 적이 있습니다. 사람이 하나님을 어떤 분으로 믿고 있느냐가 그 사람의 삶과 행동을 결정한다는 뜻입니다.

초월성만 강조하면 하나님이 너무 멀게 느껴지고, 내재성만 강조하면 하나님이 너무 가볍게 느껴질 수 있습니다. 하나님은 어떤 문제든 맡길 수 있는 전능한 창조주인 동시에 어떤 기도 제목이든 나눌 수 있는 친밀한 아버지이십니다. 우리가 기도를 시작하는 "하늘에 계신 우리 아버지"라는 이 짧은 고백 안에 하나님에 대한 완벽한 균형이 담겨 있습니다.

기도의 내용 **다섯 가지 기도의 원리**

그렇다면 전능하신 하나님 아버지를 향해 구체적으로 무엇을 기도해야 할까요. 주기도문이 보여주는 그 길을 기억하기 쉽게 손가락으로 설명해보겠습니다.

첫 번째는 엄지손가락입니다. 최고를 상징하는 엄지는 찬양의 기도입니다.

"이름이 거룩히 여김을 받으시오며"

다음은 검지입니다. 무언가를 가리키는 검지는 다스림의 기도입니다.

"나라가 임하시오며 뜻이 하늘에서 이루어진 것같이 땅에서도 이루어지이다"

그다음은 중지(中指)입니다. 가장 긴 중지는 간구의 기도입니다.

"오늘 우리에게 일용할 양식을 주시옵고"

그다음은 넷째인 약지(藥指)입니다. 가장 펴기 어려운 약지는 용서의 기도입니다.

"우리가 우리에게 죄지은 자를 사하여 준 것같이 우리 죄를 사하여 주시옵고"

마지막으로, 가장 약한 새끼손가락은 보호의 기도입니다.

"우리를 시험에 들게 하지 마시옵고 다만 악에서 구하시옵소서"

손가락을 사용하면 기도의 원리를 쉽게 외울 수 있습니다.

주기도문은 이렇게 하나님을 향한 찬양에서 시작해, 하나님의 통치와 뜻을 구하고, 우리의 필요를 아뢰며, 용서와 보호를 구하는 기도의 완전한 흐름을 담고 있습니다. 이 원리를 붙들 때 우리의 기도는 방향을 잃지 않고, 깊이와 균형을 갖추게 됩니다. 이제 하나씩 살펴보겠습니다.

1. 하나님을 높이는 찬양의 기도

엄지손가락을 한번 치켜세워 보세요. 예수님이 가르쳐주신 첫 번째 기도는 "주님, 최고예요"라고 고백하는 기도, 하나님을 높여드리는 '엄지 척', 찬양의 기도입니다.

이 구절의 원문은 "당신의 이름이 거룩하게 되소서"로 번역할 수 있습니다. 성경에서 이름은 단순한 호칭이 아니라 존재 자체를 의미합니다. '거룩'은 구별된다는 뜻인데, 이 표현은 수동태로 되어 있습니다. 내가 하나님을 거룩하게 만들어드리는 게 아니라는 뜻입니다.

하나님은 원래 거룩하신 분입니다. 다만 돈과 성공과 자녀 등 세상의 우상들과 뒤섞여 있던 내 마음속에서, 이제 하나님만을 따로 구별하여 가장 높은 자리에 모시겠다는 결단의 고백입니다. 다시 말해 "하나님, 하나님이 제 삶에서 가장 귀하신 분입니다"라는 찬양입니다. 하나님이 어떤 분이신지, 하나님이 어떤 일을 행하셨는지를 인정하는 것입니다.

찬양은 칭찬한다는 뜻입니다. 먼저 하나님을 칭찬해드리는 것입니다. 기도는 관계이고, 관계의 시작은 칭찬입니다.

"하나님, 하나님은 정말 멋지세요. 어떻게 이렇게 아름다운 날을 만드셨어요. 하나님, 최고예요!" 이렇게 하나님을 높여드릴 때 "그래, 네가 나를 아는구나" 하고 하나님도 기뻐하지 않으실까요.

개인적으로 기도할 때 하나님을 찬양해본 적이 있으신가요.

"주님, 주님은 놀라운 창조자이십니다. 주님은 온 우주를 다스리시는 위대한 분이십니다. 주님은 찬양받기 합당하신 분이십니다. 주님, 제가 주님을 찬양하고 주님을 높여드립니다. 주님, 저의 찬양을 받아주세요."

〈따라 하는 기도〉 중에 하나님을 찬양하는 기도가 있는데, 그 기도문을 녹음할 때 얼마나 울었는지 모릅니다. 그냥 하나님을 찬양하는데 저도 모르게 눈물이 나고 감격이 밀려와서 녹음하다 멈추고, 다시 하다가 또 목이 메어 멈추곤 했습니다. 하나님을 높여드리는 그 순간, 제 영혼이 비로소 제자리를 찾았기 때문입니다.

찬양에는 놀라운 능력이 있습니다. 바울과 실라가 감옥에 갇혀 있을 때 찬양하자 사슬이 풀리고 옥문이 열렸습니다. 찬양은 기도의 묶임을 풀고, 기도의 문을 엽니다.

제 기도 습관 중 하나가 바로 찬양입니다. 기도를 시작할 때 먼저 한 시간 정도 찬양을 부릅니다. 내 마음을 위로하는 찬양이 아니라 온전히 하나님을 높여드리는 찬양을 부릅니다. 주로 한 곡의 찬양을 붙들고, 그 한 곡을 한 시간 동안 반복해서 부릅니다. "왕이신 나의 하나님", "아버지 사랑합니다" 이런 찬양을 반복해서 부르다 보면 어느 순간 기도가 열립니다. 기도하려고 애쓰지 않아도, 막혀 있던 기도가 자연스럽게 터져 나옵니다.

기도가 안 될 때는 어떻게 해야 하냐는 분들에게 저는 "기도가 안 될 때는 찬양하세요"라고 말합니다. 기도가 막힌 것처럼 느껴질 때, 문제가 너무 커 보여서 마음이 눌려 기도가 나오지 않을 때, 하나님께서 얼마나 크신 분이고, 큰일을 행하셨는지를 찬양하다 보면 시선이 문제에서 하나님께로, 땅에서 하늘로 옮겨져 어느 순간 내 문제는 작아 보이기 시작하고 기도가 열립니다. 이것이 찬양의 능력입니다.

오늘부터 기도할 때 먼저 주님을 찬양해보세요.

"주님, 찬양합니다. 주님, 경배합니다. 주님을 높여드립니다. 주님은 놀라우신 분입니다. 주님은 위대하신 분입니다. 주님은 영광스러우신 분입니다. 주님은 찬양받기 합당하십니다. 위대하신 주님을 찬양합니다. 전능하신 주님을 찬양합니다. 저를 위해 이 땅에 오신 주님을 찬양합니다. 언제나 저와 동행하시는 주님을 찬양합니다. 불꽃 같은 눈으로 저를 지켜보시는 주님을 찬양합니다."

2. 하나님의 다스림을 구하는 기도

두 번째 손가락을 펴보세요. 검지는 무언가를 가리키거나 방향을 지시하는 손가락입니다. 이 기도는 하나님의 다스림을 구하는 기도입니다.

> 마 6:10 나라가 임하시오며 뜻이 하늘에서 이루어진 것같이 땅에서도 이루어지이다

"나라"의 원어인 '바실레이아'(헬)는 단순한 영토나 국경선 같은 나라 (nation)의 개념이 아니라 왕이 다스리는 권세, 곧 왕국(kingdom)을 의미합니다. 그러므로 "나라가 임하시오며"는 지금 이곳을 하나님께서 다스려달라는 기도입니다. 사람이 왕 노릇 하던 자리에서 내려오고, 하나님이 왕으로 다스려달라는 기도입니다.

우리는 보통 내 계획이 이루어지기를 기도합니다. 그러나 우리의 계획보다 하나님의 계획이 더 좋고, 우리의 뜻보다 하나님의 뜻이 이루어지는 것이 훨씬 더 좋습니다. 살아보니 내 뜻대로 안 된 것이 오히려 은혜이고, 내 고집대로 됐으면 큰일 날 뻔한 적이 한두 번이 아닙니다. 이미 하늘에서 결정된 하나님의 완벽한 뜻이 내 삶에 그대로 이루어지는 것이 인생의 복입니다. 그 하나님의 선하심을 믿고 주님께 내 삶을 다스려달라고, 주님의 뜻이 이루어지게 해달라고 기도하는 것입니다.

"주님, 제 입술을 다스려주세요. 제 지갑을 다스려주세요. 제가 만나는 사람들과의 관계를 다스려주세요."

우리의 내면과 꿈, 가정과 일터, 캠퍼스와 관계, 우리가 사는 마을과 도시와 이 나라와 온 열방의 모든 영역에 하나님의 뜻과 계획과 목적이 이루어지게 해달라고 기도합시다. 주님께서 다스려달라고 기도합시다. 그러할 때, 무너졌던 세상이 비로소 다시 질서를 찾게 됩니다.

지상 낙원이라 불리는 뉴질랜드를 다녀온 적이 있습니다. 인권과 복지가 세계 최고 수준이고, 일하지 않아도 나라에서 생활비를 주며 교육비도 거의 무료에 가깝습니다. 경쟁이 심하지 않고, 오후 3시면 대부분의 카페가 문을 닫을 정도로 철저하게 워라밸(Work-Life Balance의 줄임말로, 일과 삶이 서로 조화롭게 유지하는 상태)을 지키는 사회입니다. 자연환경도 너무 좋아서 눈 감고 사진을 찍어도 윈도우 바탕화면이 나올 정도입니다.

그런데 그런 뉴질랜드의 청소년 자살률은 OECD 국가 중 최상위권에 속합니다. 자살 사망자가 교통사고 사망자의 두 배이고, 인구 다섯 명 중 한 명이 정신질환을 앓고 있습니다. 우울과 알코올 중독, 마약 문제가 심각합니다. 나라에서 받은 돈으로 마약을 하다 보니 거리마다 노숙자들이 넘쳐납니다. 겉보기에는 낙원인데, 실상은 그렇지 않습니다.

인권을 존중하고 복지국가를 만드는 것은 중요합니다. 그러나 아무리 제도가 완벽해도 하나님의 다스림이 없으면 그곳은 결국 지옥이 됩니다. 아무리 월급이 늘고 재정이 넉넉하고 환경이 좋아져도 하나님 없이 사람이 다스리면 그곳은 사망의 음침한 골짜기가 됩니다. 환경이 거칠어도 하나님이 목자 되셔서 다스리실 때 비로소 우리 삶에 천국이 임합니다.

청년들을 목양할 때 마음에 상처가 많고 정체성이 흔들리고 자존감이 낮은 친구들에게서 발견한 공통점이 있습니다. 부모님의 통제 욕구가 지나치게 강한 경우가 많았습니다. 부모가 모든 것을 결정하니 나이가 스무 살이 넘었는데도 부모가 원하는 대로 살아야 합니다. 부모가 주인 노릇을 하니 아이가 무너지는 것입니다.

반대로 자아가 건강한 친구들의 부모님은 자녀를 하나님께 맡깁니다. 그분들은 내 자녀라는 생각보다 하나님의 자녀라는 생각이 강해요. 그래서 내 맘대로 하려고 하지 않습니다. "하나님의 자녀인데 하나님이 하시겠죠" 하고, 아이들이 뭔가를 물어봐도 "엄마 생각은 이런데 네가 하나님께 기도하고 결정해"라고 말합니다. 자녀도 하나님이 다스리시면 잘 자랍니다. 그러나 내가 다스리려고 하면 반드시 문제가 생깁니다.

어느 영역이든 마찬가지입니다. 내가 아니라, 하나님이 다스리실 때 그곳은 천국이 됩니다. 내 나라가 아니라 하나님나라가 되어야 살아납니다. 우리는 하나님의 다스림을 위해 기도해야 합니다.

"주님, 정치와 경제와 군사와 문화와 예술과 교육, 이 세상의 모든 영역을 주님께서 직접 다스려주세요. 청와대도 주님께서 다스려주시고, 국회의사당과 무역센터도 주님 손에 맡깁니다. 예술의 전당과 방송국도 주님께서 다스려주세요. 무엇보다 우리가 서 있는 이곳, 우리 가정을 주님께서 다스려주시고, 사랑하는 우리 자녀와 교회를 붙들어주세요. 그리고 제 생각과 감정, 의지까지도 오직 주님께서 다스려주세요."

3. 우리의 필요를 구하는 기도

세 번째 손가락은 가장 깁니다. 우리에게 구할 것이 얼마나 많습니까? 이것은 우리의 필요를 구하는 기도입니다.

마 6:11 오늘 우리에게 일용할 양식을 주시옵고

일용할 양식을 구하라는 것은 먹고사는 문제를 위해 기도하라는 것입니다. 성도가 치사하게 돈 달라는 기도를 하느냐고 말하는 분도 있지만, 그렇지 않습니다. 먹고사는 게 전부는 아니어도, 그게 아무것도 아닌 것은 아닙니다. 가족을 먹여 살리기 위해 자존심 상하는 순간을 견디며 일하는 것이 얼마나 귀한 일입니까.

먹고사는 문제를 하찮게 여겨서는 안 됩니다. 거룩한 것과 속된 것이 따로 있지 않습니다. 돈이 나쁜 게 아니고 인간의 욕심이 나쁜 것입니다. 돈이 있으면 먹고 싶은 것을 먹을 수 있고, 가고 싶은 곳에 갈 수 있고, 다른 사람들을 도울 수도 있습니다.

제가 안식년을 보낼 때 코로나가 시작되어 갑자기 수입이 0이 되었습니다. 당장 다음 달은 어떻게 살지 아무 대책이 없던 그때 이 기도문이 얼마나 큰 위로가 되었는지 모릅니다. 일용할 양식을 달라고 기도하면 하나님께서 기막히게 한 달을 살게 해주시고, 또 기도하면 다시 한 달을 살게 해주시는 경험을 했습니다.

일용할 양식을 위해 기도하십시오. 필요를 위해 기도해도 괜찮습니다. 우리가 열심히 노력해서 일하고 돈도 버는 것 같지만, 사실은 하나님의 은혜로 먹고사는 것입니다. 다만, 먹고사는 것을 위해 기도하되 일용할 만큼의 양식을 구하라고 하십니다. 평생 먹어도 다 먹지 못할 만큼 지나치게 많은 것이 아니라 오늘을 살아갈 양식을 구하라는 것입니다.

팀 켈러 목사님은 이 부분에 대해 "일용할 양식을 구하는 기도는 사치품을 구하는 것이 아니라 생필품을 구하는 것"이라고 설명했습니다. 일용할 양식을 위해 기도하라는 것은 내 허영심을 채우는 기도가 아니라 하나님의 자녀로 살아가는 데 필요한 것을 구하는 기도, 삶을 지탱하는 은혜를 구하는 기도를 하라는 것입니다.

중요한 표현이 하나 더 있습니다. 바로 '우리의 양식'입니다. 이 구절을 원어로 보면 "오늘 우리에게 일용할 우리의 양식을 주시옵고"입니다. 예수님은 내 배만 부르게 해달라는 기도를 가르치지 않으셨습니다. 우리 모두의 필요를 위해 기도하라고 가르치셨습니다.

인플루언서 하준파파 부부는 평소 월급을 아껴 매달 선교 후원금을 모았습니다. 마침 1억 원이 채워진 다음 날, 선교사님을 통해 필리핀 빈민가 아이들의 등굣길 다리가 무너져 위험하다는 소식을 듣고, 기도 끝에 그동안 모은 전액을 주저 없이 보냈습니다.

알고 보니 선교사님은 돈이 없는 상태에서도 아이들의 안전을 위해 "하나님, 책임져주세요"라고 기도하며 이미 건설 계약을 마친 상태였고, 공사가 시작되기 직전에 부부의 후원금이 기적처럼 도착했습니다. 놀랍게도, 공사에 필요한 비용은 정확히 1억 원이었습니다. 이것이 '우리의 양식'을 위해 기도하는 사람의 모습입니다.

부자가 천국에 들어가는 것이 낙타가 바늘귀로 들어가는 것보다 어렵다(눅 18:25 참조)고 합니다. 그런데 여기에서 부자는 돈이 많은 사람이 아니라 이 돈이 전부 내 것이라고 생각하는 사람입니다. 내게 주신 양식 안에 이웃의 몫이 있음을 아는 사람, '우리들의 양식'을 위해 기도하는 사람이 진짜 부자입니다. 지금 내 옷장의 입지 않는 옷, 내 통장의 쓰지 않는 돈은 내 것이 아닙니다. '우리'의 것입니다.

기도할 때 평생 먹을 것을 구하지 말고 오늘의 양식을 구하십시오. 사치품이 아니라 생필품을 구하십시오. 나뿐만 아니라 우리의 양식을 위해 기도하십시오. 이웃의 필요가 무엇인지 주의 깊게 살피고, 그들의 필요를 위해 함께 기도하세요. 내 손에 들린 빵이 '우리들의 양식'이 될 때, 그 빵은 기적이 됩니다.

4. 과거의 죄를 회개하고 남을 용서하는 기도

주먹 쥔 손에서 네 번째 손가락, 약지를 한번 펴보세요. 부르르 떨리고 잘 안 되죠? 손가락 중에 가장 펴기 힘든 손가락입니다. 내 힘으로 절대 안 되는 것이 용서입니다. 내게 상처 준 사람을 용서하는 것도, 내 죄를 직면하는 것도 쉽지 않습니다. 그래서 네 번째는 가장 힘든, 용서의 기도입니다. 앞서 오늘의 필요에 대한 기도였다면, 이번에는 과거의 죄에 대한 회개의 기도입니다.

> 마 6:12 우리가 우리에게 죄지은 자를 사하여 준 것같이 우리 죄를 사하여 주시옵고

이 기도는 우리가 다른 사람의 죄를 용서했으니 하나님도 우리를 용서해달라는 뜻이 아닙니다. 우리가 용서받은 것은 하나님의 전적인 은혜입니다. 그렇다면 이 기도문의 의미는 무엇일까요? 저는 이 기도문이 이렇게 해석되었습니다.

"주님, 제가 저에게 잘못한 사람을 용서한 적이 있습니다. 용서한다는 것이 얼마나 피눈물 나는 일인지 저도 압니다. 용서가 쉽지 않다는 것을 저도 잘 압니다. 주님, 제게도 그 용서의 은혜가 필요합니다. 저를 용서해주세요."

하나님 앞에 당당하게 "저도 용서했으니까 하나님도 저를 용서해주세요"가 아니라, "하나님, 용서가 얼마나 힘든지 아는데 제게 그 용서의 은혜가 필요합니다. 주님, 저를 용서해주세요"라고 회개의 기도를 드리는 것입니다. 죄로 멀어진 하나님과 우리 사이를 회복하는 것이 회개기도입니다. 그런데 하나님은 우리가 용서를 구하기 전에 이미 십자가로 용서하셨습니다. 회개의 기도는 이제 죄책감에 묶여 살지 말고, 매일 용서받은 확신으로 살라는 하나님의 초대입니다.

만약 제 아들이 "아빠, 저는 죄인이에요. 저는 아빠 아들이 될 자격이 없어요. 저는 쓰레기예요"라고 말한다면 제 마음이 어떨까요? 물론 저는 제 아들을 용서하고 받아줄 것입니다. 그런데 용서해주고 돌아서는

데 아들이 계속 "아빠, 저는 살 가치가 없는 쓰레기예요"라고 자학한다면 제 기분이 좋을까요? 저는 제 아들에게 이렇게 말할 것입니다.

"산이야, 너는 쓰레기가 아니야. 너는 내 아들이야. 앞으로 두 번 다시는 그런 말 하지 마."

회개기도는 '나는 쓰레기다'라고 자신을 정죄하는 기도가 아니라, '나는 여전히 하나님의 자녀다'라고 자신을 회복시키는 기도입니다. 하나님의 은혜가 내 어떤 죄보다 크다는 것을 믿고, 다시 한번 하나님의 은혜를 붙들고 일어서게 하는 기도입니다. 회개기도는 용서받은 자유를 가지고 살라는 것입니다.

사탄은 자꾸 우리 귀에 대고 '너 같은 게 무슨 기도를 해? 너 어제 또 죄지었잖아'라고 속삭입니다. 그럴 때 속지 마세요. 그럴수록 더 뻔뻔하게 은혜의 보좌로 나아가세요.

"하나님, 저 또 넘어졌습니다. 용서해주세요. 저 좀 도와주세요."

주님은 넘어진 우리를 쓰레기라고 부르지 않으십니다. "내 사랑하는 아들아, 딸아, 괜찮다. 다시 시작하자"라고 말씀하십니다. 이 용서의 기도를 통해 죄책감의 사슬을 끊고, 당당한 하나님의 자녀로 일어서세요.

"어차피 또 죄지을 텐데 회개하면 뭐 하나요."

이렇게 말하는 분이 있는데, 아닙니다. 정말 진지하게 회개한 사람은 연약해서 죄에 넘어질 수는 있어도 죄를 즐길 수는 없습니다. 진짜 회개하는 사람은 죄를 지어도 그 죄가 싫어집니다. 죄짓는 것이 지긋지긋해집니다. 저는 이것이 회개기도의 능력이라고 믿습니다. 회개기도는 다시는 죄를 안 짓게 하기보다, 죄를 싫어하게 하고 죄에서 멀어지게 합니다. 하나님께 점점 더 가까이 나아가게 합니다.

하나님께 용서받은 사람은 주변의 사람들을 용서하는 삶으로 자연스럽게 이어집니다. 사랑받은 사람만이 사랑할 수 있고, 용서받은 감격이 있는 사람만이 용서할 수 있습니다. 날마다 기도를 통해 용서받은 은혜를 경험한 사람은 죄에서 멀어질 뿐 아니라 반드시 용서하는 삶을 살게 되어 있습니다.

"나는 죽어도 저 인간은 용서 못 해!"라고 말하고 싶은 사람이 있습니까? 하나님께서 나를 어떻게 용서하셨는지 그 깊이를 먼저 묵상해보십시오. 내가 탕감받은 '일만 달란트'(6조 원)를 기억하는 사람은, 내게 상처 준 사람의 '백 데나리온'(1천만 원)을 놓아줄 수 있습니다.

5. 유혹과 시험으로부터 지켜달라는 보호의 기도

새끼손가락을 펴보세요. 가장 작고 약한 손가락이죠? 이것은 사탄의 유혹과 시험으로부터 우리를 지켜 달라는 보호의 기도입니다.

오늘의 필요를 구하고 어제의 죄를 회개했다면, 마지막 기도는 우리의 미래를 위한 영적 보호의 기도입니다. 주기도문에는 과거와 현재와 미래가 모두 담겨 있고, 우리의 육신의 필요와 정서적인 필요, 영적인 필요가 모두 담겨 있습니다.

마 6:13 우리를 시험에 들게 하지 마시옵고 다만 악에서 구하시옵소서 …

여기서 "시험"은 테스트(test)가 아니라 유혹(temptation)을 뜻합니다. 테스트는 연단을 통해 나를 세우기 위한 것이고, 템테이션은 나를 무너뜨리기 위한 것입니다. "악"의 원어는 '악'이라는 추상적 개념이 아니라 악한 자, 곧 악마, 사탄을 의미합니다. 우리를 유혹하는 마귀의 공격에서 보호해달라는 기도입니다.

예수님이 40일 금식기도를 하신 후 마귀가 찾아와 유혹했습니다. 기도하는 자리에도 마귀는 역사합니다. 좋은 일을 하는데 나쁜 일이 일어나는 것은 이상한 일이 아니라 오히려 당연한 일입니다. 좋은 일을 할 때 마귀는 가만히 있지 않습니다. 좋은 일을 하는데 나쁜 일이 일어났다면, 그것은 하나님이 하신 게 아니라 마귀가 한 것입니다. 우리 힘으로는 마귀의 유혹을 이길 수 없습니다. "주님, 저를 지켜주세요. 보호해주세요"라고 하나님께 도움을 구해야 합니다.

사탄은 우리의 약함을 공격합니다. 우리의 약점을 우리보다 더 잘 알아서, 이것저것 무작위로 유혹하는 대신 가장 치명적인 약점 하나를 집요하게 파고듭니다.

어떤 사람에게는 의심과 불신으로 공격합니다. 반복해서 자기 믿음을 의심하고 하나님의 선하심을 믿지 못하게 합니다. 자기도 모르게 의심하고 불신하는 말을 하게 합니다. 교만으로 유혹하기도 합니다. 그런 사람은 모든 것이 자기중심으로 돌아가야 합니다. 자기 말대로 되지 않으면 견디지 못하고 주목받지 못하면 무너집니다. 이것도 마귀의 공격입니다. 교만에서 지켜달라고 기도해야 합니다.

어떤 사람은 물질의 유혹에 무너집니다. 돈이 최고의 가치가 되고, 돈 문제 앞에서는 하나님도, 말씀도 보이지 않습니다. 내가 누구인지 잊어버립니다. 또 많은 사람이 자녀 문제로 시험에 듭니다. 그렇게 열심히 헌신하고 섬기다가도 자녀 문제가 생기고 앞길이 막히면 믿음이 흔들리고 신앙을 떠나 버립니다.

성적 유혹에 쉽게 무너지는 사람은 마귀가 다른 것보다 끝까지 그 문제 하나로 공격합니다. 청년들은 이성 교제의 유혹을 받습니다. 교제를 시작하면 하나님이 살아 계신다고 하다가 교제가 깨지면 신앙이 식어 하나님은 안 계신 것처럼 말하고, 다시 교제가 시작되면 예수님이 부활하셨다고 고백하며 돌아옵니다.

시기하고 질투하게 만드는 것, 게으르고 나태하게 만드는 것, 낙심과 절망, 하나님이 나를 버리셨다는 생각, 우울감에 빠지게 하는 것, 거짓말하게 하는 것, 분열과 불화를 조장하고 갈등을 일으키는 것, 모두 마귀의 유혹이자 공격입니다.

이런 것은 우리 힘으로는 절대 이길 수 없습니다. 마귀의 공격 앞에서 우리는 물에 젖은 종이와 같아서 손만 갖다 대도 찢어집니다. 그런데 그런 우리가 마귀의 유혹을 이길 방법이 있습니다. 예수님에게 바짝 붙어 있는 것입니다. 물에 젖은 종이를 강철판에 붙이면, 철판이 찢어지지 않는 한 종이도 찢어지지 않습니다. 우리가 마귀의 유혹과 시험을 이기려면 기도로 예수님께 바짝 붙어 있어야 합니다.

친한 목사님들과 제주도에서 귀한 시간을 보낸 적이 있습니다. 저녁 때 숙소 근처의 시장에 갔더니 제주도 사람은 다 그곳에 모여 있는 것 같았습니다. 그런데 시장 상인들이 "이거 좋아요, 사세요"라고 말하지 않습니다. 대신 "한번 맛만 보세요"라며 귤 한 조각을 내밉니다. 하나만 먹어보라는데, 그걸 받아먹으면 결국 손에 한 봉지씩 들고나오게 됩니다.

마귀는 처음부터 큰 죄를 짓게 하지 않습니다. 처음부터 술중독자, 마약 중독자, 음란 중독자가 되라고 하지 않습니다. "한 번만 해봐", "거짓말 한 번만", "술 한 잔만", "예배 한 주만 쉬어", "외도 한 번만" 등 '한 번만'이 마귀의 전략입니다. 이 유혹을 이기는 가장 좋은 방법은 아예 유혹의 자리를 피하는 것입니다. 시장에 가지 않으면 유혹도 없지요. 하지만 유혹을 피해 살 수만은 없는데 또 하나의 방법이 있습니다.

그날 저희는 시장에 가기 전에 저녁으로 갈칫국을 먹었는데 너무 맛있어서 국물까지 다 마셨습니다. 그러니 배가 너무 불러서 시장에서 아무리 먹어보라고 해도 하나도 당기지 않았습니다. 만약 저녁을 대충 먹고 갔다면 아마 몇 봉지는 들고 나왔을 겁니다.

죄를 이기는 방법은 내 의지가 아니라 은혜로 배를 채우는 것입니다. 은혜로 배부르면 죄가 아무리 유혹해도 당기지 않습니다. 그래서 은혜 받는 자리, 예배의 자리, 기도의 자리에 있는 것이 중요합니다. 예배를 그냥 드리면 안 됩니다. 어떻게든 은혜를 받겠다는 마음으로 예배하고, 찬양하고, 기도해야 합니다. 어차피 우리 힘으로는 죄의 유혹을 이길 수 없습니다. 방법은 하나입니다. 예수님으로 배를 채우는 것입니다. 은혜로 배부르면 죄의 유혹이 와도 넘어지지 않습니다.

사탄의 유혹에서 보호해달라는 보호의 기도가 주기도문의 마지막 기도입니다. 이 말씀을 묵상하며 저는 이렇게 깨달았습니다. 우리가 끝까지 긴장을 풀지 말고 붙들 기도 제목이 바로 이 시험에 들지 않게 해달라는 기도라는 것입니다.

지금 우리나라에 일명 '가나안 성도'(교회에 나가지 않지만 스스로 크리스천이라고 말하는 사람들)가 300만 명이 넘는다고 합니다. 신앙을 떠난 사람들까지 포함하면 더 많을 것입니다. 왜 교회를 떠났을까요? 시험 때문입니다. 교회를 떠난 사람들이 처음부터 믿음이 없었던 게 아닙니다. 다들 한때는 열심히 신앙생활을 했던 사람들입니다. 전도하다 보면 "왕년에 청년부 회장 했어요"라는 말을 얼마나 자주 듣는지 모릅니다. 왜 그렇게 되었을까요? 유혹에 넘어졌기 때문입니다.

이 말은 저도 당신도 예외가 아니라는 뜻입니다. 그래서 우리는 끝까지 기도해야 합니다. 시험에 들지 않도록, 마귀의 유혹에서 지켜달라고, 보호해달라고, 날마다 하나님의 은혜로 채워주시고 예수님에게 딱 붙어 살게 해달라고 기도해야 합니다.

복습해봅시다. 먼저 두 손을 모으고 [기도의 대상] '하늘에 계신 우리 아버지', [기도의 내용] 찬양의 기도, 다스리는 기도, 구하는 기도, 용서의 기도, 보호의 기도입니다. 이제 기도의 문을 닫아야 합니다.

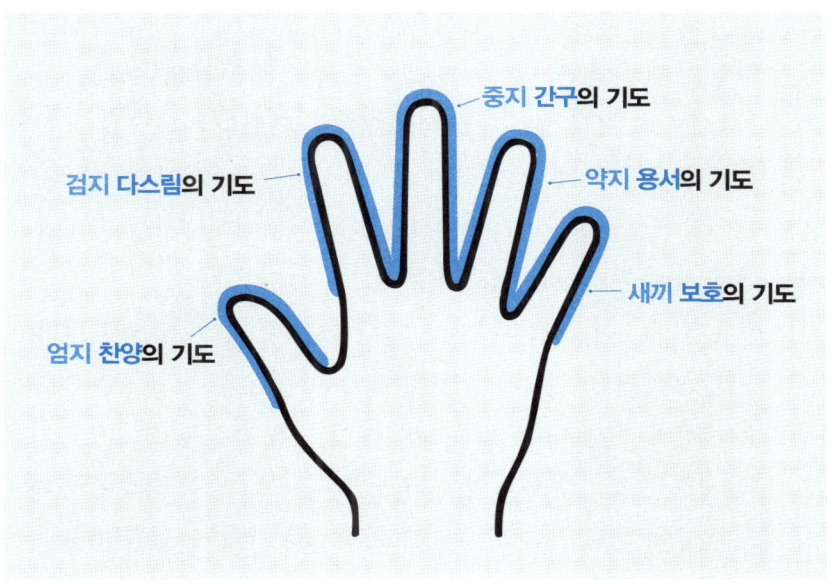

중지 간구의 기도

검지 다스림의 기도

약지 용서의 기도

새끼 보호의 기도

엄지 찬양의 기도

기도의 결론 **하나님께 올려드리는 영광의 기도**

마지막은 손바닥을 활짝 펴서 하늘을 향해 드는 장면입니다. 모든 기도의 결론은 하나님께 올려드리는 영광의 기도입니다. 기도의 방향은 분명합니다. 모든 영광은 하나님께 있습니다.

마 6:13 나라와 권세와 영광이 아버지께 영원히 있사옵나이다 아멘

기도를 마무리하는 이 구절은 마태복음에는 기록되어 있지만, 마가복음에는 나오지 않습니다. 유대인을 대상으로 기록된 마태복음은 실제 예식에 사용될 수 있도록 기록되었기 때문에 예식의 송영에 해당하는 이 부분이 덧붙여졌다는 견해가 있습니다. 그러나 이 구절은 단순한 예식 문구를 넘어, 우리의 신앙을 고백하는 데 매우 중요한 의미를 지닙니다.

지금은 빠져 있지만, 이전 기도문에는 이 구절 앞에 '대개'라는 표현이 있었습니다. 이 '대개'의 원어인 헬라어 '호티'는 '왜냐하면'이라는 뜻으로, "왜냐하면 이 모든 나라와 권세와 영광이 영원히 하나님께 있기 때문입니다"라는 고백입니다('대개'가 옛 번역에서는 '왜냐하면, 참으로, 진실로'의 의미로 쓰였으나 현대에는 '대체로, 거의'라는 뜻으로 쓰이게 되면서 의미에 오해의 소지가 있어서 사라졌다고 합니다).

어떻게 우리가 이렇게 찬양하고, 하나님의 다스림과 양식을 구하고, 용서와 보호를 담대히 구하는 기도를 할 수 있습니까? 그 근거는 하나님께서 온 세상의 주인이시고(Kingdom), 모든 것을 행할 능력이 있으시며(Power), 모든 영광의 주인이시기 때문입니다(Glory). 이 확신이 있기에 이 기도의 끝에서 당당하게 "아멘"으로 기도를 마칠 수 있습니다. 이것은 우리 기도의 방향이 언제나 하나님의 영광이어야 함을 선언하는 고백입니다.

코스타(KOSTA) 사역 중에 임은미 선교사님에게 배운 참 귀한 영적 습관이 하나 있습니다. 선교사님에게는 아홉 자녀가 있는데, 한 명은 직접 낳은 딸이고 여덟 명은 아프리카에서 가슴으로 낳아 키운 아이들입니다. 선교사님이 사역을 마치고 돌아오면 그중 '킴'이라는 아들이 늘 차로 마중을 나왔다고 합니다. 차 안에서 선교사님이 사역 중에 경험한 은혜의 이야기들을 전할 때, 속으로는 "엄마, 정말 수고했어요. 참 멋져요"라는 말을 듣고 싶은 마음도 들 법하지 않습니까?

그런데 그럴 때마다 이 아들은 딱 한마디만 했다고 합니다.

"모든 영광 하나님께!"

"오직 예수님만!"

이 이야기가 너무 재미있어서 강사들 사이에서 유머처럼 사용되기 시작했습니다. 누가 무슨 말만 해도 누군가 "모든 영광 하나님께!"라고 받고 다 같이 "오직 예수님만!" 하는 것입니다.

그런데 시간이 지날수록 마음이 너무 기뻤습니다. 우리가 무엇을 하든 주님이 영광 받으시고 예수님이 높임을 받으신다는 생각이 마음을 채우니 함께 교제하는 시간이 너무 행복했습니다. 강사 대기실이 마치 뜨거운 부흥회 현장 같았습니다.

제가 목사 안수를 받은 날 드린 기도가 있습니다. 하나는 제가 삯꾼 목자가 되지 않게 해달라는 기도입니다. 주님께서 나를 위해 십자가에 달려 죽기까지 사랑하셨는데, 최소한 삯꾼은 되지 말자는 마음으로 기도했습니다. 또 하나는 저를 끝까지 쓰임 받게 해달라는 기도입니다. 마지막까지 아름답게 쓰임 받고 싶었습니다.

"장 목사, 지금 하나님께서 등 뒤에서 바람을 불어주고 계셔. 그런데 하나님께 끝까지 쓰임 받는 것이 중요한데, 그러려면 겸손해야 돼."

이동원 목사님이 제게 해주신 말씀입니다. 하나님 앞에서 겸손해야 끝까지 쓰임 받을 수 있다는 것입니다.

한번은 규장출판사의 여진구 대표님과 이런 대화를 나눈 적이 있습니다.

"대표님, 이곳에서 하나님께 귀하게 쓰임 받는 목사님들을 정말 많이 보셨을 텐데, 그 비결이 무엇이라고 생각하세요?"

"하나님께 쓰임 받는 분들의 비결은 잘 모르겠는데, 중간에 넘어지는 분들의 공통점은 압니다."

"그게 뭔가요?"

"하나님의 영광을 탐낸 겁니다."

귀하게 쓰임 받다가 어느 순간 하나님의 영광보다 자신의 영광을 더 중요하게 여기고 하나님의 이름보다 자신의 이름을 앞세우기 시작할 때, 무너지는 것이 아니라 추락하더라는 것입니다.

처음에는 멋있게 쓰임 받다가 마지막에 무너지는 모습을 참 많이 봅니다. 끝까지 쓰임 받는 것이 너무 중요하고, 그러기 위해서는 우리의 모든 삶을 통해 하나님께 영광을 올려드려야 합니다. "모든 영광 하나님께!"라는 고백을 놓치지 않는 사람이 끝까지 아름답게 쓰임 받을 수 있습니다.

주기도문을 묵상하면서, 예수님이 가르쳐주신 주기도문의 모든 내용은 사실 우리를 위한 기도라는 것을 깨달았습니다. 하나님을 향해 기도할 때 우리의 기도가 응답됩니다. 하나님을 찬양할 때 우리 인생의 문이 열립니다. 하나님의 뜻이 이루어질 때 우리 삶이 천국이 됩니다. 우리의 필요를 마음껏 구하라고 하십니다. 더는 죄책감에 사로잡혀 살지 않도록 날마다 용서의 확신을 가지라고 하십니다. 모든 원수 마귀로부터 우리를 지켜주고 보호해주겠다고 약속하십니다. 모든 기도가 우리를 위한 기도입니다.

부모가 자녀에게 바라는 것이 무엇입니까? 자녀가 건강하고 행복하게 사는 것입니다. 우리가 믿음 안에서 건강하고 행복하게 살아갈 때, 그것을 보며 하나님께서 기뻐하시고 영광을 받으십니다. 우리의 기도를 들으시는 하나님은 우리를 누구보다 사랑하시는 하늘 아버지이심을 기억하며, 날마다 기도의 자리에서 승리하는 삶을 살아가시기를 축복합니다.

이제 이 주기도문의 원리를 가지고 기도하세요. 개인기도 시간, 공동체기도 시간, 대표기도 시간에 자유롭게 사용해 기도한다면 우리의 기도의 지경이 한층 더 넓어질 것입니다.

매일 30분 따라 하는 기도

CHECK	차수	날짜	QR코드	영상 제목

Day 1 　 주기도문의 원리를
따라 하는 강력한 기도

Day 2 　 하나님을 찬양하는 기도

Day 3 　 하나님께 맡기는 기도

Day 4 　 돈 걱정을 날려버리는 기도

Day 5 　 진정한 자유를 선물하는
용서의 기도

Day 6 　 하나님의 보호를 받는 기도

Day 7 　 영이 살아나는 감사와 찬양의 기도

＊ 한 기도문을 3번 반복해서 따라 기도하고 개인기도 시간을 가진 후 체크하세요.

PART 2

기도가
넓어지기

7

예수님을 따라 하는 선포기도

요한복음 14:12-14

육아하는 엄마들을 위한 CGN-TV의 힐링 프로그램 〈크리스천 슈퍼맘〉에 참여한 적이 있습니다. 개그우먼 이성미 집사님과 함께했는데 촬영하는 동안 얼마나 많이 웃었는지 모릅니다. 그런데 그렇게 재미있고 믿음도 좋은 이분이 예전에는 아들과 그렇게 많이 싸웠다고 합니다. 아들이 사고를 많이 쳤는데, 그럴 때마다 아들에게 입에 담을 수 없는 욕을 퍼부었다는 겁니다.

이분이 그때도 믿음이 좋아서 새벽 예배를 열심히 다녔는데, 새벽마다 아들을 위해 얼마나 간절히 기도했겠어요. 그런데 아들 좀 변화시켜 달라고 그렇게 열심히 기도하고 집에 가보면 아들이 여전히 그대로니까 또 아들을 붙잡고 욕하고, 또 새벽기도에 나와 아들을 변화시켜 달라고 기도하고, 또 안 바뀌니까 욕하고, 이게 계속 반복되었다는 거예요.

그러던 어느 날, 그날도 무슨 일로 너무 화가 나서 욕을 막 퍼붓고 돌아서는데, 하나님께서 이런 음성을 들려주셨다고 합니다.

"너 진짜 네가 말하는 대로 네 아들 그렇게 만들어줄까."

그 음성을 듣는 순간 너무 무서워서 방에 들어가 문을 잠그고 "하나님, 잘못했어요. 아들이 바뀌어야 하는 게 아니라, 제가 바뀌어야 해요. 이제부터 욕하지 않을게요"라며, 한 번만 기회를 달라고 울면서 하나님께 간절히 기도했다고 합니다. 그러고 난 후로는 아들에게 욕을 한마디도 하지 않았다고 합니다. 그런 말씀을 듣고 나서 어떻게 또 욕을 할 수 있겠어요.

그런데 며칠이 지나자 아들에게 금단 현상이 나타났다고 합니다. 십 년 넘게 먹던 욕을 갑자기 못 먹으니까 아들이 얼마나 불안했겠어요. 엄마 옆을 계속 배회하면서 눈치를 보는 겁니다.

며칠 후, 둘째 딸이 다급하게 달려오면서 "엄마, 큰일 났어요. 오빠가 이상해요. 오빠가 지금 공부를 해요!" 하더라는 거예요. 그렇게 바뀌게 해달라고 기도할 때는 바뀌지 않던 아이가, 엄마가 하나님의 말씀에 순종해서 욕을 멈추자 변화되기 시작한 것입니다.

말에는 창조의 힘이 있다

창 1:3 하나님이 이르시되 빛이 있으라 하시니 빛이 있었고

하나님은 세상을 창조하실 때 말씀으로 창조하셨습니다. 빛이 있으라 선포하시자 빛이 생겼고, 해와 달과 별을 선포하시자 해와 달과 별이 만들어졌습니다. 그리고 하나님의 형상대로 창조된 사람에게 하나님의 창조성을 넣어주셨습니다. 그래서 모든 피조물이 사람이 부르는 대로 불리게 되었습니다. 하나님께서 우리의 입술에 권세를 주셨다는 것입니다.

말한 대로 살게 된다

잠 18:20,21 사람은 입에서 나오는 열매로 말미암아 배부르게 되나니 곧 그의 입술에서 나는 것으로 말미암아 만족하게 되느니라 죽고 사는 것이 혀의 힘에 달렸나니 혀를 쓰기 좋아하는 자는 혀의 열매를 먹으리라

죽고 사는 것이 혀의 힘에 달렸다고 합니다. 죽고 싶을 만큼 힘들 때를 가만히 들여다보면, 그 중심에는 누군가의 말이 있는 경우가 많습니다. 탈옥수 신창원은 어릴 때 기성회비를 내지 못한 자신을 선생님이 교탁 앞에 불러 세우고 친구들이 다 보는 앞에서 "기성회비도 못 내는 놈이 학교는 뭐 하러 나와?"라고 말했다고 합니다. 그런데 그 말을 들을 때 악마가 자기 마음속에 들어왔다고 합니다. 그 말 한마디가 한 영혼을 짓밟고, 한 인간의 미래를 파괴한 것입니다.

반대로, 말 한마디가 절망에 빠진 인생을 다시 일으키기도 합니다. 2013년, 미국 조지아 주의 한 초등학교에 마이클 브랜든 힐이라는 한 청년이 소총과 500발의 실탄을 소지하고 교무실로 난입합니다. 청년은 이미 삶을 포기한 듯한 눈빛이었고, 학교는 순식간에 아비규환이 되었습니다. 모두 공포에 질려 숨죽이고 있을 때 학교 행정 직원인 앤투아네트 터프라는 여성이 범인에게 말을 건넸습니다.

총구가 자신을 향하고 있는데도 도망치거나 소리 지르지 않고, 범인의 이름을 다정하게 부르며 "얘야, 나는 너를 미워하지 않아. 네가 지금 얼마나 힘든 상황인지 나는 안단다"라고 말했습니다. 이혼하고 장애가 있는 아들을 혼자 키우며 삶을 포기하고도 싶었던 자신의 아픈 과거를 들려주고, 울고 있는 범인에게 결정적인 한마디를 건넵니다.

"너는 여전히 소중한 존재야. 우리는 모두 힘든 시기를 겪지만, 다 지

나갈 거야. 내가 너를 위해 기도할게."

그 따뜻한 말 한마디에 얼음장 같던 범인의 마음이 완전히 무너져 내렸습니다. 그는 결국 총을 내려놓고 바닥에 엎드려 울음을 터뜨렸습니다. 진심 어린 말 한마디가 800여 명의 아이들을 살리고, 범죄자가 될 뻔한 한 청년까지 구해낸 것입니다.

저도 신학생 때 한 선배가 해준 말이 몇십 년이 지난 지금도 생생하게 기억납니다. 집안이 좋은 것도 아니고 특별한 재능도 없고 그저 평범했던 제게 그 선배가 "재기야, 넌 뭘 해도 잘될 거야. 반드시 잘될 거야"라고 말해주었습니다. 논리도 없고 근거도 없는 말입니다. 그런데 힘든 제게 그 말이 얼마나 큰 힘이 되었는지 모릅니다.

죽을 만큼 힘든 시간을 견뎌낸 분들의 중심에는 누군가의 말 한마디가 있습니다. 당신도 그런 말 한마디를 기억하고 계시죠? 어떤 사람은 상처의 말을, 어떤 사람은 용기의 말을 품고 살아갑니다. 목사님이 해준 말, 집사님이 해준 말, 남편과 아내의 말, 부모와 자녀의 말 한마디 때문에 우리는 울기도 하고 웃기도 합니다. 이것이 말의 힘입니다.

성경은 "사람은 입에서 나오는 열매로 말미암아 배부르게 되나니"라고 말씀합니다. 식당에 가서 "떡볶이 주세요" 하면 떡볶이가 나오지 스테이크가 나오지는 않습니다. 말한 의도와 상관없이 긍정적인 말을 하면 긍정적인 열매를 얻고, 부정적인 말을 하면 부정적인 열매를 맺게 됩니다.

"안 된다"라고 말하면 안 되고, "망했다"라고 말하면 진짜 망합니다. "힘들다"라고 말하면 정말 힘든 일이 생깁니다. 그러나 "할 수 있습니다. 하면 됩니다. 해봅시다. 잘될 것입니다" 이렇게 긍정적으로 말하고 소망을 말하는 사람에게는 좋은 일이 생깁니다. 사람은 자기가 말하는 대로 삽니다.

내 말을 하나님이 듣고 계신다

가데스 바네아에서 열두 정탐꾼이 가나안 땅을 정탐하고 돌아와 보고합니다. 열 명은 현실을 보며 "우리는 메뚜기다"라고 절망의 보고를 했고, 두 명은 약속을 기억하며 "그들은 우리의 밥이다"라고 믿음으로 보고합니다. 그들을 향해 주님은 매우 강하고 단호하게 말씀하십니다.

"내가 맹세하는데, 너희 말이 내 귀에 들린 대로 내가 너희에게 그대로 행할 것이다"(민 14:28 참조).

우리의 말이 중요한 이유가 바로 여기에 있습니다. 하나님께서 우리가 한 말을 들으시고, 말한 그대로 행하겠다고 말씀하셨기 때문입니다. "나는 메뚜기다"라고 하면 정말 나는 메뚜기가 되고, "그들은 우리의 밥이다"라고 하면 그들은 밥이 됩니다. 현실을 바라보며 절망적인 이야기를 하면 주님께서 그 말을 듣고 그대로 행하시고, 하나님을 바라보며 믿음의 고백을 하면 그 고백 또한 그대로 이루십니다.

"힘들어요, 피곤해요. 방법이 없어요, 다 끝났어요" 이런 말을 입에 달고 살면, 실제로 그런 인생이 됩니다. 아무리 힘들어도 아무 말이나 느껴지는 대로 내뱉어서는 안 됩니다. 느껴지는 대로 말하지 말고, 믿음으로 말해야 합니다. 내가 하는 말을 하나님께서 듣고 계신다는 사실을 기억하며 말해야 합니다. 문제를 말하지 말고 해결책을, 상황을 말하지 말고 하나님의 약속을 말하십시오.

"하나님이 함께하시면 됩니다. 반드시 길이 열립니다. 좋은 일이 생깁니다."

평소에 내가 어떤 말을 하며 사는지가 중요합니다. 요즘 가장 많이 반복하는 말이 무엇인지 돌아보십시오. 실수했을 때, 예상치 못한 일이 터졌을 때, 무의식적으로 어떤 말을 하고 있는지 점검해보십시오. 늘 "망했다"라는 말을 입에 달고 사는 한 형제에게 그 말부터 바꾸라고, 그 말을 바꾸지 않으면 아무리 열심히 해도 열매가 없다고 말해주었습니다.

카페에 앉아 사람들과 "우리 교회는 왜 이럴까", "누구는 왜 저럴까" 하며 시간을 보내고 있지는 않습니까. "우리 목사님은 착한데 고집이 너무 세다", "우리 남편은 집에서 손 하나 까딱 안 한다, 소파랑 한 몸이다" 이런 말들이 일상이 되어 있지는 않습니까.

지금 내 삶은 그동안 내가 해왔던 말의 결과입니다. 우리는 매일 자신의 내일을 스스로 예언하고 있는 것입니다. 그래서 말을 조심해야 합니다. 사람들에게서 들려오는 말이나 내 안에서 올라오는 부정적인 말 대신 믿음의 말을 선택하십시오. 파괴적인 말을 멈추고 소망을 주는 말을 하십시오. 죽이는 말이 아니라 살리는 말, 무너뜨리는 말이 아니라 세우는 말을 하십시오.

믿음의 선포가 돌파의 시작이다

삶의 문제를 돌파하는 시작은 말입니다. 안 풀리는 문제가 있다면, 더 크게 선포하시기 바랍니다. 다윗은 거대한 골리앗 앞에서 마음속으로 생각만 하지 않았습니다. 믿음으로 선포했습니다.

"오늘 여호와께서 너를 내 손에 넘기시리니 내가 너를 쳐서 네 목을 베고 블레셋 군대의 시체를 오늘 공중의 새와 땅의 들짐승에게 주어 온 땅으로 이스라엘에 하나님이 계신 줄 알게 하겠다!"(삼상 17:46)

그렇게 믿음으로 선포하자, 하나님께서 그 말 그대로 이루어주셨습니다.

다윗 주변에는 "넌 잘할 거야, 해낼 거야, 너라면 할 수 있어"라고 격려해주는 사람이 아무도 없었습니다. 아버지도, 형들도, 사울 왕도 모두 부정적인 말만 했습니다. 그러나 다윗은 "맞아요, 저는 어려요. 부족해요. 싸울 줄 몰라요. 갑옷도 없어요"라고 말하지 않았습니다. 그는 먼저 말로 자신의 한계를 뛰어넘었습니다. 이것이 중요합니다.

우리 인생에도 다양한 골리앗이 찾아옵니다. 남편, 자녀, 질병, 가난이라는 골리앗이 찾아올 때 아버지가 인정해주지 않고 형들이 무시할 수도 있습니다. 주변 사람들이 모두 안 된다고 말할 수도 있습니다. 그렇다 해도 "나는 이런 사람이니까, 나는 이런 환경이니까, 뭐가 없어서 안 돼, 뭐가 부족해서 안 돼"라고 말해서는 안 됩니다. 내 능력과 처지와 환경을 말하는 대신, 하나님에 대한 믿음을 선포해야 합니다.

"골리앗은 아무것도 아닙니다. 하나님께서 함께하시기 때문에 반드시 이깁니다. 하나님께서 준비하신 플랜 B가 있습니다. 내 계획보다 하나님의 계획이 훨씬 더 좋습니다."

말이 인생을 바꿉니다. 그러니 긍정적으로 말하는 사람이 되세요. 가정에 위기가 왔을 때, 자녀 문제로 마음이 무너질 때, 직장의 상황이 절망적으로 보일 때, 교회가 어려움을 당할 때, 모두가 "이제는 안 돼. 다끝났어. 포기해"라고 말하더라도 이렇게 선포하십시오.

"아닙니다. 할 수 있습니다. 잘될 것입니다. 좋은 일이 생깁니다. 생각지 못한 은혜가 있을 것입니다. 하나님이 되게 하십니다. 하나님이 이루십니다."

여호수아는 한 걸음 더 나아갑니다. 아모리 족속과 전쟁할 때, 여호수아의 군대는 적을 추격하고 있었지만 날이 저물고 있었습니다. 완전한 승리를 위해서는 시간이 더 필요했습니다. 그때 여호수아가 해와 달을 향해 멈추라고 선포합니다.

수 10:12 ⋯ 여호수아가 여호와께 아뢰어 이스라엘의 목전에서 이르되 태양아 너는 기브온 위에 머무르라 달아 너도 아얄론 골짜기에서 그리할지어다 하매 놀랍게도 해와 달이 멈추는 기적이 일어났고 이스라엘 백성은 끝까지 싸워 마침내 승리합니다. 우리의 입술로 하나님의 역사를 제한해서는 안 됩니다. 눈앞에 있는 상황만 보고 말하면 상황의 지배를 받으며 살 수밖에 없습니다. 그러나 믿음으로 선포하면 해와 달이 멈추는 기적 같은 일을 경험하게 됩니다.

롬 10:10 사람이 마음으로 믿어 의에 이르고 입으로 시인하여 구원에 이르느니라

우리는 우리의 노력이 아니라 예수님을 믿음으로 의로워졌습니다. 우리의 열심이 아니라 예수님을 고백함으로 구원을 받았습니다. 이것이 그리스도인의 삶의 방식입니다. 내 노력, 내 열심이 아니라 예수님을 믿고 예수님을 고백할 때, 마음으로 믿고 입으로 선포할 때 하나님의 놀라운 구원 역사가 우리 삶에 실제로 나타납니다.

보는 대로가 아니라 보시는 대로 선포하라

물론 인생의 모든 일이 다 내 말 때문만은 아닙니다. 성실하게, 믿음으로 살아온 사람에게도 고난은 있습니다. 그러나 지금부터 내가 어떤 말을 선택하느냐가 내일을 바꿀 수 있다는 사실은 분명합니다.

경제적인 어려움을 겪고 있다면 통장을 들고 믿음으로 선포하세요.

"하나님께서 통장의 잔고를 가득하게 하십니다."

건강이 좋지 않다면 아픈 곳에 손을 얹고 믿음으로 고백하세요.

"주님께서 깨끗하게 치료하셨습니다."

관계가 깨어졌다면 그 사람의 사진에 손을 얹고 믿음으로 선포하세요.

"주님께서 둘도 없는 사이로 다시 회복시켜 주십니다."

자녀에게 어려움이 있다면 자녀를 가슴에 품고 믿음의 말을 들려주세요.

"상상조차 할 수 없는 놀라운 일을 이루는 자녀가 되게 하시니 감사합니다."

매일 이렇게 선포해봅시다.

"오늘은 최고의 날입니다. 오늘은 은혜의 날입니다. 오늘은 기적의 날입니다. 오늘도 주님이 나와 함께하십니다. 좋은 일이 생깁니다. 모든 상황이 좋아집니다. 질병이 치유됩니다. 관계가 회복됩니다. 꿈이 이뤄집니다!"

다른 사람에게 어떻게 말하는지도 중요하지만, 나 자신에게 어떻게 말하느냐는 더 중요합니다. 성경에는 자신의 영혼을 향해 선포하는 장면이 자주 등장합니다.

"내 영혼아, 네가 어찌하여 낙심하느냐."

"내 영혼아, 너는 하나님을 바랄지어다."

"내 영혼아, 여호와를 찬양하라."

"내 영혼아, 주님의 은혜를 잊지 말아라."

눈에 보이는 현실이 아무리 힘들어도, 우리 영혼을 향해 믿음의 말을 들려줄 수 있어야 합니다. "이런 바보 같은 인간, 네가 뭘 하겠어" 이런 말을 해서는 안 됩니다. 하나님께서 그것을 기뻐하지 않으십니다. 예수님을 믿는다는 것은 하나님이 내 인생의 주인이 되셨다는 뜻이고, 이것은 곧 하나님께서 귀하게 여기시는 것을 나도 귀하게 여기고, 하나님께서 싫어하시는 것을 나도 싫어한다는 뜻입니다.

하나님께서 가장 귀하게 여기시는 것은 무엇일까요? 바로 당신 자신입니다. 하나님은 당신을 위해 아들까지 내어주셨습니다. 그러므로 자기 자신을 사랑하지 않는 것은 단순한 자존감의 문제가 아니라 하나님에 대한 불순종의 문제입니다. 하나님을 주인이라고 고백하는 사람이 가장 먼저 해야 할 순종은 자신을 사랑하고 귀하게 여기는 것입니다. 자신에게 따뜻하고 친절하게 말하고, 믿음으로 말하는 것입니다.

욜 3:10 ··· 약한 자도 이르기를 나는 강하다 할지어다

주님은 약한 자도 "나는 강하다"라고 말하라고 하십니다. 강해서 강하다고 말하는 것이 아니라, 약할지라도 강하다고 말하라는 것입니다. 가난할지라도 부유하다고 말하고, 질병 가운데 있을지라도 건강하다고, 불안할지라도 평안하다고 말하는 것입니다. 얼굴이 아무리 자유분방하고 질서가 없어 보여도 "나는 예쁘다, 나는 멋지다"라고 말하는 것입니다.

기드온을 보십시오. 그는 이스라엘 지파 가운데서도 가장 약한 므낫세 집안의 사람이었습니다. 집안도, 형편도, 조건도 별 볼 일 없는 그를 향해 하나님의 사자가 "큰 용사여 여호와께서 너와 함께 계시도다"(삿 6:12)라고 말합니다. 현실과 전혀 맞지 않는 말처럼 들립니다. 그러나 하나님은 기드온의 현실이 아니라 그의 가능성을 보시고 말씀하신 것입니다. 믿음의 말을 들려주신 것입니다.

하나님은 이름을 바꾸어 불러주셨습니다. 아브람을 아브라함, 사래를 사라, 야곱을 이스라엘, 시몬을 베드로라 부르셨습니다. 눈에 보이는 모습이 아니라 가능성을 보고 부르셨습니다.

청년들을 훈련할 때 자신의 장점을 적어보라고 하면 머리를 쥐어뜯으며 어려워하는데, 단점을 적을 때는 시간이 부족하고 종이가 부족하다고 합니다. 그만큼 자신의 부족함을 자주 생각해왔다는 뜻입니다.

눈에 보이는 대로, 귀에 들리는 대로, 마음에 느껴지는 대로 말하지 마

십시오. 믿음으로 고백하고, 믿음으로 선포하십시오. 말에 능력이 있고, 말이 기적을 일으킵니다. 지금 내 인생이 절망적으로 느껴진다면, 자신의 이름을 불러가며 선포하십시오.

"○○야(아), 너는 강한 용사야. 주님께서 너와 함께하셔. 주님께서 너를 놀랍게 사용하실 거야. 다시 시작하면 그만이야."

예수 이름에 권세와 능력이 있다

우리의 말에도 권세가 있지만, 하나님은 그것과는 비교조차 할 수 없는 놀라운 권세를 우리에게 주셨습니다. 바로 예수 이름의 권세입니다.

> 요 14:13,14 너희가 내 이름으로 무엇을 구하든지 내가 행하리니 이는 아버지로 하여금 아들로 말미암아 영광을 받으시게 하려 함이라 내 이름으로 무엇이든지 내게 구하면 내가 행하리라

예수님의 이름으로 무엇이든지 구하라고 하십니다. 예수님의 이름으로 구하면 무엇이든 상관없이 다 응답하시겠다는 말씀입니다.

우리가 기도할 때 예수님의 이름으로 기도합니다. 예수님의 이름으로 기도한다는 것은 "수리수리마수리" 같은 마법 주문이 아닙니다. 예수님의 권위를 인정하고 예수님의 권세를 전적으로 의지하는 영적인 고백입니다. 예수님의 이름이 왜 특별한지 성경은 이렇게 설명합니다.

> 빌 2:9-11 이러므로 하나님이 그를 지극히 높여 모든 이름 위에 뛰어난 이름을 주사 하늘에 있는 자들과 땅에 있는 자들과 땅 아래에 있는 자들로 모든 무릎을 예수의 이름에 꿇게 하시고 모든 입으로 예수 그리스도를 주라 시인

온 우주 만물을 예수님의 이름 앞에 엎드리게 하시고, 예수님을 주님이라고 고백하게 하셨다고 합니다. 예수님의 이름이 우주 전체에서 가장 높고 강력한 이름이라는 뜻입니다. 그 이름 앞에 하늘과 땅과 땅 아래 있는 모든 자, 다시 말해 천사도 인간도 악한 영도 모두 무릎을 꿇게 된다는 것입니다. 예수님의 이름이 최고의 권세이며 최종 권위이기 때문입니다.

예수님의 이름으로 기도한다는 것은 이 온 우주에서 가장 강력한 힘을 사용하는 것입니다. 우리의 기도에 온 우주의 최종 결정권자이신 예수님의 도장이 찍혀, 예수님이 결재하고 승인하셨다는 의미입니다. 왕의 도장이 찍히는 순간, 해도 되고 안 해도 되는 선택 사항이 아니라 반드시 실행되어야 하는 칙령이 됩니다. 왕의 권세가 작동하고 왕의 영향력이 실행되어 누구도 막을 수 없고 거절할 수도 없습니다.

예수님의 이름으로 구하는 것은 우리가 드리는 기도 위에 예수님의 도장이 찍히는 것입니다. 우리가 예수님의 뜻 안에 있을 때 무엇이든지 응답하시겠다는 약속입니다. 이것이 우리가 예수님의 이름으로 기도할 때 가지는 권세입니다. "예수님의 이름으로 기도했습니다. 아멘"이 고백과 함께 도장이 찍히는 것입니다.

그러니 기도할 때 두려워할 필요가 없습니다. 내가 부족하고 죄 많고 너무 초라해도 기도가 응답되는 이유는 나 때문이 아니라 예수님의 도장 때문입니다. 예수님의 이름으로 기도할 때 기적이 일어나고, 길이 열리고, 하늘의 창고가 열립니다.

그런데 여기서 끝이 아닙니다. 예수님의 이름에 권세가 있다는 사실만으로도 놀라운데, 더 놀라운 말씀이 있습니다. 하나님의 자녀 된 우리가 예수님의 이름으로 기도할 때, 우리가 예수님이 하셨던 일 뿐만 아니라 예수님보다 더 큰 일도 할 수 있다는 선언입니다.

> 요 14:12 내가 진실로 진실로 너희에게 이르노니 나를 믿는 자는 내가 하는 일을 그도 할 것이요 또한 그보다 큰일도 하리니 이는 내가 아버지께로 감이라

정말 놀라운 말씀입니다. 상식적으로는 이해가 되지 않지만 이 말씀은 예수님이 친히 하신 약속입니다. 이 말씀을 진짜 믿어야 합니다. 선포합시다.

"나는 예수님보다 더 큰 일도 할 수 있습니다! 아멘!"

예수님의 이름을 선포하라

예수님의 이름은 기도의 끝에서 "예수님의 이름으로 기도드립니다"라고 마무리할 때만 사용하는 것이 아닙니다. 예수님의 이름을 더 적극적으로 사용하는 방식이 있습니다. 그것이 바로 선포기도입니다. 예수님의 이름으로 직접 선포하는 것입니다.

베드로가 성전에 기도하러 가는 길에 성전 문 앞에서 구걸하는 사람을 봅니다. 이 사람은 걷지 못하는 사람인데 그를 향해 베드로가 선포합니다.

"은과 금은 내게 없거니와 내게 있는 이것을 네게 주노니 나사렛 예수 그리스도의 이름으로 일어나 걸으라"(행 3:6).

그러자 그 사람이 즉시 일어납니다. 성경은 그가 너무 기뻐서 성전으로 뛰어 들어가 하나님을 찬양했다고 기록합니다. 이것은 베드로가 한 일이 아닙니다. 예수님의 이름이 하신 일입니다.

한 사람이 베데스다 연못 곁에 누워 있었습니다. 그는 무려 38년 동안 그 자리에 있었습니다. 이미 모든 희망을 잃은 상태였습니다. 그러나 예수님이 그에게 "일어나 네 자리를 들고 걸어가라"라고 선포하시자 그는 그 즉시 걷게 되었습니다.

또 회당에서 안식일에 손 마른 사람을 보셨을 때의 일입니다.

막 3:5 그들의 마음이 완악함을 탄식하사 노하심으로 그들을 둘러보시고 그 사람에게 이르시되 네 손을 내밀라 하시니 내밀매 그 손이 회복되었더라

예수님은 마음속으로 그저 낫기를 바라기만 하지 않으시고 직접 선포하셨습니다. 그리고 선포하신 그대로 이루어졌습니다. 이것이 선포기도의 능력입니다.

많은 분이 '내가 선포한다고 되겠어? 믿음 좋은 분들이나 할 수 있는 거지. 나는 너무 평범한 사람인데' 이렇게 생각합니다. 그래서 선포기도가 어색하게 느껴질 수 있습니다.

그러나 선포기도는 어떤 특별한 사람들만 하는 기도가 아닙니다. 목회자나 믿음의 거장들만 하는 것이 아니라 누구나 할 수 있습니다. "주님, 제게 예수님의 권세를 주세요"라고 따로 기도할 필요도 없습니다. 이미 예수를 믿는 우리 모두에게 주셨기 때문에 그 권세를 믿고 사용하기만 하면 됩니다. 예수님의 이름으로 선포한다는 것은 예수님의 통치 아래로 이 상황을 가져온다는 영적인 고백입니다.

구하는 기도도 필요합니다. 약속의 말씀을 붙들고 간절히 기도해야 합니다. 그러나 거기서 멈추지 말고 한 걸음 더 나아가야 합니다. 예수님의 이름으로 직접 선포하는 자리까지 가야 합니다. 삶에 어려움이 닥치고 앞이 완전히 막혔다고 느껴질 때, 예수 그리스도의 이름의 권세가 이

미 우리에게 주어졌다는 사실을 믿고 직접 선포하십시오.

"예수 그리스도의 이름으로 명하노니 질병은 치료될지어다. 우울은 사라질지어다. 중독은 끊어질지어다. 두려움은 무너질지어다. 닫힌 문은 열릴지어다. 막힌 길은 뚫릴지어다. 모든 묶임은 풀릴지어다. 오랜 사슬은 끊어질지어다. 회복이 일어날지어다. 기적이 일어날지어다."

예수 이름의 권세를 믿고, 예수님처럼 선포하고, 예수님께서 하실 일을 그대로 받아들이면 됩니다. 이것은 우리의 능력이 아닙니다. 예수 이름의 능력입니다.

예수님의 이름으로 선포하라

마귀를 향해 선포하라

예수님이 회당에서 가르치실 때 귀신 들린 사람이 "나는 당신이 누구인지 알아요. 거룩하신 하나님이죠" 하고 소리칩니다. 이에 예수님이 그 귀신을 꾸짖으며 "너, 조용히 하고 나가!" 하고 선포하시자 귀신이 떠나갑니다.

> 눅 4:35,36 예수께서 꾸짖어 이르시되 잠잠하고 그 사람에게서 나오라 하시니 귀신이 그 사람을 무리 중에 넘어뜨리고 나오되 그 사람은 상하지 아니한지라 다 놀라 서로 말하여 이르되 이 어떠한 말씀인고 권위와 능력으로 더러운 귀신을 명하매 나가는도다 하더라

빌립보에서 바울이 귀신 들려 점치는 여종을 향해 "예수 그리스도의 이름으로 내가 네게 명하노니 그에게서 나오라"(행 16:18)라고 선포하자

귀신이 쫓겨 나갑니다.

눈에 보이는 것이 전부가 아닙니다. 눈에 보이지 않는 영적인 세계가 있습니다. 천사가 있고 마귀가 있습니다. 그러니 눈에 보이는 사람과 싸워서는 안 됩니다. 보이지 않는 악한 영들과 싸워야 합니다. 자녀와 남편과 동료와 싸우는 것은 같은 편과 싸우는 것입니다. 그러면 반드시 집니다.

예수님이 십자가를 지신다고 하자 "주님, 절대 그런 일은 생기지 않을 것입니다. 제가 그렇게 두지 않겠습니다"라며 베드로가 말립니다. 그때 예수님은 베드로를 향해 이렇게 말씀하십니다.

"사탄아, 물러가라!"

그런 말을 할 사람이 아닌데 그런 말을 할 때가 있습니다. 그것은 그 사람이 한 말이 아니라 마귀의 역사입니다. 그럴 때는 그 사람과 싸울 것이 아니라 마귀를 대적해야 합니다.

약 4:7 그런즉 너희는 하나님께 복종할지어다 마귀를 대적하라 그리하면 너희를 피하리라

우리는 하나님의 자녀입니다. 하나님의 자녀와 짜증, 분노가 어울릴까요? 어울리지 않습니다. 짜증이 났다는 것은 내가 짜증이 난 것이 아니라, 짜증의 영이 우리를 공격한 것입니다. 그런데 우리는 '내가 짜증을 냈다'라고만 생각해, 하나님의 자녀인데 또 짜증을 냈다고 자책하고 낙심합니다. 그러다 보면 '내가 하나님의 자녀가 맞나? 내가 정말 구원받은 것이 맞나?' 하고 정체성이 흔들립니다.

물론 우리의 성격과 습관, 상처도 함께 작용합니다. 그러나 분명한 것은, 그 틈을 타서 과장하고 부추기는 영적인 공격이 있다는 사실입니다.

그럴 때는 감정에 휘둘릴 것이 아니라, 감정을 조종하는 영을 대적해야 합니다.

짜증이 날 때는 짜증의 영을 대적하는 것입니다. 분노가 치밀어 오를 때 '나는 왜 이렇게 화를 낼까'라고 자책하지 말고 "분노의 영은 떠나갈지어다!"라며 대적하십시오. 그 외에도 "미움의 영은 떠나갈지어다!", "중독의 영은 떠나갈지어다!", "음란의 영은 떠나갈지어다!", "질투의 영, 불안의 영, 교만의 영, 절망의 영은 떠나갈지어다!" 이렇게 악한 영을 대적하는 것입니다.

저는 중요한 사역이 있을 때마다 영적 공격이 있다는 것을 경험합니다. 중요한 사역을 앞두고 갑자기 목소리가 나오지 않기도 하고, 갑자기 집안에 일이 생기기도 하고, 이유 없이 마음을 상하게 하는 일이 생기기도 합니다.

《따라 하는 기도 4 감사》 책이 나올 때 영적 공격이 있었습니다. 제 계좌가 해킹을 당해 통장에 있던 잔고가 제 눈앞에서 전부 빠져나갔습니다. 경찰서에 신고하러 갔더니 이미 저와 같은 사건으로 접수한 사람이 너무 많고, 6개월이 지나도 해결되지 않은 사건이 수두룩하다고 했습니다. 은행에 가도 찾기가 쉽지 않다는 말뿐이었습니다.

그 순간, 이것이 단순한 사건이 아니라 영적 공격이라는 생각이 들었습니다. '감사기도 책이 나오니 감사하지 못하게 만드는구나'라는 마음이 들어서 예수님의 이름으로 대적하며 선포했습니다.

"감사하지 못하게 하는 짜증의 영은 떠나갈지어다. 훼방하는 악한 영은 떠나갈지어다. 모든 것은 제자리로 돌아올지어다. 하나님의 손이 나를 보호하신다."

감사하게도 한 달도 채 되지 않아 잃어버린 모든 재정이 완벽하게 회복되었습니다.

모든 일이 다 귀신의 역사인 것은 아니지만, 귀신의 역사는 분명히 있습니다. 그럴 때 두려워할 필요도, 사람과 싸울 필요도 없습니다. 예수님의 이름으로 악한 영들을 대적하면 됩니다.

질병을 향해 선포하라

베드로의 장모가 고열로 누워 있을 때, 회당에서 사역을 마치고 베드로의 집에 오신 예수님이 열병을 향해 직접 선포하시자 치유가 일어납니다.

> **눅 4:39** 예수께서 가까이 서서 열병을 꾸짖으신대 병이 떠나고 여자가 곧 일어나 그들에게 수종드니라

저희 어머니께서 3차 신경통으로 뇌 수술을 받으셨는데, 수술 이후 오른쪽 감각이 돌아오지 않고 말도 어눌해지셨습니다. 혼자서는 아무것도 할 수 없는 상태가 되셨습니다. 병원에서는 뇌에 피가 고여 있으면 그럴 수 있다고 하여 CT 촬영을 했지만 이상이 없다는 소견이 나왔습니다. 피가 보이면 치료가 쉬운데 피가 없으면 원인을 찾기가 더 어렵다고 하면서 정확한 원인을 찾지 못했습니다. 그래서 계속 기도했는데, 그중에서도 선포기도를 했습니다.

"예수님의 이름으로 명하노니 감각은 돌아올지어다. 말은 또렷해질지어다. 신경은 회복될지어다. 통증은 사라질지어다."

저도 계속해서 선포했고, 제 아내가 어머니 곁에 있으면서 함께 선포기도를 했습니다. 하지만 입원한 지 두 달이 지나도록 전혀 차도가 없었습니다. 병원에서는 더 이상 해줄 수 있는 것이 없다며 퇴원을 이야기했습니다. 의사 선생님은 평생 회복되지 않을 수도 있다고 말했고, 어머니

는 크게 낙심하셨습니다.

그런데 제가 기도하는 중에 하나님께서 어머니를 고쳐주신다는 믿음이 제 마음에 분명히 들어왔습니다. 그래서 어머니께 이렇게 말씀드렸습니다.

"엄마, 하나님께서 반드시 고쳐주실 거예요. 제 믿음이 그 증거예요. 저는 믿어져요. 하나님께서 엄마를 꼭 고쳐주실 거예요."

그리고 포기하지 않고 계속 선포하며 기도했습니다. 감각이 돌아오지 않아도, 말이 여전히 어눌해도 멈추지 않고 선포했습니다.

정확히 1년이 지난 후, 어머니를 모시고 제주도에 가서 함께 둘레길을 걷고, 사진도 찍고, 맛있는 것도 먹으며 하루에 만 보씩 걸었습니다. 지금 어머니는 아버지의 식사도 챙기시고, 밭에 나가 일도 하시고, 예배당에 나가 예배도 드리십니다.

몸이 아픈 분들이 계실 것입니다. 오랜 시간 치료를 받아도 낫지 않고, 원인을 알 수 없는데 통증은 계속되고, 평생 이렇게 살아야 하나 하는 두려움과 불안 가운데 있는 분들도 계실 것입니다. 몸이 아프신 분들은 질병을 향해 선포하시기 바랍니다.

저는 오늘 질병 가운데 있는 분들을 향해 선포합니다.

"예수 그리스도의 이름으로 명하노니 우리를 묶고 있는 모든 질병은 치유될지어다. 통증은 사라질지어다. 기능은 회복될지어다. 피는 맑아질지어다. 염증은 사라질지어다. 모든 장기와 세포는 정상으로 돌아올지어다. 건강이 회복될지어다. 나음을 받을지어다. 아멘!"

의사 선생님이 포기한 질병이라 할지라도 예수님의 이름 앞에서는 반드시 무릎 꿇게 됩니다. 상황을 보며 주저하지 말고, 예수님의 이름으로 담대하게 선포하시기 바랍니다. 우리는 상황이나 사람을 믿는 것이 아니라 예수 이름의 권세를 믿는 사람들입니다.

자연을 향해 선포하라

예수님이 갈릴리에서 사역을 마치고 바다 건너편으로 가자며 제자들과 함께 배에 오르십니다. 너무 피곤하셨는지 깊이 잠드셨는데, 갑자기 광풍이 일어나 배가 뒤집힐 것 같은 상황이 됩니다. 그때 제자들이 "주님, 일어나세요. 우리가 죽게 생겼어요"라며 예수님을 깨우자 어떤 일이 일어납니까?

> 눅 8:24 제자들이 나아와 깨워 이르되 주여 주여 우리가 죽겠나이다 한대 예수께서 잠을 깨사 바람과 물결을 꾸짖으시니 이에 그쳐 잔잔하여지더라

바다에서 잔뼈가 굵은 어부 출신의 제자들조차 두려워할 만큼 심각한 상황이었지만, 예수님은 전혀 놀라지 않으십니다. 그분은 기도하며 "제발 바람 좀 멈춰주세요"라고 부탁하지 않으셨습니다. 바람과 물결을 향해 직접 꾸짖으셨습니다. 그러자 그 무섭던 바다가 한순간에 잔잔해졌습니다. 예수님의 이름으로 선포할 때 자연도 그 말씀에 순종합니다.

이 일은 예수님만 하실 수 있는 일이 아닙니다. 우리가 믿음으로 선포하면 큰 산도 옮겨집니다.

> 마 17:20 … 진실로 너희에게 이르노니 만일 너희에게 믿음이 겨자씨 한 알 만큼만 있어도 이 산을 명하여 여기서 저기로 옮겨지라 하면 옮겨질 것이요 또 너희가 못 할 것이 없으리라

기도의 패러다임을 바꿔야 합니다. 하나님을 향해 산이 너무 크다고 기도하는 것이 아니라, 산을 향해 "하나님이 얼마나 크신 분인지"를 선포하는 것입니다. 그때 큰 산이 옮겨지는 기적이 일어납니다. "못 할 것

이 없다"라고 하십니다. 조건이 없습니다. 누구나 예수님의 이름으로 선포하면 됩니다.

성경을 보면 예수님은 귀신과 질병과 자연을 향해 선포하십니다. 이는 예수님의 이름의 능력이 미치지 못할 영역이 없다는 뜻입니다. 선포 기도의 영역을 제한하지 말고 삶의 모든 영역을 향해 예수님의 이름으로 선포하라는 말씀입니다.

"예수 그리스도의 이름으로 명하노니 내 인생에 불어오는 모든 광풍은 잠잠할지어다. 마음을 요동치게 하는 불안의 파도는 고요해질지어다. 내 앞길을 막고 있는 견고한 장벽은 무너질지어다. 하나님의 평안이 임할지어다. 아멘."

믿음으로 선포할 때 문제의 뿌리는 이미 꺾였다

'선포했는데 안 되면 어떻게 하지?' 이런 걱정을 하는 분도 있을 것입니다. "예수님, 고쳐주세요"라고 기도하면 낫지 않아도 그만인데, "치유될지어다"라고 선포하면 바로 되어야 할 것 같아서 부담됩니다. "감기야 떠나갈지어다"라고 선포했는데 콧물이 계속 나오면 민망하겠지요.

걱정하지 마십시오. 내가 하는 것이 아닙니다. 내 안에 계신 예수님이 하시는 일입니다. '안 되면 어떡하지'라고 걱정하는 것은 내가 하겠다는 것입니다. 그러면 되더라도 문제입니다.

예수님은 우리에게 선포하라고 말씀하셨고, 우리는 그 말씀을 붙들고 믿음으로 순종하는 것입니다. 선포한 대로 되어도 하나님이 하신 일이고, 안 되어도 하나님이 하신 일입니다. 결과를 결정하는 분은 우리가 아니라 하나님이십니다. 우리는 약속의 말씀을 의지해 믿음으로 선포할 뿐입니다.

선포했는데 눈에 보이는 변화가 즉시 나타나지 않을 수도 있습니다. 그래도 괜찮습니다. 기다리면 됩니다. 꽃을 꺾자마자 꽃이 당장 시들지는 않죠. 한동안은 살아 있는 꽃처럼 보입니다. 그러나 한 번 꺾인 꽃은 시간이 지나면 반드시 시들게 됩니다.

영적인 원리도 같습니다. 예수님의 이름으로 선포할 때 그 문제의 뿌리는 이미 꺾인 것입니다. 당장 눈에 변화가 없다고 해서 살아 있는 것이 아닙니다. 이미 하나님의 시간 안에서는 끝난 것입니다. 그러니 눈에 보이는 변화가 없어도, 이미 응답되었음을 믿고 기다리면 됩니다. 하나님은 반드시 일하십니다. 선포해서 안 될 수도 있지만, 선포하지 않아서 안 된 것이라면 어떡하시겠습니까. 일단 믿음으로 선포하는 것입니다.

이번 한 주를 보내며 삶의 모든 영역에서 예수님의 이름으로 선포하시기 바랍니다. 가정을 향해, 직장을 향해, 아픈 곳을 향해, 불안한 미래를 향해, 무너진 관계를 향해, 흔들리는 공동체를 향해, 믿음이 약해진 자녀를 향해, 당신의 꿈을 향해 예수님의 이름으로 선포하십시오. 예수님의 이름에 놀라운 권세가 있음을 믿고 선포할 때, 악한 영은 떠나가고 상황이 바뀌는 기적이 일어날 것을 믿습니다.

아픈 부위나 가슴에 손을 얹고 함께 선포합시다.

"예수 그리스도의 이름으로 명하노니

가난과 저주와 결박은 끊어질지어다.

모든 질병은 깨끗하게 치유될지어다.

불안한 마음은 잠잠할지어다.

우울의 영은 떠나가고 자살의 영은 떠나갈지어다.

예수 그리스도의 이름으로 명하노니

우리 가정을 공격하는 더러운 귀신은 떠나갈지어다!

자녀들을 묶고 있는 모든 결박은 풀릴지어다.

재정과 사업, 가정의 모든 막힌 문은 활짝 열릴지어다."

믿음으로 선포했다면, 이제 하나님의 역사를 기대하면 됩니다.

매일 30분 따라 하는 기도

CHECK	차수	날짜	QR코드	영상 제목
☐	Day 1			말의 축복을 누리는 기도
☐	Day 2			악한 영을 대적하는 기도
☐	Day 3			어둠의 영을 몰아내는 기도
☐	Day 4			낙심의 영을 제거하는 기도
☐	Day 5			마음·생각·불안·비교·상처를 끊어내는 강력한 선포기도
☐	Day 6			승리를 선포하는 기도
☐	Day 7			영적 전쟁에서 승리하는 기도

* 한 기도문을 3번 반복해서 따라 기도하고 개인기도 시간을 가진 후 체크하세요.

하나님을 바라보는 침묵기도

시편 62:1,5

한문철 변호사가 진행하는 TV 프로그램에서 정말 충격적인 장면을 봤습니다. 고속도로에서 차선을 양보해주지 않았다고 한 운전자가 차를 세우고 트렁크에서 야구방망이를 꺼내 들더니 대낮에 남의 차 유리창을 사정없이 박살 낸 것입니다. 그는 겁에 질린 피해자가 도망치자 끝까지 쫓아가 앞을 가로막고, 경찰이 도착했는데도 분을 이기지 못해 피해자에게 달려들었습니다.

재판부는 가해자에게 징역 1년의 실형을 선고하며 그 자리에서 법정구속했습니다. 그는 한순간의 분노를 참지 못해 자기 삶을 망가뜨린 것입니다. 이것이 남의 일로만 느껴지십니까? 정도의 차이는 있을지 모르지만, 우리 안에도 통제되지 않는 폭탄 같은 분노가 숨어 있습니다.

만원 버스, 지옥철에서 수많은 사람과 부대끼고 출근하면 하루를 시작하기도 전에 이미 몸이 지쳐버립니다. 회사에서는 마지막 한 방울의 진액까지 끌어다 써야 하고, 뒤처지지 않기 위해 끊임없이 새로운 지식과 기술을 배워야 합니다. 퇴근해 집에 돌아오면 또 다른 하루가 시작됩니다. 밥하고 청소하고 아이를 돌봐야 합니다. 하루가 끝났다고 느낄 틈도 없이 또다시 내일을 준비합니다. 침대에 누워서도 아직 일어나지도 않은 최악의 상황을 상상하며 시간을 보냅니다.

그러다 보니 삶이 어떻게 변했습니까? 신호등에 파란불이 들어왔는데 앞차가 조금만 늦게 출발해도 신경질적으로 경적을 울립니다. 깜빡이도 켜지 않고 차선을 변경하며 도로를 질주합니다.

엘리베이터 앞에서는 모든 버튼을 다 눌러놓고 기다립니다. 아침에 아이를 등교시킬 때 아이 손을 잡고 가는 것이 아니라 짐짝처럼 끌고 갑니다. 아이가 조금만 시간을 지체해도 빨리 좀 하라고 다그칩니다. 인내심은 바닥이 나고, 조금만 마음에 안 들어도 얼굴이 굳어버립니다.

영혼의 브레이크가 필요하다

왜 이렇게 살고 있을까요? 쉴 틈 없이 쏟아지는 자극과 1분 1초를 다투는 조급함, 남보다 앞서야 한다는 강박이 우리 영혼을 괴물로 만들어가고 있기 때문입니다.

지난 한 주간의 삶은 어떠셨습니까? 정말 평안하셨나요? 혹 무언가에 쫓기듯 불안하고 분주하게 살지는 않으셨습니까? 열심히 살지만 공허하고, 인정받지 못하면 화가 나고, 끊임없이 자신을 증명하려고 애를 쓰고 있지 않습니까? 이런 우리에게 필요한 것은 더 빠른 속도가 아닙니다. 이 미친 듯한 분노와 조급함의 질주를 멈춰 세울 영혼의 브레이크가 필요합니다. 그것이 바로 침묵입니다.

혼자 있는 것을 좋아하십니까? 혼자서 유튜브를 보거나 SNS를 하는 시간을 말하는 것이 아닙니다. 그런 일은 몇 시간도 할 수 있습니다. 제가 말하는 '혼자'는 외부와의 접촉을 차단하고 하나님 앞에 홀로 서는 것입니다.

사람들은 혼자 있는 시간을 불편해합니다. 아침에 눈 뜨자마자 휴대폰을 집어 듭니다. 화장실에 갈 때도 휴대폰이 없으면 불안하고, 밤에도 휴대폰을 놓지 않다가 몇 번 떨어뜨리고 나서야 잠자리에 듭니다. 집에 들어가면 일단 TV부터 켭니다. 보지 않아도 적막이 싫어서 켜두는 것입니다. 필요하지도 않은데 쇼핑 채널을 돌며 물건을 사고, 당근마켓에 들어가 뭐 올라온 것 없나 살펴보며 낯선 사람과의 어색한 짧은 만남을 즐깁니다.

사람들은 혼자 있는 것을 좋아하지 않습니다. 할 수만 있다면 누군가와 함께 있으려 합니다. 혼자 밥 먹는 것도, 혼자 영화 보는 것도 싫어합니다. 혼자 뷔페에 가본 적 있으십니까? 아마 거의 없을 것입니다. 모임에서도 잠시만 침묵이 흐르면 견디지 못하고 뭐라도 말해야 할 것 같은 압박을 느낍니다.

사람들은 혼자 있는 시간, 조용한 침묵의 시간을 힘들어합니다. 그러나 침묵은 하나님이 역사하시는 시간입니다. 하나님은 침묵의 시간에 찾아오시고, 침묵의 시간에 말씀하시며, 침묵의 시간에 일하십니다. 그래서 토마스 아 켐피스는 《그리스도를 본받아》라는 책에서 "침묵은 영혼의 언어다"라고 말합니다.

예수님도 정말 바쁘게 사셨습니다. 눈코 뜰 새 없이 많은 일을 하셨습니다. 그런데 분주함에 쫓기거나 사람들에게 끌려다니지 않으셨습니다. 정말 많은 일을 하고 수많은 사람을 만나셨지만, 그분의 삶에는 여유와 평안이 있었습니다. 그 이유는 분명합니다. 침묵의 시간이 있었기 때문입니다. 예수님은 습관적으로 한적한 곳에서 홀로 시간을 보내셨습니다.

마 14:23 무리를 보내신 후에 기도하러 따로 산에 올라가시니라 저물매 거기 혼자 계시더니

"무리를 보내신"을 헬라어 원문으로 보면 '강제로 해산시키다'라는 의미가 있습니다. 오병이어의 기적 이후 예수님은 순식간에 스타가 되셨습니다. 수많은 사람이 예수님을 왕으로 삼으려 했습니다. 그러나 예수님은 인기와 성공의 현장을 강제로 해산시키셨습니다.

우리는 어떻게든 사람을 모으려 하고, 사람들과 함께 있으려 합니다. 사람의 숫자로 자신을 증명하려 합니다. SNS 팔로워 수에 마음을 빼앗깁니다. 그러나 예수님은 자신을 찾아오는 사람들을 보내십니다. 조용히 홀로 있는 시간을 가지십니다. 사역의 성공을 즐기는 것보다 하나님 앞에 홀로 서는 시간이 더 중요했기 때문입니다.

하루는 회당에서 말씀을 가르치고 귀신을 쫓아내는 사역을 마친 뒤 베드로의 집으로 가십니다. 그곳에서 고열로 앓고 있는 베드로의 장모를 고쳐주셨습니다. 예수님이 계신다는 소문이 퍼져 온 마을 사람들이 몰려와 밤늦게까지 병든 사람을 고치고 귀신을 쫓아내셨습니다. 종일 진액을 쏟아 사역하셨으니 얼마나 피곤하셨겠습니까. 그런데 그다음 날 아침, 그분은 무엇을 하셨습니까.

막 1:35 새벽 아직도 밝기 전에 예수께서 일어나 나가 한적한 곳으로 가사 거기서 기도하시더니

예수님은 하루를 시작하며 가장 먼저 하나님 앞에서 고요한 침묵의 시간을 가지셨습니다. 이 시간이 그분의 삶에서 가장 중요했기 때문입니다.

예수님이 나병환자를 고쳐주셨다는 소문을 듣고 수많은 사람이 몰려왔습니다. 그때 예수님은 물러가서 한적한 곳에서 기도하셨습니다(눅 5:16). 예수님은 어쩌다 시간이 남아서 기도하러 가신 것이 아닙니다. 습관적으로 기도하셨습니다. 사역이 잘될수록, 사람들이 더 많이 찾아올수록 더욱더 필사적으로 기도하셨습니다. 말씀을 전하는 것, 질병을 고쳐주는 것, 복음을 전하는 것이 다 중요하지만, 하나님 앞에 머무는 침묵의 시간은 그 모든 것보다 훨씬 더 중요하다는 것입니다.

사역의 에너지는 사람들의 환호가 아니라 하나님과의 깊은 교제에서 나왔습니다. 예수님은 사역하기 전에, 사람을 만나기 전에 먼저 하나님을 만나셨습니다. 이것이 예수님이 상황과 사람에 끌려다니지 않고 사셨던 비결입니다. 우리도 하나님을 만나는 시간을 삶의 가장 중요한 우선순위로 삼게 되기를 바랍니다.

가만히 서서 잠잠히 바라보기

모세와 이스라엘 백성을 내보낸 바로가 변심하여 군대를 이끌고 그들을 뒤쫓아옵니다. 앞에는 홍해가 가로막혀 있습니다. 갈 곳을 잃은 사람들이 모세를 원망하기 시작합니다.

"왜 우리를 여기까지 오게 해서 죽게 하는 거야, 애굽에 묏자리가 없어서 그런 거야?"

"내가 처음부터 분명히 말했잖아. 여기 와서 죽느니 차라리 애굽의 노예로 살고 싶다고. 이게 뭐야, 이럴 거면 뭐 하러 온 거야."

그때 모세가 백성들에게 침묵을 명령합니다.

출 14:13,14 모세가 백성에게 이르되 너희는 두려워하지 말고 가만히 서서 여호와께서 오늘 너희를 위하여 행하시는 구원을 보라 너희가 오늘 본 애굽 사람을 영원히 다시 보지 아니하리라 여호와께서 너희를 위하여 싸우시리니 너희는 가만히 있을지니라

애굽 군대가 죽이겠다고 쫓아오는데 어떻게 조용하고 가만히 있을 수 있겠습니까. 그런데 모세는 조용히 침묵하라고 말합니다. 가만히 서라는 것은 단순히 멍하니 있으라는 뜻이 아닙니다. 군인이 자기 초소에서 부동자세로 서 있는 것을 의미합니다. 침묵하라는 것은 아무 말도 하지 않고 무기력하게 있으라는 뜻이 아니라, 영적인 부동자세를 유지하라는 것입니다. 그리고 누구를 보라고 합니까. 애굽의 군대를 보지 말고, 거친 홍해를 보지 말고, 살아 계신 하나님을 바라보라는 것입니다. 하나님께서 행하시는 일을 집중해서 보라는 것입니다.

우리 인생과 가정, 일터와 학교에도 앞을 가로막은 홍해 같은 장애물도 있고, 우리를 공격하는 애굽 군대 같은 사람들이 있습니다. 빚을 갚으라는 독촉 전화가 오고, 퇴근 후에도 상사의 메시지가 멈추지 않고, 자녀 문제는 어떻게 해도 답이 없어 보이고 부모인 내가 다 망친 것 같고, 사람들에게 버림받을까, 혼자될까 두려워하는 이 모든 것이 우리를 뒤쫓는 애굽의 군대입니다.

그때 여기저기 뛰어다니며 후회하고, 원망하고, 낙심하는 말을 멈추고 침묵하라는 것입니다. 영적인 부동자세로 하나님을 바라보고 하나님이 하실 일을 바라보라는 것입니다.

시편 62:1,5 나의 영혼이 잠잠히 하나님만 바람이여 나의 구원이 그에게서 나오는도다 … 나의 영혼아 잠잠히 하나님만 바라라 무릇 나의 소망이 그로부터 나오는도다

시편 62편은 다윗이 인생에서 가장 힘들 때 쓴 시입니다. 아들 압살롬이 반역해 자신을 죽이겠다고 쫓아올 때, 요단강 동편까지 도망치면서 드린 기도입니다. 탄식이 터져 나올 수밖에 없는 그 비참한 상황에서도 다윗은 탄식을 억누르고, 의지를 가지고 침묵 가운데 주님을 바라보았습니다.

"나의 영혼아 잠잠히 하나님만 바라라."

사울에게 쫓겨 다니던 긴 광야 생활을 통해 터득한 것이 바로 이것입니다. 아무리 죽음이 코앞에 다가왔을지라도 잠잠히 침묵 가운데 구원과 소망이 되시는 하나님을 바라보면 산다는 것을 알았던 것입니다. 외부의 소음을 차단하고, 내면의 요동을 잠재우며 하나님을 바라보는 것입니다.

침묵기도는 하나님의 임재로 들어가는 문

고독(孤獨)과 독거(獨居)가 있습니다. 둘 다 혼자 있는 것처럼 보이지만, 그 성격은 전혀 다릅니다. 고독은 원하지 않는데 어쩔 수 없이 혼자 남겨져 외로워하는 상태입니다. 사람들은 이 외로움과 고독에서 벗어나기 위해 SNS를 하거나, 게임을 하거나, 누군가에게 전화합니다. 계속 무언가를 하려고 합니다. 반면에 독거는 의지를 가지고 스스로 혼자 있기를 선택하는 것입니다.

예수님은 의지적으로 혼자 있기를 선택하셨고, 그 시간에 하나님의 임재 속으로 들어가 하나님을 더 깊이 만나셨습니다. 고요한 침묵 가운데 하나님의 임재를 누리셨습니다. 교회 안에도 영적으로 깊이 있는 분들이 계십니다. 언제 만나도 커다란 저수지처럼 여유를 가지고 모든 것을 받아주는 분들입니다. 그분들의 공통점은 하나님 앞에 고요히 홀로 머무는 침묵기도의 거룩한 습관이 있다는 것입니다.

성경은 우리에게 혼자 있는 시간, 침묵의 시간을 가지라고 일관되게 말씀합니다.

시 46:10 이르시기를 너희는 가만히 있어 내가 하나님 됨을 알지어다 …

"가만히 있어"라는 표현은 영어로 'Be still' 혹은 'Be silent'입니다. 모든 것을 멈추고 조용히 침묵할 때, 하나님 앞에서 고요해질 때, 비로소 하나님이 진짜 하나님이심을 경험적으로 알게 된다는 뜻입니다. 예수님도 제자들에게 침묵을 가르치셨습니다.

마 6:6 너는 기도할 때에 네 골방에 들어가 문을 닫고 은밀한 중에 계신 네 아버지께 기도하라 은밀한 중에 보시는 네 아버지께서 갚으시리라

골방에 들어가 문을 닫고 사람의 시선을 끊으라는 것입니다. 세상의 소음에서 분리되어 은밀하게 조용히 하나님께만 집중하는 침묵기도의 시간을 가지라는 말씀입니다.

침묵기도란 무엇일까요. 단순히 입을 다물고 소리를 내지 않는 기도일까요? 침묵기도는 마음을 비우는 시간이 아니라, 말씀을 통해 하나님을 깊이 바라보고, 하나님께 마음의 시선을 집중하는 기도입니다. 복음주의 영성가이자 목회자인 리차드 포스터는 침묵기도를 "하나님께 대한 애정 어린 정신 집중이다. 우리를 사랑하시고, 우리와 가까이 계시며, 우리를 자신에게로 인도하시는 하나님께 주의를 집중하는 것이다"라고 정의합니다. 침묵을 통해 하나님을 집중해서 바라보는 것입니다.

전파는 이미 이곳에 흐르고 있습니다. 여기에 주파수를 맞추면 그 전

파가 라디오를 통해 흘러나옵니다. 그와 같이, 하나님은 이미 이곳에 임재해계십니다. 침묵으로 하나님께 영적인 주파수를 맞출 때 우리는 이곳에 임재하신 하나님을 비로소 경험하게 됩니다.

어느 영성가는 "침묵이란 하나님의 임재 속으로 들어가는 패스워드"라고 했습니다. 하나님의 임재로 들어가는 문이 바로 침묵이라는 뜻입니다. 이동원 목사님은 침묵기도를 "하나님의 사랑 안에 고요히 머물면서 쉼을 얻고 하나님과 하나 되는 기도"라고 말씀하셨습니다. 이것이 침묵기도의 목표입니다. 문제 해결보다 하나님 안에서 온전한 쉼을 얻고 하나님과 하나 되는 것입니다. 하나님과 하나가 된다는 것은 내가 하나님이 된다는 뜻이 아닙니다. 그것은 범신론에서 주장하는 것이고, 우리는 그리스도 안에서 하나님과 깊은 사랑의 교제를 누리게 되는 것입니다.

침묵기도를 통해 하나님과 깊이 연결될 때, 문제가 사라질 뿐만 아니라 문제 속에서도 무너지지 않는 단단한 신앙을 갖게 됩니다. 분주함에 끌려다니는 삶이 아니라, 안식과 평안을 누리며 여유 있는 삶을 살게 됩니다.

우리 안에는 끊임없이 내가 원하는 것을 구하며 살아가려는 인간적인 본능이 있습니다. 그러나 침묵기도는 그 본능을 멈추게 합니다. 하나님을 내 필요에 따라 '사용'하는 단계에서, 하나님의 존재 자체를 '사랑'하는 단계로 우리를 이끌어갑니다. 그래서 침묵은 하나님을 이용하려는 본능을 내려놓고, 그분의 영광에 사로잡히는 영적 몰입의 시간입니다.

이제 침묵기도의 종류와 구체적인 방법을 살펴보겠습니다.

일상적 침묵기도

일상적 침묵기도란 일상 속에서 조용히 예수님을 바라보는 침묵기도입니다. 성경은 우리에게 쉬지 말고 기도하라고 말씀합니다(살전 5:17). 이 말씀은 하루 종일 무릎을 꿇고 기도하라는 뜻이라기보다, 매 순간 하나님의 임재를 의식하며 살아가라는 의미입니다.

우리는 하루를 살아가면서 수없이 많은 생각을 합니다. 때로는 염려하고, 때로는 분노하고, 때로는 마음이 조급해집니다. 그럴 때 잠시 멈춰 예수님을 바라보는 것이 일상적 침묵기도입니다. 이 기도는 어떤 신비한 수행이 아닙니다. 마음을 비우는 명상도 아닙니다. 잠잠히 예수님을 바라보는 복음적인 기도입니다.

느헤미야는 왕 앞에서 질문을 받자, 그 순간에 하나님께 침묵으로 기도합니다.

느 2:4 왕이 내게 이르시되 그러면 네가 무엇을 원하느냐 하시기로 내가 곧 하늘의 하나님께 묵도하고

느헤미야는 왕 앞에 서 있었기 때문에 기도할 수 없었고, 길게 기도할 수도 없었습니다. 그러나 그 순간 하나님께 침묵으로 기도합니다. 이것이 일상적 침묵기도입니다. 우리의 일상 속에서 조용히 침묵하며 짧은 시간이지만 주님께 기도하는 것입니다.

종교개혁자들이 목숨처럼 붙들었던 정신이 '코람데오'(Coram Deo)입니다. 이는 '하나님 앞에서'라는 뜻입니다. 예배당 안에 있을 때뿐만 아니라 매 순간 하나님 앞에 서 있음을 인정하는 것입니다. 일상적 침묵기도는 바로 이 코람데오의 정신을 실천하는 가장 구체적인 방법입니다. 숨을 쉬는 그 짧은 순간에도 내가 지금 하나님 앞에 서 있음을 기억하며

흩어진 마음의 시선을 예수님께 고정하는 것입니다.

종교개혁자 존 칼빈은《기독교 강요》(Institutes of the Christian Religion) 에서 기도를 "영혼의 호흡"이라고 표현했습니다. 사람이 숨을 쉬지 않으면 살 수 없듯이, 성도는 기도를 통해 매 순간 하나님을 의지하며 살아야 한다는 뜻입니다.

어떻게 매 순간 호흡하듯 기도할 수 있을까요? 우리의 일상 속에서 짧은 시간일지라도 침묵기도로 예수님을 바라보는 것입니다. 화가 날 때, 마음이 흔들릴 때, 중요한 결정을 앞두었을 때 잠시 멈추고 침묵으로 "예수님, 바라봅니다" 하고 기도하는 것입니다.

배우자가 바가지를 긁을 때 곧바로 맞서 쏘아붙이는 대신 잠시 자리를 피해 1분간 마음을 차분히 하고 침묵으로 '예수님, 바라봅니다' 하고 기도하세요. 자녀들이 말을 듣지 않고 고집을 부릴 때도 곧바로 버럭 화내지 말고, 호흡을 가다듬고 1분 동안 침묵으로 기도하세요. 회사에서 상사나 동료 때문에 스트레스를 받을 때, 거래처를 만나거나 중요한 결정을 앞두고 머리가 복잡할 때도 잠시 멈춰서 심호흡을 하고 침묵으로 기도하는 것입니다.

"예수님, 바라봅니다."

이 짧은 침묵기도 하나만 배워도 삶이 훨씬 여유로워집니다.

기독교 전통 중에 일상적 침묵기도를 실천할 수 있는 또 다른 방법 중 하나는 '예수님의 이름을 부르는 기도'입니다.

막 10:47 나사렛 예수시란 말을 듣고 소리 질러 이르되 다윗의 자손 예수여 나를 불쌍히 여기소서 하거늘

눅 18:13 세리는 멀리 서서 감히 눈을 들어 하늘을 쳐다보지도 못하고 다만 가

슴을 치며 이르되 하나님이여 불쌍히 여기소서 나는 죄인이로소이다 하였느니라

주님은 이 바디매오와 세리의 짧은 기도를 기뻐하셨습니다. 이 기도는 예수님의 이름을 부르는 기도입니다. "하나님의 아들 주 예수여, 죄인 된 나를 불쌍히 여기소서"라는 짧은 기도문으로 기도하는 것입니다. 이것은 어떤 주문이나 신비주의적인 수행이 아닙니다. 중언부언하는 기도가 아닙니다. 집중해서 예수님을 바라보는 복음적인 기도입니다.

"하나님의 아들 주 예수님" 하고 주님의 이름을 부릅니다. 온 마음을 다해 예수님을 바라보는 것입니다. 그리고 "죄인 된 저를 불쌍히 여겨주세요"라고 고백합니다. 이것은 내 삶의 주권이 하나님께 있음을 인정하는 것입니다. 너무 길어서 어렵다면, "예수님, 저를 불쌍히 여겨주세요"라고 해도 좋고, "예수님, 저를 기억해주세요"(눅 23:42)라고 해도 됩니다.

형태는 다양할 수 있습니다. 중요한 것은 조용히 예수님의 이름을 부르며 예수님을 바라보는 것입니다. 이 짧은 기도 안에 내 모든 삶의 주인이 예수님이심을 고백하는 강력한 신앙 고백이 담겨 있습니다. 이것은 동양적 명상이 아닙니다. 내 안에 가득 찬 나를 비우고 내 모든 삶을 예수님으로 채우는 복음적인 기도입니다.

마음을 가라앉히고 천천히 예수님을 바라봅시다. 그리고 조용히 침묵으로 기도합니다. '예수님, 저예요. 저 여기 있어요', '예수님, 사랑해요', '예수님, 감사해요', '예수님, 경배해요', '예수님, 도와주세요', '예수님, 인도해주세요', '예수님, 지켜주세요', '예수님, 받아주세요', '예수님, 안아주세요' 이 가운데 마음에 와닿는 기도가 있다면 그 기도를 조용히 반복해보세요.

중요한 것은 특별한 기술이나 방법이 아니라 조용히 침묵 가운데 예수님을 믿음으로 바라보는 것입니다. 이것이 바로 복음 안에서 누리는 일상적 침묵기도입니다. 저는 하루에 12번의 알람을 울리게 해놓고, 알람이 울리면 짧게 1분간 침묵으로 기도합니다.

'예수님, 바라봅니다.'

'예수님, 저를 불쌍히 여겨주세요.'

오늘부터 하루 3번 일상적 침묵기도를 실천해보시길 도전합니다.

묵상적 침묵기도

하나님은 우리에게 이성과 감정뿐 아니라 상상력도 주셨습니다. 죄로 오염된 상상력은 두려움과 거짓과 죄를 만들어내지만, 성령에 붙들린 거룩한 상상력은 기록된 말씀을 더욱 깊이 묵상하도록 돕는 통로가 됩니다. 묵상적 침묵기도는 우리의 생각과 상상력을 사용해 말씀 속에서 하나님을 바라보는 기도입니다. 말씀을 통해 우리의 영적인 시선을 문제에서 하나님께 고정하는 기도입니다.

되는대로 생각하고 아무렇게나 상상하면 안 됩니다. 어떤 사람은 가만히 있으면 계속 부정적인 상상을 합니다. 한 청년은 엘리베이터를 타면 추락하는 장면이 떠오르고, 지나가는 사람이 자신에게 욕을 하는 모습이 상상되고, 차를 타고 가면 건너편 차가 자신을 덮치는 상상이 자동적으로 떠오른다고 말했습니다. 당신은 어떤가요. 매일 밤 침대에 누워 '안 되면 어쩌지, 사람들이 나를 비웃으면 어떡하지'라는 불길한 상상의 감옥에 갇혀 있지는 않으십니까.

우리의 상상력은 중립적이지 않습니다. 최악을 상상하는 것은 애쓰지 않아도 저절로 됩니다. 가만히 있으면 생각은 본능적으로 부정적 방향으로 흘러갑니다. 그래서 우리의 생각과 상상력도 하나님의 말씀대로 사용하기 위해 반드시 훈련이 필요합니다.

묵상적 침묵기도는 우리의 생각과 상상력을 사용해서 말씀의 본문 속으로 들어가 보는 것입니다. 말씀에서 무슨 일이 있었는지, 어떤 사람이 있는지, 어떤 대화가 오가는지, 분위기는 어떤지, 그리고 하나님이 어떤 분이신지를 구체적으로 상상하며 말씀 속으로 들어가 말씀의 의미를 깊이 묵상하는 것입니다.

> **빌 4:8** 끝으로 형제들아 무엇에든지 참되며 무엇에든지 경건하며 무엇에든지 옳으며 무엇에든지 정결하며 무엇에든지 사랑받을 만하며 무엇에든지 칭찬받을 만하며 무슨 덕이 있든지 무슨 기림이 있든지 이것들을 생각하라

아무렇게나 생각하지 말고, 하나님의 성품에 합당한 좋은 생각을 하고, 말씀의 테두리 안에서 생각하라는 것입니다. 묵상적 침묵기도는 우리의 생각과 상상을 하나님의 말씀에 머물게 하는 기도입니다.

이제 상상력을 걱정하는 데 낭비하지 마십시오. 불길한 미래를 그리던 그 머리로, 나를 위해 바다를 잔잔케 하시는 예수님을 바라보십시오. 나를 비웃는 사람들을 상상하던 그 상상력으로, 나를 걸작품이라 부르시는 하나님의 얼굴을 믿음으로 바라보십시오. 말씀의 의미를 해치지 않는 범위 안에서 선하고, 긍정적이고, 아름다운 것을 묵상하며 말씀 속에 머물러보십시오.

> **신 1:31** 광야에서도 너희가 당하였거니와 사람이 자기 아들을 안는 것같이 너희 하나님 여호와께서 너희가 걸어온 길에서 너희를 안으사 이곳까지 이르게 하셨느니라 하나

하나님은 우리를 지켜보기만 하시는 분이 아니라, 우리를 품에 꼭 안아주시는 분입니다. 그래서 저는 묵상적 침묵기도를 할 때 하나님께서 아버지처럼 저를 꼭 안아주시는 것을 묵상하며 기도합니다. 그 시간이 너무 좋습니다. 하나님의 품에 포근히 안겨 그분이 내 머리를 쓰다듬어 주시고, 내 등을 부드럽게 토닥여 주시며, 나를 향해 따뜻하게 위로하시는 것이 느껴지면 마음에 깊은 평강이 임합니다.

광야 같은 세상을 걸어오느라 얼마나 힘들었습니까. 그러나 그 길을 우리는 혼자 걷지 않았습니다. 아버지가 아들을 안고 가듯 하나님께서 우리를 품에 안고 여기까지 오셨습니다. 묵상적 침묵기도로 우리는 그 주님의 품을 더 가까이 느낄 수 있습니다.

묵상적 침묵기도 실습
이제 시편 23편의 말씀으로 묵상적 침묵기도를 해보겠습니다.

두 눈을 감아보십시오. 주님께 집중할 수 있도록 먼저 편안하게 숨을 들이마시고 내쉽니다. 어깨의 힘을 빼고 주님의 임재 앞에 머뭅니다.

"여호와는 나의 목자시니"

나의 목자 되신 예수님을 바라보십시오. 지팡이를 짚고 당신 앞에 서 계신 그분의 따뜻한 표정, 인자한 눈빛과 숨소리, 그분에게서 풍겨오는 향기를 느껴보십시오.

"내게 부족함이 없으리로다"

주님이 지금 내 곁에 계시기에 더 이상 채울 것도, 모자랄 것도 없는 완전한 평안을 마음속으로 누려 보십시오.

"그가 나를 푸른 풀밭에 누이시며 쉴 만한 물가로 인도하시는도다"

걱정 없이 푸른 풀밭에 누워 있는 자신의 모습을 믿음으로 바라보십시오. 등 뒤로 느껴지는 부드러운 풀의 촉감, 살랑이며 뺨을 스치는 바람, 졸졸 흐르는 맑은 시냇물 소리를 들어보십시오. 그 물가에서 목마른 영혼을 적시는 시원한 물 한 모금을 마시는 것을 느껴보십시오.

"내 영혼을 소생시키시고 자기 이름을 위하여 의의 길로 인도하시는도다"

그 물을 마시고 쉴 때 지쳐 있던 영혼이 다시 생기를 되찾는 것을 느껴보십시오. 주님이 내 손을 잡고 바른길로 한 걸음 한 걸음 이끄시는 든든한 손길을 상상해보십시오.

"내가 사망의 음침한 골짜기로 다닐지라도 해를 두려워하지 않을 것은 주께서 나와 함께하심이라"

주변이 어두워집니다. 험한 골짜기를 지나는 것 같습니다. 그러나 두렵지 않습니다. 바로 옆에서 지팡이와 막대기를 들고 나를 지켜주시는 주님이 계시기 때문입니다. 어둠 속에서도 나를 놓지 않는 주님의 강한 팔을 만져보십시오.

"주께서 내 원수의 목전에서 내게 상을 차려주시고 기름을 내 머리에 부으셨으니 내 잔이 넘치나이다"

이제 주님이 당신을 위해 성대한 잔칫상을 차려주십니다. 나를 괴롭히던 문제들이 보는 앞에서, 주님은 내 머리에 향기로운 기름을 부으시고 귀한 손님으로 대접해주십니다. 머리카락 사이로 흘러내리는 따뜻하고 부드러운 기름의 촉감과 향기를 느껴보십시오. 내 인생의 잔이 축복으로 가득 차 흘러넘치는 장면을 바라보십시오. 무엇보다, 나를 바라보시는 목자 예수님의 눈동자 속에 어떤 사랑이 담겨 있습니까. 그 사랑 가득한 눈과 나의 눈이 마주치는 장면을 바라보십시오.

이제 당신이 다윗 되어 이 시편의 현장 속에 그대로 머뭅니다. 1분 동안 아무 말 없이 그 장면 안에 머물며 주님을 바라보고 주님과 교제하세요. 1분의 침묵 후, 천천히 눈을 뜹니다.

잘하셨습니다. 묵상적 침묵기도는 하나님을 만들어내는 상상이 아니라, 이미 말씀으로 계시된 하나님을 믿음으로 바라보는 기도입니다. 우리의 생각과 상상력을 통해 말씀 속으로 들어가 살아 계신 하나님을 바라보는 것입니다.

묵상적 침묵기도를 위한 추천 성경 구절

위에서 했던 것처럼 아래 성경 구절들을 한 구절씩 천천히 읽으며 묵상적 침묵기도 시간을 가져보세요.

왕상 19:5 로뎀 나무 아래에 누워 자더니 천사가 그를 어루만지며 그에게 이르되 일어나서 먹으라 하는지라

마 20:34 예수께서 불쌍히 여기사 그들의 눈을 만지시니 곧 보게 되어 그들이 예수를 따르니라

시 147:3 상심한 자들을 고치시며 그들의 상처를 싸매시는도다

사 46:4 너희가 노년에 이르기까지 내가 그리하겠고 백발이 되기까지 내가 너희를 품을 것이라 내가 지었은즉 내가 업을 것이요 내가 품고 구하여 내리라

사 63:9 그들의 모든 환난에 동참하사 자기 앞의 사자로 하여금 그들을 구원하시며 그의 사랑과 그의 자비로 그들을 구원하시고 옛적 모든 날에 그들을 드시며 안으셨으나

사 66:12 여호와께서 이와 같이 말씀하시되 보라 내가 그에게 평강을 강같이, 그에게 열방의 영광을 넘치는 시내같이 주리니 너희가 그 젖을 빨 것이며 너희가 옆에 안기며 그 무릎에서 놀 것이라

눅 15:5 또 찾아낸즉 즐거워 어깨에 메고

눅 15:20 이에 일어나서 아버지께로 돌아가니라 아직도 거리가 먼데 아버지가 그를 보고 측은히 여겨 달려가 목을 안고 입을 맞추니

아 2:6 그가 왼팔로 내 머리를 고이고 오른팔로 나를 안는구나

시 37:24 그는 넘어지나 아주 엎드러지지 아니함은 여호와께서 그의 손으로 붙드심이로다

시 40:2 나를 기가 막힐 웅덩이와 수렁에서 끌어올리시고 내 발을 반석 위에 두사 내 걸음을 견고하게 하셨도다

눅 15:22 아버지는 종들에게 이르되 제일 좋은 옷을 내어다가 입히고 손에 가락지를 끼우고 발에 신을 신기라

계 7:17 이는 보좌 가운데에 계신 어린 양이 그들의 목자가 되사 생명수 샘으로 인도하시고 하나님께서 그들의 눈에서 모든 눈물을 씻어주실 것임이라

계 3:20 볼지어다 내가 문밖에 서서 두드리노니 누구든지 내 음성을 듣고 문을 열면 내가 그에게로 들어가 그와 더불어 먹고 그는 나와 더불어 먹으리라

사 45:2 내가 너보다 앞서 가서 험한 곳을 평탄하게 하며 놋문을 쳐서 부수며 쇠빗장을 꺾고

사 52:12 여호와께서 너희 앞에서 행하시며 이스라엘의 하나님이 너희 뒤에

서 호위하시리니 너희가 황급히 나오지 아니하며 도망하듯 다니지 아니하리라

시 17:8 나를 눈동자같이 지키시고 주의 날개 그늘 아래에 감추사

시 139:5 주께서 나의 앞뒤를 둘러싸시고 내게 안수하셨나이다

사 43:4 네가 내 눈에 보배롭고 존귀하며 내가 너를 사랑하였은즉 내가 네 대신 사람들을 내어주어 백성들이 네 생명을 대신하리니

마 10:30 너희에게는 머리털까지 다 세신 바 되었나니

안식적 침묵기도

말씀의 이미지를 떠올리며 하나님을 바라보는 묵상적 침묵기도에서 한 걸음 더 나아가, 이제는 복잡한 생각을 멈추고 주님의 임재 앞에 고요히 머무는 기도입니다. 하나님의 품에 안겨 안식하는 침묵기도입니다.

하나님도 안식하셨습니다(창 2:2). 우리 역시 하나님의 품에 안겨 모든 생각을 멈추고 안식하는 것입니다. 하나님의 사랑 안에 깊이 잠겨 하나님과 하나 됨을 느끼는 시간입니다.

시 131:2 실로 내가 내 영혼으로 고요하고 평온하게 하기를 젖 뗀 아이가 그의 어머니 품에 있음 같게 하였나니 내 영혼이 젖 뗀 아이와 같도다

배가 고픈 어린아이는 울부짖습니다. 그러면 어머니가 젖을 줍니다. 젖을 다 먹고 난 아이는 더 이상 울지 않습니다. 더 바랄 것이 없기 때문

입니다. 그리고 어머니가 곁에 있다는 것을 확인했기 때문입니다. 안식적 침묵기도는 바로 이 어머니 품에 안긴 젖 뗀 아이의 평온함을 느끼며 주님과 하나 됨을 경험하는 기도입니다.

기도로 들어가기 전

이 기도로 들어가기 위해서는 반드시 두 가지 준비가 필요합니다.

① 말씀을 묵상하며 '사랑의 단어'(기도 어구) 찾기

침묵기도의 목적은 예수님 안에서 하나님과 인격적인 연합을 누리는 것입니다. 그래서 말씀 없이 침묵기도를 하는 것은 위험합니다. 자칫 하나님과 상관없이 자기 생각에 빠질 수 있기 때문입니다. 따라서 침묵기도의 시작은 언제나 기록된 하나님의 말씀이어야 합니다. 말씀을 읽되, 그 분량은 한 장이든 한 단락이든 상관없습니다. 중요한 것은 말씀 속에서 나에게 다가오시는 하나님이 어떤 분이신지를 한 단어로 붙드는 것입니다. 이것을 사랑의 단어, 혹은 기도 어구라고 합니다.

예를 들어 시편 23편을 묵상했다면, 목자 되신 하나님, 만족이 되시는 하나님, 쉼을 주시는 하나님과 같은 표현이 사랑의 단어가 됩니다. 그 사랑의 단어를 붙들고 침묵기도로 들어가는 것입니다.

② 충분히 소리 내어 기도하기

침묵기도를 하기 전에 먼저 하나님께 솔직하게 기도하는 시간을 갖는 것이 중요합니다. 아이가 배가 고플 때는 큰 소리로 웁니다. 그리고 배가 부르면 고요해집니다. 우리도 그렇게 먼저 하나님께 내 사정을 솔직하게 다 아룁니다. 구하고 싶은 것이 있다면 충분히 소리 내어 부르짖어 구하십시오. 이 과정을 거치지 않으면 침묵하려 할 때 자꾸 구할 내용이 떠올라 집중하기가 어렵습니다. 그러므로 먼저 솔직하게 구하는 기도를 드리십시오.

안식적 침묵기도를 하다 보면 잡념이 올라옵니다. 이상한 일이 아닙니다. 아주 자연스러운 일입니다. 그럴 때는 '아, 내가 지금 다른 생각을 하고 있구나' 하고 알아차린 뒤, 다시 나지막하게 하나님을 부르며 하나님께 집중하면 됩니다. '목자 되신 하나님'이라고 고백하며 다시 돌아오는 것입니다.

안식적 침묵기도는 처음부터 길게 하려고 하지 않아도 됩니다. 큐티 후에 짧게 시작해보십시오. 한 번에 길게 하는 것도 좋지만, 짧게라도 자주 반복하는 것이 좋습니다. 아침에 일어났을 때, 점심 식사 전에, 저녁에 잠자리에 들기 전에 자주 반복하다 보면 예수님과 깊이 연결되어 있는 것이 느껴지고, 하나님의 사랑 안에 있다는 확신이 깊어집니다. 세상이 줄 수 없는 평안이 임하고, 더 이상 세상이 두렵지 않게 됩니다.

안식적 침묵기도 실습

편안한 자세로 두 눈을 감고 조용히 예수님을 바라봅니다. 깊이 숨을 들이마셨다가 천천히 내쉽니다. 한 번 더 천천히 호흡하겠습니다. 조용하고 나지막하게 하나님을 불러봅니다.

"목자 되신 하나님, 저예요. 저 왔어요. 저 여기 있어요. 저를 안아주세요."

이제 주님께 모든 짐을 내려놓습니다. 마음속에 있는 염려와 근심을 주님께 맡기십시오. 좋은 생각조차도 잠시 내려놓고, 지금 나를 포근히 안아주시는 예수님의 품 안에서 어린아이처럼 안식하십시오.

잡념이 올라올 때는 사랑의 어구를 속으로 한 번 고백하십시오.

"목자 되신 하나님."

하나님의 사랑 안에서 예수님과 내가 하나 되었음을 믿으며, 주님의 임재를 가만히 느껴봅니다.

잘하셨습니다.

마음이 분주하고 예민하고, 걱정과 염려가 끊이지 않아 지쳐 있다면 예수님과 하나 되는 안식적 침묵기도를 자주 실천해보십시오. 주님의 품에서 안식하는 시간을 반복하다 보면, 마음 깊은 곳에서 묵직하게 올라오는 평안과 새로운 힘을 경험할 것입니다.

매일 30분 따라 하는 기도

CHECK	차수	날짜	QR코드	영상 제목
☐	Day 1			예수 기도
☐	Day 2			마음의 평안을 위한 기도
☐	Day 3			시편으로 드리는 기도 1
☐	Day 4			시편으로 드리는 기도 2
☐	Day 5			시편으로 드리는 기도 3
☐	Day 6			시편으로 드리는 기도 4
☐	Day 7			시편으로 드리는 기도 5

* 한 기도문을 3번 반복해서 따라 기도하고 개인기도 시간을 가진 후 체크하세요.

성령님의 음성을 듣는 경청기도

요한복음 10:27

"예수님, 대박이에요! 어제 예수님이 일으키신 기적이 온 도시에 소문이 나서 사람들이 계속 몰려오고 있어요. 주님, 빨리 가시죠."

제자들이 예수님께 달려와 흥분해서 말하는데 예수님은 의외의 반응을 보이십니다.

"가까운 여러 고을로 가자. 거기에서도 내가 말씀을 선포해야 하겠다. 나는 이 일을 하러 왔다"(막 1:38, 새번역).

예수님은 사람들의 기대와 요구에 끌려다니지 않으셨습니다. 어디로 가고 무엇을 해야 할지를 분명히 알고 움직이셨습니다. 예수님은 어떻게 그런 분별력을 가지실 수 있었을까요?

막 1:35 새벽 아직도 밝기 전에 예수께서 일어나 나가 한적한 곳으로 가사 거기서 기도하시더니

"새벽 아직도 밝기 전"은 제사경을 가리킵니다. 새벽 3시에서 6시 사

이, 하루 중 가장 어두운 시간입니다. 단순히 아침 일찍 일어났다는 뜻이 아니라, 가장 고요한 시간에 하나님을 만나셨다는 의미입니다. 또한 예수님이 가신 "한적한 곳"은 성경에서 '광야'로 번역되는 단어입니다. 광야는 하나님 외에는 아무것도 의지할 것이 없는 곳입니다. 그곳에서 예수님은 기도하셨는데, 어쩌다 한 번이 아니라 습관적으로, 매일 그곳에서 기도하셨다는 뜻입니다.

예수님은 사람들의 환호와 세상의 소음이 가득한 마을이 아니라, 가장 고요한 시간에 가장 조용한 장소에서 하나님의 음성을 들으셨습니다. 그랬기 때문에 사람들의 요구에 휘둘리지 않고, 하나님의 뜻에 온전히 순종하실 수 있었던 것입니다. 기도란 하나님과 나누는 친밀한 교제입니다. 기도는 일방통행이 아니라 쌍방통행입니다. 우리가 하나님께 말씀드리듯, 하나님도 우리에게 말씀하십니다. 예수님은 바로 이 경청의 기도를 통해 하나님의 뜻을 분별하셨습니다.

세상에 끌려다니지 않으려면 예수님처럼 세상의 소음을 차단하고, 고요한 시간과 고요한 장소에서 침묵의 시간을 가져야 합니다. 그렇지 않으면 사람들이 보내는 메일과 전화, 메시지와 일정에 치여 살게 됩니다. 그러면 아무리 열심히 살아도 허무해지고, 아무리 기도해도 공허해집니다.

하나님의 음성을 듣는다는 의미

많은 사람이 하나님의 음성에 대해 오해하고 있습니다. 하나님의 음성을 듣는다고 하면 "나는 언제쯤 하나님의 음성을 들어볼 수 있을까" 하며 부러워하는 사람도 있지만, 누군가는 하나님의 음성을 들었다며 사람들을 조종하거나 가스라이팅하는 모습을 보고, 하나님의 음성 자체에 대해 부정적인 인식을 갖기도 합니다.

왜 이런 오해가 생길까요? '하나님의 음성'이라는 표현이 주는 오해 때문입니다. 우리는 흔히 귀로 들리는 육성의 음성을 떠올립니다. 물론 하나님께서 육성으로 말씀하실 때도 있습니다.

저 역시 육성으로 하나님의 음성을 들었던 경험이 있습니다. 신학교 2학년 때 성경을 읽다가, 모세가 하나님의 영광을 보았다는 장면이 마음에 깊이 와닿아 "주님, 저에게도 주님의 영광을 보여주세요. 저도 주님의 영광을 보고 싶습니다"라고 기도했습니다.

그 기도를 1년 동안 얼마나 간절히 드렸는지 모릅니다. 몇 시간씩 기도실에 머물며 이 기도만 반복했습니다. 그러나 시간이 흘러 12월이 되었는데도 아무런 응답이 없었습니다. 하나님이 정말 내 기도를 듣고 계신지, 나중에는 하나님이 정말 계신 분이 맞는지까지 의심하게 되었습니다. 그래도 기도를 멈추지 않았습니다.

그날도 새벽에 기도하고, 낮에도 기도하고, 저녁에 기도실에 가서도 기도했지만 아무런 응답이 없었습니다. 기숙사 취침 시간이 밤 11시였는데, 잠들기 전에 잠깐 기도하고 자려고 무릎을 꿇고 평소처럼 한마디만 기도했습니다.

"주님, 저에게 주님의 영광을 보여주세요."

그 기도를 마치자마자, 갑자기 강력한 빛이 제 몸을 비추기 시작했습니다. 눈을 감고 있었는데도 그 빛이 온몸으로 느껴질 정도로 강렬했습니다. 빛이 몸을 관통하는 것처럼 느껴졌고, 순간 '나 이러다 죽는 거 아니야?' 이런 생각이 들며 너무 무서웠습니다. 그래서 저도 모르게 "주님, 제가 잘못했어요. 용서해주세요. 살려주세요"라고 했습니다. 그때 이런 음성이 들렸습니다.

"이제 됐니?"

한 번도 들어본 적 없는 목소리였지만, 직감적으로 알 수 있었습니다. '아, 하나님이시구나.' 그 음성은 놀라울 만큼 따뜻했습니다. 그리고 몇 마디를 더 말씀하셨지만, 저는 너무 무서워 벌벌 떨며 용서를 구하느라 그 말을 다 듣지 못했습니다. 아주 짧은 시간에 일어난 일이었습니다.

눈을 떠보니 새벽 4시였습니다. 밤 11시에 무릎을 꿇고 기도했는데, 몇 분 사이에 5시간이 지나 있었습니다. 꿈을 꾼 것도 아니었습니다. 정신은 또렷했고, 너무도 분명한 경험이었습니다. 정말 간절히 기도하니 하나님께서 육성으로도 말씀하시더라는 것을 그때 알게 되었습니다. 그러나 분명한 것은, 하나님께서 육성으로 말씀하시는 일은 흔하지 않다는 사실입니다.

믿음의 조상 아브라함도 175년을 살면서 직접 하나님의 음성을 들은 것은 평생 여섯 번 정도였습니다. 본토 친척을 떠나라 부르실 때(창 12장), 자손이 별처럼 많아질 것이라 약속하실 때(창 15장), 할례 언약을 맺으실 때(창 17장), 이삭의 출생을 약속하실 때(창 18장), 소돔과 고모라의 멸망을 말씀하실 때(창 18,19장), 그리고 모리아 산에서 이삭을 제물로 바치게 하실 때(창 22장)입니다. 평균적으로 30년에 한 번꼴입니다. 믿음의 조상조차도 육성으로 하나님의 음성을 듣는 일은 매우 드물었습니다.

귀로 들리는 육성의 음성이 있기는 하지만, 그것이 하나님의 음성을 듣는 일반적인 방식은 아닙니다. 하나님의 음성을 듣는다는 것은 귀에 들리는 육성의 음성보다 하나님의 뜻을 알게 되는 것입니다. 하나님의 뜻이 무엇인지 분명히 알게 되는 것을 하나님의 음성을 듣는다고 표현하는 것입니다.

조금 더 쉽게 말해볼까요. 말씀을 듣다가, 기도하다가, 찬양을 부르다가 마음에 깊은 감동이 밀려올 때가 있습니다. 우리는 보통 그 순간을 두고 "은혜받았다"라고 말하는데, 이 표현은 사실 "하나님께서 내게 말씀하셨다"라는 말과 같은 의미입니다.

다시 한번 질문해보겠습니다. 요즘 은혜받은 말씀이 있습니까? 말씀이 마음에 찔리거나, 갑자기 확 들어온 적은 없으셨나요? 기도하거나 찬양하는데 이유 없이 눈물이 흐르거나, 복잡했던 마음이 한순간에 정리된 경험은 없으셨나요? 이렇게 묻는다면 "하나님의 음성을 들었습니까?"라고 물을 때보다 훨씬 많은 분이 고개를 끄덕이실 겁니다. 그런데 사실 이 두 질문은 같은 의미입니다.

> 요 8:47 하나님께 속한 자는 하나님의 말씀을 듣나니 너희가 듣지 아니함은 하나님께 속하지 아니하였음이로다

> 요 10:27 내 양은 내 음성을 들으며 나는 그들을 알며 그들은 나를 따르느니라

하나님의 음성은 특별한 사람만 듣는 것이 아닙니다. 예수님을 구주로 영접한 사람이라면 누구나 들을 수 있습니다. 신앙생활을 하다 보면, 어느 순간 하나님의 말씀이 내 마음에 화살처럼 날아와 꽂히는 경험을 하게 됩니다. 말씀 앞에서 가슴이 찔리기도 하고, 벅찬 감동이 밀려오기도 하고, 설명할 수 없는 확신에 사로잡히기도 합니다. 그것이 바로 하나님의 음성입니다. 다만 그것을 조금 다른 표현으로 말할 뿐입니다.

"목사님, 오늘 말씀에 은혜받았어요."

"말씀을 듣는데 꼭 제게 하시는 말씀 같았어요."

"기도하는데 마음이 뜨거워졌어요."

"찬양을 부르는데 눈물이 났어요."

"지난주에 들었던 말씀이 계속 생각나요."

이 모든 표현은 하나님의 음성을 들었다는 말과 같은 의미입니다. 그런데 "은혜받았다"와 "하나님의 음성을 들었다"라는 말은 느낌이 다릅니다. 의미는 같지만, 그 말씀을 대하는 우리의 태도는 달라집니다. 예를 들어, "이웃을 사랑하라는 말씀에 은혜받았습니다"와 "오늘 하나님께서 제게 '네 이웃을 사랑하라'라고 말씀하셨습니다" 중에서 어느 쪽이 그 말씀을 더 무겁게 받아들이게 될까요?

물론 '하나님의 음성'이라는 표현이 주는 신비주의적인 오해도 있습니다. 그러나 이 표현이 주는 분명한 유익도 있습니다. 그것은 성경 속의 하나님이 과거에 머무는 분이 아니라, 지금 내 삶의 현장에서 나에게 구체적으로 말씀하시는 살아 계신 하나님이심을 인식하게 해준다는 점입니다. 이 표현은 우리를 하나님과 동행하는 삶으로 이끌어줍니다.

하나님께서 말씀하시는 방법

그렇다면 하나님은 우리에게 어떻게 말씀하실까요? 하나님은 다양한 방법으로 말씀하시는데, 대표적으로 다섯 가지가 있습니다.

성경을 통해

성경을 읽다가 어느 구절이 내 마음에 깊이 와닿을 때가 있습니다. 설교를 듣는데 하나님께서 내게 직접 말씀하시는 것처럼 느껴질 때가 있습니다. 말씀을 읽다가 눈물이 나고, 회개가 나오고, 그 말씀이 꼭 나를 위해 기록된 것처럼 느껴질 때가 있습니다. 그것이 바로 하나님의 음성입니다.

제가 〈따라 하는 기도〉 사역을 처음 시작했을 때, 어떤 분이 저를 공격한 적이 있습니다. 남의 기도를 따라 하는 것이 무슨 기도냐며 영상을 찍어 올렸습니다. 처음 겪는 일이어서 마음이 참 힘들었습니다. 정중하게 설명해도 이분과 대화가 되지 않았습니다. 어떻게 해야 할지 몰라 기도하는데, 하나님께서 한 말씀을 제 마음에 떠오르게 하셨습니다.

요일 4:4 자녀들아 너희는 하나님께 속하였고 또 그들을 이기었나니 이는 너희 안에 계신 이가 세상에 있는 자보다 크심이라

그 말씀을 통해 하나님께서 제게 이렇게 말씀하시는 것 같았습니다. "재기야, 너를 공격하는 어떤 원수보다 너를 돕는 나 여호와가 훨씬 더 크단다."

그 순간 마음을 짓누르던 불편함이 사라졌습니다. '아, 하나님께서 알아서 하시겠구나'라는 확신이 들자 마음에 평안이 찾아왔습니다.

하나님은 이렇게 우리의 상황에 맞는 말씀을 보게 하시고, 듣게 하시고, 생각나게 하십니다. 그래서 평소에 성경을 많이 읽고, 암송하는 것이 중요합니다. 읽을 때나 외울 때는 크게 와 닿지 않아도, 그 말씀이 꼭 필요한 순간이 되면 성령께서 그 말씀을 떠올려 주십니다.

요즘 당신의 마음에 감동이 되는 말씀이 있습니까? 하나님은 지금도 성경을 통해 우리에게 말씀하고 계십니다.

생각을 통해

기도하다 보면 갑자기 성경 구절이 떠오르거나 특별한 감동이 밀려올 때가 있습니다. 어떤 사람이나 아이디어가 떠오르기도 하고, 하나의 이미지가 마음속에 그려지기도 합니다. 이때 이것을 단순한 우연으로 치부해서는 안 됩니다. 성령께서 우리의 생각을 통해 말씀하시기 때문입니다.

요 14:26 보혜사 곧 아버지께서 내 이름으로 보내실 성령 그가 너희에게 모든 것을 가르치고 내가 너희에게 말한 모든 것을 생각나게 하리라

성령님의 중요한 사역 가운데 하나가 예수님의 말씀을 생각나게 하시는 것입니다. 기도할 때 성령께서 생각을 통해 우리에게 말을 걸어오십니다. 물론 모든 생각이 다 하나님의 음성인 것은 아니므로 반드시 말씀의 검증을 거쳐야 하고, '이것이 내 생각일 수도 있다'라는 겸손함이 필요합니다.

그러나 저는 기도하다가 떠오른 생각을 성령께서 주시는 음성으로 믿고 순종해봅니다. 순종해보면 그것이 하나님의 뜻인지 아닌지가 드러납니다. 그래서 기도하다가 어떤 성도님이 생각나면 그 분을 위해 기도하고 짧은 메시지를 보내거나 연락해서 "잘 지내시죠? 혹시 무슨 일 있는 건 아니죠? 생각나서 연락드렸어요" 하고, 묵상했던 말씀이나 떠오르는 말씀을 함께 보내줍니다. 그러면 종종 이런 반응이 돌아옵니다.

"목사님, 어떻게 아셨어요? 꼭 결정적인 순간에 연락을 주시네요. 너무 신기해요."

최근에도 기도 중에 오래전 목양했던 한 형제가 갑자기 생각나서 그를 위해 기도하고 연락해 "괜찮니?"라고 물었더니 "목사님, 연락 주셔서 감사해요. 그런데 지금 아내가 이혼해달라고 해서 어떻게 해야 할지 모르겠어요"라고 말하더군요. 어린 아들이 하나 있는데, 도무지 길이 보이지 않는다고 해서 전화를 붙들고 그 형제를 위해 간절히 기도해주었습니다. 기도 후 그 형제가 묻습니다.

"목사님, 그런데 어떻게 아셨어요?"

제 앞길도 모르는 제가 뭘 알겠습니까. 다만 기도 중에 떠오른 생각이 있을 때, 그것을 주님이 주신 생각으로 믿고 순종했을 뿐입니다. 요즘 하

나님께서 당신의 생각 속에 떠오르게 하시는 아이디어나 계속 마음에 맴도는 사람이 있습니까? 아이디어가 떠오르면 주님의 말씀으로 받고 시도해보십시오.

우리의 마음을 통해

① 꿈과 소원

누가 시키지 않아도 마음이 가고 꼭 이루고 싶은 꿈이 있습니까? 밤을 새도 즐거운 소원이 있습니까? 그것이 하나님의 음성일 수 있습니다. 하나님은 우리 마음에 품은 꿈과 소원, 양심의 가책, 그리고 마음의 감동과 평안을 통해 말씀하십니다.

빌 2:13 너희 안에서 행하시는 이는 하나님이시니 자기의 기쁘신 뜻을 위하여 너희에게 소원을 두고 행하게 하시나니

어느 날 하나님께서 이사야서 61장의 말씀으로 가난한 자들을 위한 사역을 하라는 감동을 주셨습니다. 그래서 저는 자연스럽게 빈민 사역을 떠올렸는데 하나님께서 제 마음에 이런 생각을 주셨습니다.

"재기야, 이 땅에서 가장 가난한 자들은 바로 청년이야. 청년을 살려라. 청년이 살아나면 교회가 살아난다."

그때부터 청년을 살려야겠다는 뜨거운 소원이 제 안에 생겼습니다. 지난 20년 동안 이 한 부서에서 청년들과 함께 뒹굴며 살았습니다. 새벽 2시, 3시까지 밤새 상담하고 기도했고, 방학 두 달 동안 열 번 넘게 MT와 수련회, 전도와 선교를 다녔습니다.

객관적으로 보면 정말 고된 사역이었는데 그 시간이 힘들거나 부담스

럽지 않고 너무 즐겁고 행복했습니다. 누가 시켜서 한 일이 아니라, 제가 좋아서 한 일이었습니다. 하나님께서 제 안에 청년들을 살려내고 싶다는 소원을 주신 것입니다. 이 소원을 품으니, 내가 잘하느냐 못하느냐는 중요하지 않았습니다. 할 수 있느냐 없느냐도 문제가 되지 않았습니다. "해야 하느냐?" 이것만 남았습니다. 내 안에서 불처럼 일어나는 소원, 이것이 하나님의 음성입니다.

사역 현장에서 이런 음성을 듣고 살아가는 분들을 자주 만납니다. 제가 섬겼던 교회의 한 장로님은 한의사이신데, 20년이 넘도록 매 주일 같은 자리에서 교회 주차 안내를 하셨습니다. 비가 오나 눈이 오나 늘 그 자리에 계셨고, 그 일을 힘들어하지 않으셨습니다. 오히려 성도들의 차량이 원활하게 소통되는 모습을 보며 기뻐하셨습니다.

얼마 전 소천하셨는데, 그날도 아침 일찍 오셔서 가장 먼저 담임목사님을 맞이하고, 마지막까지 주차 안내를 하셨습니다. 그리고는 잠든 것처럼 하나님나라에 가셨습니다. 누가 시켜서 할 수 있는 일이 아닙니다. 하나님께서 주신 소원이 있었기 때문에 가능한 삶이었습니다.

또 의사이신 한 집사님 가정은 매년 두 곳의 신학교를 직접 찾아가 해외에서 온 신학생들의 예방 접종을 무료로 해주십니다. 선교사님들이 오시면 무료로 건강 진료를 해주시고, 장애우가 있는 가정은 병원 가는 것조차 어렵다며 교회의 모든 장애우 가정을 위해 사비로 예방 접종을 해주십니다.

"집사님, 정말 대단하세요" 하면 늘 같은 대답을 하십니다.

"목사님, 저희가 좋아서 하는 거예요. 섬길 수 있어서 너무 행복해요."

보통은 돈을 받으면 기뻐하는데, 이분들은 돈을 쓰면서 기뻐합니다. 섬기는 것 자체가 즐거운 것입니다. 이것이 하나님의 음성입니다.

하나님은 지금도 우리 마음에 품은 소원을 통해 말씀하십니다. 지금 당신의 마음을 설레게 하는 일은 무엇입니까? 자꾸만 마음이 가고, 손해를 봐도 기쁘고, 생각만 해도 가슴이 뛰는 일이 있습니까? 그것을 우연으로 여기지 마세요. 하나님께서 당신의 마음을 향해 말씀하고 계신 것입니다.

② 양심의 가책

사도 바울의 마음속에는 커다란 돌덩어리가 짓누르는 것 같은 고통이 있었습니다. 복음을 모르는 자기 동족을 향한 안타까움이었습니다. 그는 자신이 저주를 받아 버려질지라도, 동족이 예수님을 믿을 수 있다면 그렇게 하겠다고 말하며 이렇게 고백합니다.

롬 9:1 내가 그리스도 안에서 참말을 하고 거짓말을 아니하노라 나에게 큰 근심이 있는 것과 마음에 그치지 않는 고통이 있는 것을 내 양심이 성령 안에서 나와 더불어 증언하노니

성령께서 바울의 양심을 통해 계속 외치시는 것입니다.

"네 가족을 살려야 한다. 네 동족을 살려야 한다. 무슨 수를 써서라도 반드시 살려내야 한다."

복음을 알고 나니, 양심상 가만히 있을 수 없었던 것입니다. 하나님은 성령 안에서 거듭난 우리의 양심을 통해 말씀하십니다.

살다 보면 '이건 아닌데', '이렇게 하면 안 되는데'라는 마음이 들 때가 있습니다. 배우자에게 짜증을 내고 자녀에게 화를 내고 나면 마음이 불편해집니다. 그때 버티지 말고 얼른 사과하십시오. 그 불편함이 하나님의 음성입니다.

예전에는 교회에 찬양집을 비치해두었는데, 아무리 많이 사도 몇 달

이 지나면 거의 남아 있지 않았습니다. 그 책을 집으로 가져간 성도들은 집에 두고 볼 때마다 마음 한구석이 불편했을 것입니다. 그것이 하나님의 음성입니다. 기도해야 한다는 걸 알면서도 기도 모임에는 가기 싫고, 놀러 가자는 말에는 일정까지 취소하고 나갔다가 돌아오면 마음이 찝찝해집니다. 그것이 하나님의 음성입니다.

양심은 하나님께서 우리 안에 두신 영혼의 나침반입니다. 이 나침반은 언제나 죄를 등지고 하나님을 향하도록 설계되어 있습니다. 중요한 것은 하나님께서 이 나침반으로 우리를 정죄하고 무너뜨리시는 게 아니라 교정해주신다는 사실입니다. 요즘 당신의 양심을 찌르는 것은 무엇입니까? 하나님은 거듭난 양심을 통해 지금도 끊임없이 말씀하고 계십니다.

③ 마음의 평안

빌 4:6,7 아무것도 염려하지 말고 다만 모든 일에 기도와 간구로, 너희 구할 것을 감사함으로 하나님께 아뢰라 그리하면 모든 지각에 뛰어난 하나님의 평강이 그리스도 예수 안에서 너희 마음과 생각을 지키시리라

"모든 지각에 뛰어난"은 우리의 논리와 계산을 뛰어넘는다는 뜻입니다. 상식적으로는 불안한 것이 맞고, 수치상으로는 계산이 나오지 않는데, 기도하고 나면 말로 설명할 수 없는 평안이 임할 때가 있습니다. 그 논리를 뛰어넘는 평강이 하나님의 음성입니다.

저희 가족이 이사를 앞둔 시기에 아들 산이의 전학 결과가 이사 날짜보다 늦게 나오게 되었습니다. 전학이 될지 안 될지도 모르는 상태에서 이사를 결정해야 하니, 계산이 전혀 맞지 않았습니다. 그런데 이 문제를

놓고 간절히 기도하는 가운데, 하나님께서 저와 제 아내의 마음에 평안을 주셨습니다. 학교는 아직 결정되지 않았지만 '하나님께서 인도하시겠구나'라는 확신이 들자 마음은 평안했고, 그래서 결과가 나오기 전이었지만 이사를 결정했습니다. 그리고 하나님께서 전학이 되도록 길을 열어주셨습니다.

중요한 결정을 앞두고 있다면, 먼저 기도의 자리로 나아가 자신의 마음을 들여다보십시오. 조건은 완벽한데 마음이 계속 불안하다면 하나님께서 멈추라는 신호를 주고 계신 것일 수 있습니다. 반대로 상황은 어려워 보여도 마음에 평안이 있다면, 그것을 하나님의 음성으로 알고 순종해보십시오. 하나님은 마음의 평안으로 우리의 걸음을 인도하십니다.

상황을 통해

사도행전 16장을 보면, 바울이 2차 선교 여행을 시작하며 소아시아(튀르키예) 지역으로 갈 계획을 세웠는데 성령께서 그 길을 막으십니다. 이후 비두니아(튀르키예 북서부)로 가려는 길 또한 막힙니다. 그러던 중 환상 가운데 마게도냐(그리스) 사람이 나타나 "마게도냐로 건너와서 우리를 도우라"라고 간청하는 모습을 보게 됩니다. 바울은 이것을 하나님의 음성으로 듣고 마게도냐로 건너갑니다. 그리고 마게도냐의 빌립보에서 루디아라는 사업가를 만나 복음을 전하는데, 이것이 복음이 유럽에 들어가는 결정적 계기가 됩니다.

살다 보면 계획하지 않았던 일이 일어나고, 의도하지 않았던 방향으로 상황이 흘러가기도 합니다. 하나님은 바로 그 상황과 환경을 통해서도 말씀하십니다. 내 계획이 막힌다는 것은 지금 하나님의 계획이 이루어지고 있다는 싸인일 수 있습니다.

저 역시 그런 시간을 지나왔습니다. 지구촌교회 사역을 내려놓고 1년간 안식년을 보내며, 이후 사역의 방향을 놓고 기도하는데 길이 전혀 보이지 않았습니다. 코로나 시기라 교회를 개척하는 것도 쉽지 않았고, 청빙 요청이 오는 곳도 없었습니다. 아무리 기도해도 답이 보이지 않았습니다.

그때 제 아내가 경제적인 이유로 조급하게 사역지를 결정하지 말고 하나님께서 인도하시는 곳에서 행복하게 사역했으면 좋겠다면서 1년 더 시간을 갖고 주님의 인도하심을 기다리자고 말해주었습니다. 그 말에 1년을 더 기다리기로 했고, 그 후 규장의 대표님을 만나 책을 내게 되었습니다. 대표님이 제게 앞으로의 계획을 물으셨을 때 저는 개척도 좋고 청빙도 좋고, 하나님이 인도하시는 대로 따르겠다고 대답했는데 대표님이 이렇게 말씀하셨습니다.

"목사님, 하나님께서 지금 목사님의 유튜브에 사람들을 보내고 계시는데 왜 딴생각을 하세요. 취미로 하지 마시고 사역처럼 하세요."

그 말을 듣는 순간, 그동안 닫혀 있던 시간과 상황들이 한 번에 해석되었습니다. '아, 그래서 하나님께서 이 모든 길을 막으셨구나!' 그 이후로 유튜브를 사역처럼 붙들었고, 그렇게 여기까지 오게 되었습니다.

하나님은 우리의 상황을 통해 말씀하십니다. 그러니 눈에 보이는 상황만 보지 말고, 그 상황의 배후에서 역사하시는 하나님의 의도를 해석할 수 있어야 합니다.

교회를 통해

벧전 4:11 만일 누가 말하려면 하나님의 말씀을 하는 것같이 하고 …

이 말씀은 단지 설교자에게만 주신 말씀이 아닙니다. 공동체 안에서 지체들이 서로 나눌 때 하나님의 말씀을 전하는 것처럼 말하라는 뜻입니다. 동시에, 지체의 말을 들을 때 하나님의 음성을 듣는 것처럼 들어야 한다는 의미이기도 합니다. 하나님은 교회의 지체들을 통해 그분의 마음을 전해주십니다.

2022년 연말은 제 인생에서 손에 꼽을 만큼 힘든 시간이었습니다. 어디에 털어놓기도 쉽지 않았습니다. 그렇게 석 달 정도가 지났을 때, 한 목사님에게 제 상황을 솔직하게 나누게 되었는데 그 목사님은 다 들은 뒤, 마지막으로 이 말씀 한 구절을 들려주셨습니다.

애 3:33 주께서 인생으로 고생하게 하시며 근심하게 하심은 본심이 아니시로다

"장 목사, 우리 인생에 고난이 있지. 왜 주님이 이런 일을 허락하셨을까 생각이 들기도 해. 그런데 우리가 고난당하는 것이 주님의 본심은 아니래."

그 말이 제게 하나님의 음성으로 들렸습니다.

"재기야, 지금은 힘들지만 네가 버림받은 것은 아니야. 네 인생이 이렇게 끝나지 않아."

그 말이 얼마나 큰 위로가 되었는지 모릅니다. 그리고 '주님의 본심은 아니지만 허락하신 고난이라면, 지금은 알 수 없어도 분명한 뜻이 있겠구나'라는 생각이 들었습니다.

우리가 고난 가운데 있을 때 하나님은 믿음의 형제자매들을 통해 우리에게 말씀하십니다. 그래서 소그룹 모임이 중요합니다. 소그룹은 마음 맞고 수준 맞는 사람들끼리 시간을 보내는 자리가 아니라 하나님의 음성을 듣는 자리입니다. 그래서 소그룹 나눔 시간에 집사님이 말할 때,

그저 집사님의 이야기라고 생각하지 말고 '하나님께서 오늘 이분을 통해 내게 무엇을 말씀하실까' 하고 기대하며 들어보십시오. 성령께서 역사하시면, 지극히 평범한 대화가 하나님의 음성으로 들립니다. 모임을 마치고 나면, 마치 하나님을 만나고 온 것 같은 느낌이 남습니다. 이것이 교회입니다.

하나님은 교회 공동체를 통해 지금도 우리에게 말씀하십니다. 최근 지체들과의 나눔 가운데 마음에 깊이 와닿았던 말이 있습니까? 그것이 바로 하나님의 음성입니다.

하나님의 음성을 듣기 위한 세 가지 지침

하나님은 이렇게 다양한 방법으로 말씀하시지만, 실제로 우리가 하나님의 음성을 듣기 위해 중요한 것이 세 가지 있습니다.

하나님 앞에서 침묵하기

하나님께서 사도 요한에게 말씀하실 때, 나팔 소리처럼 큰 음성으로 말씀하십니다.

계 1:10 주의 날에 내가 성령에 감동되어 내 뒤에서 나는 나팔 소리 같은 큰 음성을 들으니

사도 요한이 이 음성을 들은 곳은 로마 제국에 의해 유배된 밧모섬이었습니다. 세상의 눈으로는 모든 소망이 끊어진 절망적인 자리였지만 요한의 영적 상태는 "주의 날에 성령에 감동되어" 있었습니다. 환경은 고립과 절망이었지만, 영은 하나님의 임재에 깊이 잠겨 있던 그때 하나

님은 나팔 소리 같은 큰 음성으로 말씀하셨습니다. 성경에서 나팔 소리는 왕의 행차나 전쟁의 시작처럼, 절대 놓쳐서는 안 될 중대한 선포를 의미합니다. 하나님은 고난 가운데 있는 요한을 흔들어 깨우시듯 말씀하신 것입니다.

"요한아, 이 말씀은 절대 놓치지 마라. 내가 반드시 속히 오리라."

반면, 엘리야가 하나님의 음성을 들은 장면은 정반대의 모습입니다. 갈멜산에서 850대 1의 대승을 거두었던 엘리야는 이세벨의 위협에 광야로 도망칩니다. 그는 영적으로 완전히 탈진하여 차라리 죽여달라고 울부짖습니다. 하나님은 그런 엘리야를 책망하지 않으시고, 먹이고 재우신 뒤 호렙산으로 부르십니다. 그리고 그에게 말씀하시는데, 그 방식이 놀랍습니다.

> 왕상 19:11,12 여호와께서 이르시되 너는 나가서 여호와 앞에서 산에 서라 하시더니 여호와께서 지나가시는데 여호와 앞에 크고 강한 바람이 산을 가르고 바위를 부수나 바람 가운데에 여호와께서 계시지 아니하며 바람 후에 지진이 있으나 지진 가운데에도 여호와께서 계시지 아니하며 또 지진 후에 불이 있으나 불 가운데에도 여호와께서 계시지 아니하더니 불 후에 세미한 소리가 있는지라

바람과 지진과 불은 하나님의 임재를 상징합니다. 오순절 마가의 다락방에도 바람과 불로 성령이 임하셨습니다. 그런데 이 장면에서 하나님은 그런 방식 대신 "세미한 소리"로 말씀하십니다. '세미하다'는 히브리어로 침묵에 가까운 아주 가느다란 소리를 뜻합니다. 하나님은 지쳐 있던 엘리야에게 귓속말처럼 아주 낮고 부드럽게 다가와 말씀하셨습니다.

하나님은 우리에게 말씀하지 않는 분이 아닙니다. 때로는 나팔 소리처럼 크게, 때로는 숨소리처럼 작게 말씀하십니다. 문제는 하나님이 침묵하시는 게 아니라, 우리가 그 소리를 들을 준비가 되어 있지 않다는 것입니다.

예배당에서 좋은 소리를 듣기 위해서는 스피커 성능도 중요하지만 그보다 더 중요한 것이 차음(遮音), 즉 외부의 소음을 얼마나 잘 차단하느냐는 것입니다. 아무리 스피커 성능이 좋아도 밖에서 공사 소리나 자동차 소리가 그대로 들어오면 소용이 없습니다. 같은 노래라도 양동이를 쓰고 부르면 더 또렷하게 들리듯, 외부 소음이 차단될 때 소리는 분명해집니다.

하나님의 음성을 듣지 못하는 이유는 하나님께서 말씀하지 않기 때문이 아니라 주변의 소음이 너무 크기 때문입니다. 휴대폰 소리, 인터넷 소리, 넷플릭스 소리, SNS 소리, 그리고 우리 안에서 끊임없이 쏟아져 나오는 조급함과 불안함의 소음이 하나님의 음성을 덮어버립니다.

마귀는 하나님의 음성을 듣지 못하게 하려고 우리를 분주하고 시끄럽게 만듭니다. 그래서 하나님의 음성을 듣기 위해서는 먼저 조용히 침묵해야 합니다. 그 침묵 속에서 하나님께 구체적으로 묻는 것입니다.

"주님, 왜 제 마음이 이렇게 불안할까요?"

"주님, 제가 놓치고 있는 것이 무엇인가요?"

"주님은 무엇이 더 좋으세요?"

이렇게 질문하기 시작하면, 그동안 그냥 지나쳤던 일들과 상황들이 해석되기 시작합니다. 하나님은 말씀을 통해, 생각을 통해, 마음을 통해, 상황을 통해, 공동체를 통해 다양하게 응답하십니다.

가능하다면, 짧게라도 기록하십시오. 기록하지 않으면 감동은 금방 사라지고, 순종은 쉽게 미뤄집니다. 기록은 하나님의 음성을 신비의 영역에 머물게 하지 않고, 순종의 영역으로 옮겨주는 가장 강력한 도구입니다. 이제 세상의 소리를 차단하고, 주님께 묻고, 주님의 음성에 순종하는 삶으로 나아가시기를 축복합니다.

하나님의 말씀으로 분별하기

하나님의 음성을 들을 때 우리가 가장 많이 고민하는 질문이 있습니다. '지금 이 생각이 하나님이 주신 생각일까, 내 생각일까, 아니면 사탄이 주는 생각일까'라는 것입니다.

요일 4:1 사랑하는 자들아 영을 다 믿지 말고 오직 영들이 하나님께 속하였나 분별하라 많은 거짓 선지자가 세상에 나왔음이라

성경은 영을 다 믿지 말고 분별하라고 말씀합니다. 지금 내가 들은 이 음성이 하나님의 음성인지, 마귀의 음성인지 분별하라는 것입니다. 그 분별의 기준은 바로 하나님의 말씀입니다. 하나님의 말씀이 우리가 붙들어야 할 가장 중요한 기준인데 우리가 성경 66권 전체를 다 알고 즉각적으로 적용하기는 쉽지 않습니다. 그래서 조금 더 쉽고 분명하게 점검할 수 있는 세 가지 기준을 제시하고 싶습니다.

① 첫 번째 기준 : 하나님의 성품과 일치하는가

하나님의 음성은 반드시 그분의 성품과 어울립니다. 만약 들은 음성이 하나님의 성품과 맞지 않는다면, 그것은 하나님의 음성이 아닙니다.

예를 들어 사업을 하는 과정에서 거짓말을 해야 이익을 얻는 상황이 생겼다고 합시다. 기도했더니 '괜찮아, 이 정도 거짓말은 해도 돼. 이 정도도 안 하고 사업하는 사람이 어디 있어. 다 그렇게 하는 거지'라는 생

각이 들었다면, 그것은 하나님의 음성이 아닙니다. 거룩하신 하나님께서 거짓말해서 돈을 벌라고 말씀하실 리가 없기 때문입니다.

하나님의 음성은 거룩합니다. 진실합니다. 사랑이 있습니다. 그래서 내가 들은 음성이 하나님의 성품과 맞는지, 거룩한지, 진실한지, 사랑이 있는지 점검해야 합니다.

② 두 번째 기준 : 하나님과의 관계를 더 좋게 하는가

하나님의 음성은 언제나 우리를 하나님께 더 가까이 이끕니다. 만약 어떤 생각이나 음성이 하나님과의 거리를 멀어지게 한다면, 그것은 하나님의 음성이 아닙니다.

'지금은 공부가 더 중요해. 예배는 평생 드릴 수 있잖아. 1년쯤 예배 빠진다고 무슨 일 생기겠어? 학생은 공부부터 열심히 해야지' 이런 마음이 들었다면, 이것은 하나님의 음성일까요, 아니면 다른 음성일까요? 물론 부모님이 이런 말을 했다고 해서 부모님이 마귀라는 뜻은 아닙니다. 그러나 이 생각이 나를 하나님에게서 멀어지게 만든다면 그것은 하나님의 음성이 아닙니다.

어떤 이성을 만났는데 너무 좋고, 하나님이 보내주신 사람 같다는 생각이 듭니다. 그런데 그 만남 이후로 기도 시간이 점점 줄어들고, 예배에 소홀해지고, 큐티를 멀리하게 된다면 과연 그 만남이 하나님께서 허락하신 만남일까요? 하나님과의 관계를 약하게 만드는 것은 하나님의 음성이 아닙니다.

③ 세 번째 기준 : 하나님의 형상을 회복하게 하는가

하나님의 음성은 우리를 더욱 나답게 만들고, 우리 안에 깨어진 하나님의 형상을 회복시킵니다. 만약 어떤 음성을 들었는데 자존감이 무너지고, 내가 미워지고, 사람들이 싫어지기 시작한다면 그것은 하나님의 음성이 아닙니다.

"너는 역시 안 돼."

"네가 뭘 할 수 있겠어."

"저 사람은 너랑 안 맞아. 굳이 용서할 필요 없어."

이런 소리는 하나님의 형상을 회복시키는 소리가 아니라 파괴하는 소리입니다. 하나님의 음성이 아닙니다.

정리하면, 하나님의 음성은 하나님의 성품과 어울리고, 하나님과의 관계를 더 깊게 만들며, 우리 안에 있는 하나님의 형상을 회복시킵니다. 이 세 가지 기준으로, 내가 듣고 있는 이 음성이 정말 하나님께로부터 온 것인지 분별하면 됩니다.

또 반드시 기억해야 할 기준이 있습니다. 하나님의 음성은 사람을 자유하게 합니다. 만약 내가 전한 말이 상대방을 정죄하거나 두려움에 빠지게 한다면, 그것은 하나님의 음성이 아닙니다. 또 아무리 맞는 말일지라도 때와 방법이 잘못되었다면, 그것 또한 하나님의 인도하심이 아닐 수 있습니다. 하나님의 음성은 언제나 사람을 살리고, 사람을 세웁니다. 우리는 결코 하나님의 자리에 서서는 안 됩니다. 하나님의 사랑을 조심스럽게 전달하는 통로가 되어야 합니다.

틀려도 괜찮다는 마음 갖기

주님은 "내 양은 내 음성을 안다"라고 말씀하셨는데, 양이 어떻게 주인의 음성을 알게 되었을까요. 어느 날 갑자기 저절로 알게 된 것이 아닙니다. 주인의 음성을 수없이 듣고, 때로는 착각도 하면서, 그 목소리에 익숙해진 것입니다. 우리도 처음부터 단번에 하나님의 음성을 완벽하게 알아들을 수 없다는 사실을 인정해야 합니다. 틀려도 괜찮습니다. 틀릴 기회를 주고, 실패할 시간을 줘야 합니다.

어린 사무엘도 그랬습니다. 사무엘이 누워 자려고 할 때 하나님께서 세 번이나 부르셨지만, 사무엘은 그것이 하나님의 음성인지 알지 못했습니다. 엘리 제사장의 도움을 받고 나서야 비로소 하나님의 음성에 반응하는 법을 배웠습니다. 누구나 처음에는 서툽니다. 하나님의 음성은 틀리면서 배우는 것입니다.

중요한 것은 무엇일까요. 하나님의 음성이라는 생각이 들었다면, 틀려도 괜찮으니 일단 작은 것부터 순종해보는 것입니다. 순종해봐야 이것이 하나님의 음성인지, 내 생각인지 알게 됩니다. 이 실전 경험이 쌓여야 분별력이 생깁니다. 하나님의 음성이라고 생각하고 순종했는데 아니면 어떡할까요? 괜찮습니다. 아니면 아니라는 것을 알게 된 것입니다. 이 과정이 반복되다 보면, 어느 순간 이 생각이 내 생각인지 하나님이 주신 생각인지 구별하는 영적인 감각이 생깁니다.

하나님 음성 듣기에 대한 마지막 당부

듣는 것보다 순종이 중요하다

중요한 것은 하나님의 음성을 듣는 그 자체가 목적이 되어서는 안 된다는 점입니다. 들은 말씀에 순종하는 것이 목적이 되어야 합니다.

약 1:22 너희는 말씀을 행하는 자가 되고 듣기만 하여 자신을 속이는 자가 되지 말라

우리에게 필요한 것은 새로운 음성을 듣는 것보다 이미 들었던 음성

에 순종하는 것입니다. 듣기만 하고 순종하지 않으면 나중에는 귀가 닫혀버립니다. 우리는 이미 하나님께 받은 말씀이 있습니다.

"아무것도 염려하지 말라. 항상 기뻐하라. 쉬지 말고 기도하라. 범사에 감사하라. 네 이웃을 네 몸과 같이 사랑하라. 신령과 진정으로 예배하라. 때를 얻든지 못 얻든지 항상 복음을 전파하라. 기뻐하는 자와 함께 기뻐하고, 우는 자와 함께 울라…"

우리는 이미 너무도 분명한 하나님의 음성을 들었습니다. 이 말씀에 순종해야, 하나님의 음성만 쫓아다니는 신비주의적인 신앙에 빠지지 않고, 건강하고 생명력 있는 신앙생활을 할 수 있습니다.

지도, 나침반, 항로의 일치

하나님의 음성을 따라갈 때 주의해야 할 것이 또 하나 있습니다. 하나님의 음성을 듣는 것은 마치 망망대해를 항해하는 배와 같습니다. 우리에게는 성경이라는 지도가 있고, 생각과 마음과 상황이라는 나침반이 있으며, 교회 공동체라는 안전한 항로가 있습니다. 이 세 가지가 일치할 때 안전하게 항해할 수 있습니다. 지도에도 없는 곳으로 가라고 하거나, 나침반이 가리키지 않는 곳으로 가라고 한다면, 그것은 하나님의 인도가 아닙니다.

또 내 뜻과 하나님의 뜻이 충돌할 때, 하나님의 뜻에 순종하겠다는 마음이 없다면 그것은 하나님의 음성이 아니라 내 욕심일 가능성이 큽니다. 그리고 하나님의 음성을 들었다고 하면서 공동체의 질서를 깨뜨려서는 안 됩니다. 교회는 하나님의 몸입니다. 하나님은 몸 된 교회를 세우는 것을 중요하게 여기십니다.

기도하다가 누군가가 생각나서 내가 받은 마음을 전할 때는 매우 신중해야 합니다. "하나님께서 집사님에게 이렇게 하라고 하십니다"라는 식의 단정적인 표현은 매우 위험합니다. 대신 "제가 기도하는 중에 이런 마음이 들었습니다. 혹시 하나님이 주시는 마음인지 집사님도 한번 점검해보세요" 이 정도면 충분합니다. 상대방이 스스로 하나님 앞에서 분별할 수 있는 여지를 주어야 합니다.

하나님은 침묵 속에서 말씀하시고, 말씀으로 분별하게 하시며, 순종을 통해 확신을 주십니다. 경청기도를 통해 살아 계신 하나님과 대화하며, 생동감 넘치는 신앙의 기쁨을 누리게 되기를 축복합니다. 오늘부터 이렇게 기도해보시기 바랍니다.

"주님, 제가 주님의 말씀에 귀 기울입니다. 제게 말씀해주세요. 주님이 말씀하시면 순종하겠습니다."

매일 30분 따라 하는 기도

CHECK	차수	날짜	QR코드	영상 제목
☐	Day 1			하나님의 음성을 듣는 기도
☐	Day 2			고난의 시간에 하나님의 음성을 듣는 기도
☐	Day 3			마음이 불안할 때 드리는 기도
☐	Day 4			스트레스로 지칠 때 드리는 기도
☐	Day 5			삶이 힘들 때 드리는 기도
☐	Day 6			자신을 사랑하는 기도
☐	Day 7			결정해야 할 때 드리는 기도

* 한 기도문을 3번 반복해서 따라 기도하고 개인기도 시간을 가진 후 체크하세요.

10

내 삶을 바꾸는 감사기도

시편 9:1

제가 부천의 한 교회에서 집회할 때, 장로님 한 분이 제 손을 꼭 잡고 "목사님, 따라 하는 기도 덕분에 제가 살았어요"라고 말씀하셨습니다. 이분은 코로나 시기에 운영하던 사업체 두 곳 모두 파산 신청을 할 만큼 어려운 시간을 보내고 계셨다고 합니다. 그때 우연히 '따라 하는 기도'를 알게 되었고, 그 기도를 따라 하면서 포기하지 않고 버틸 수 있었다는 것입니다. 제 손을 붙잡고 몇 번이나 감사하다고 인사를 하시는데, 오히려 제가 더 위로를 받았습니다.

누군가에게 "감사합니다"라는 고백을 받아본 적이 있으신가요? 살면서 이런 말을 들어보셨을 겁니다.

"장로님, 정말 감사해요. 장로님 덕분에 제 삶이 변했어요."

"집사님, 너무 감사해요. 집사님이 없었다면 저는 포기했을 거예요."

감사는 감동을 불러온다

제게 감사하다며 찾아온 친구 중에 기억에 남는 한 자매가 있습니다. 그 자매에게 힘든 일이 있어서 상담을 몇 번 해줬는데, 하루는 교회에서 마주쳐 반갑게 인사를 나눴습니다. 그런데 그 자매가 뭔가 말하고 싶은 눈치인데 말은 못 하고 사무실 앞 복도만 왔다 갔다 하고, "무슨 일 있니?" 하고 물어도 "아, 아니에요"라고 그럽니다.

한참이 지났는데도 사무실 복도를 왔다 갔다 하길래 "무슨 일이야?" 하고 물어봤더니 그 자매가 "저⋯ 목사님" 하면서 쭈뼛쭈뼛 가방에서 파스 2장을 꺼내서 내밀었습니다. 웬 파스냐고 물었더니 쑥스러워하며 "목사님, 허리가 아프시다는 이야기 듣고 사 왔어요" 하는 거였습니다. 고마운 마음에 제게 뭐라도 감사하고 싶어서 사 왔는데 막상 파스 2장을 꺼내려니 조금 부끄러웠나 봐요.

그 파스를 받아 들고 사무실 자리에 앉았는데 눈물이 났습니다. 진심으로 감사하는 그 자매의 마음이 마치 두 렙돈을 드린 여인의 마음처럼 느껴졌습니다. 지금까지도 저는 '감사' 하면 파스 2장을 가지고 왔던 그 자매가 생각납니다. 감사가 감동을 불러옵니다.

제 아들이 여섯 살 때 어버이날이라고 카드를 써 왔습니다.

"엄마, 아빠, 감사해요. 산이가."

글씨도 삐뚤빼뚤하고 내용도 단순합니다. 아마 선생님이 불러주는 대로 썼을 겁니다. 그런데 그 카드를 받았을 때 얼마나 감동이 되던지요. 그러면서 이런 결심이 들었습니다.

'내가 이 아이에게 더 좋은 아빠가 되자.'

부족한 인간도 감동을 받으면 이렇게 결심하는데, 전능하신 하나님께서 감동을 받으시면 어떠시겠습니까. '그래, 내가 더 좋은 아빠가 되어야지. 내가 더 좋은 하나님이 되어야지' 그렇게 생각하시지 않겠습니까. 하나님을 감동시키면 인생은 게임 끝입니다.

우리가 어떻게 하나님을 감동시킬 수 있을까요? 우리의 작은 재능과 성취로 어떻게 그 크신 하나님을 감동시킬 수 있겠습니까. 그런데 방법이 있습니다. 바로 감사입니다. 하나님을 감동시키기 위해 무엇을 더 하는 것이 아니라, 하나님께서 이미 우리를 위해 하신 일을 인정하고 감사할 때 하나님은 감동받으십니다.

삶을 천국으로 바꾸는 감사기도

이스턴워싱턴대학 심리학과 필립 왓킨스 교수는 감사를 '내게 좋은 일이 있다는 것과 그 좋은 일이 외부로부터 왔다는 것을 인정할 때 느끼는 감정'으로 정의했습니다. 자기에게는 좋은 일이 하나도 없다고 생각하고, 그나마 있는 좋은 일도 전부 자기가 노력한 결과라고 여기는 사람은 감사할 수 없습니다. 감사는 내게 좋은 일이 있다는 것, 그리고 그 일이 나 자신이 아니라 하나님으로부터 왔다는 것을 인정할 때 시작됩니다.

강준민 목사님은 "질투는 남이 받은 것을 세어보는 것이고, 감사는 내가 받은 것을 세어보는 것"이라고 말씀하셨습니다. 아무리 감사할 것이 많아도 남이 받은 것을 세기 시작하는 순간 감사는 사라지고 질투만 남습니다. 그러나 내가 받은 것을 세기 시작하면 내 삶은 천국이 됩니다. 감사기도는 지옥 같은 우리의 삶을 천국으로 바꾸는 기도입니다.

자녀들이 왜 불행하다고 느낄까요? 부모가 못 해줘서가 아닙니다. 해준 것은 당연하게 여기고, 못 해준 것만 기억하기 때문입니다. 아무리 사랑을 많이 받아도, 자기가 사랑받고 있다는 사실을 느끼지 못하면 불행합니다. 사랑을 많이 받은 사람보다 사랑받고 있다고 느끼는 사람이 더 행복합니다.

하나님의 사랑도 마찬가지입니다. 하나님께서 우리를 사랑하시는 것도 중요하지만, 우리의 삶이 천국이 되는 순간은 내가 하나님의 사랑을 받고 있다는 사실을 알고 감사할 때입니다. 천국은 하나님의 임재가 있는 곳입니다. 시편 기자는 감사함으로 그 문에 들어가라고 말합니다(시 100:4). 감사는 천국의 문을 여는 열쇠입니다. 지금 내 상황이 어떠하든 상관없습니다. 삶이 아무리 고단하고 힘들어도, 입술에서 감사가 시작되는 순간 내 삶은 천국이 됩니다.

우리나라의 행복 지수는 OECD 38개국 중 35위이고, 자살률은 압도적 1위라고 합니다. 우리는 지금 행복을 잃어버린 불안의 시대를 살고 있습니다. 앞이 막막하고 끝까지 살아낼 자신이 없다고 말합니다. 혼자만 뒤처진 것 같고, 어둠이 금방이라도 자신을 삼킬 것 같다고 느낍니다. 불안해서 잠을 이루지 못하고, 정신적으로 무너지는 분들이 너무 많습니다. 이 불안을 잠재울 가장 강력한 해독제가 바로 감사기도입니다.

"감사할 줄 모르는 사람을 벌하는 법은 없다. 감사할 줄 모르는 삶 자체가 벌이기 때문이다."

법학자 라이피 곱스의 말입니다. 감사를 잃어버린 삶은 그 자체로 지옥입니다. 그러나 감사를 선택하는 순간, 그 어디든 하늘나라가 됩니다.

몇 년 전, 허리 디스크 시술을 받고 며칠 동안 집에 누워 있던 적이 있습니다. 허리가 아프니 앉아서 밥 먹는 것도, 화장실에 가는 것도 힘들었습니다. 그런데 몸보다 더 힘든 것은 마음이었습니다. 집안일을 돕지 못해 아내에게 미안하고, 안아달라는 아들을 안아주지 못해 미안하고, 제 빈자리를 대신해 사역하는 교역자들에게도 미안했습니다.

집에 있어본 사람은 압니다. 누가 뭐라고 하지 않아도, 집에 있다는 사실만으로 눈치가 보이고 마음이 무거워집니다. 그러다 보니 '왜 나는 이럴까, 왜 관리를 못 했을까, 왜 이렇게 약하게 태어났을까' 하고 온갖 원망과 자책이 밀려옵니다. 그리고 '이러다 평생 이렇게 사는 거 아니야?'라는 생각이 마음을 가장 괴롭혔습니다. 그렇게 생각의 씨름을 하고 있는데, 주님께서 제게 이렇게 말씀하시는 것 같았습니다.

"재기야, 이제 그런 생각 그만하고 그냥 감사해."

그때 빌립보서 4장 6절 말씀이 떠올랐습니다.

아무것도 염려하지 말고 다만 모든 일에 기도와 간구로, 너희 구할 것을 감사함으로 하나님께 아뢰라

꼼짝도 못 하고 누워 있는 상황에 무슨 감사를 할 수 있겠습니까. 그래도 주님이 감사하라 하시니 억지로 "주님, 감사합니다" 하고는, 더 할 말이 없어 가만히 누워 있는데 문득 아내가 떠올랐습니다. 그래서 '자기 몸도 힘들 텐데 내색하지 않고 돌봐주는 아내를 만나게 해주셔서 감사합니다'라고 기도했습니다. 또 생각해보니 온몸이 다 아픈 것이 아니라 허리 한 군데만 아픈 것도, 치료받을 수 있는 것도 감사했습니다.

억지로 시작한 감사였는데, 하다 보니 감사할 이유가 계속 떠올랐고, 나중에는 누운 채 혼자 울면서 부흥회를 했습니다. 미안함과 자책, 원망으로 가득 찼던 마음이 어느새 평안해졌습니다.

빌 4:7 그리하면 모든 지각에 뛰어난 하나님의 평강이 그리스도 예수 안에서 너희 마음과 생각을 지키시리라

감사할 때, 사람의 이성으로는 설명할 수 없는 하나님의 평강이 우리 마음과 생각을 지켜줍니다. 염려가 가득할 때 감사하기란 쉽지 않습니

다. 그래서 하나님이 감사를 명령하신 것입니다. 쉽다면 명령하지 않으셨을 것입니다. 어렵지만, 분명한 유익이 있기 때문에 감사하라 한 것입니다.

염려할 일이 많고 불안할수록 감사기도에 더 힘써야 합니다. 불안을 키우는 수많은 소리에 귀를 닫고 감사기도를 시작할 때, 우리는 다시 살아야 할 이유를 발견하게 되고, 살아갈 힘을 얻게 됩니다.

어떻게 감사기도를 드릴 수 있을까요? 감사기도에는 세 단계가 있습니다. 생각하기(Think), 고백하기(Thank), 신뢰하기(Trust)입니다.

1단계 **생각하기(Think)**

부족한 것, 없는 것, 못 하는 것은 굳이 애써 생각하지 않아도 됩니다. 그러나 감사는 의지를 가지고 생각해야만 할 수 있습니다. 영어 단어 'Thank'(감사)는 'Think'(생각하다)와 같은 뿌리를 가지고 있습니다. 의도적으로 생각할 때만 감사할 수 있다는 뜻입니다. 생각하지 않으면 잊어버리고, 하나님의 은혜를 당연한 것으로 여기게 됩니다. 지금 내 삶에 너무도 당연하게 일어나고 있는 일들 속에서 하나님의 은혜를 발견해내야 합니다. 그래서 시편 기자는 이렇게 선포합니다.

시 103:2 내 영혼아 여호와를 송축하며 그의 모든 은택을 잊지 말지어다

감사는 환경보다 관점의 문제

흔히들 모든 상황이 완벽해야 감사할 수 있다고 생각합니다. 그러나 감사는 환경의 문제가 아니라 관점의 문제입니다. 관점만 조금 바꾸면 지금도 감사할 수 있습니다. 부정적인 상황만 바라보지 말고 그 안에 숨

어 있는 긍정적인 것, 감사할 수 있는 것을 찾는 것입니다.

암에 걸렸다가 치료되는 것은 분명 놀라운 기적입니다. 그렇다면 암에 걸리지 않은 것은 기적이 아닐까요? 죽을 고비를 넘기고 살아난 것도 감사할 일이지만, 죽을 위험을 겪지 않고 오늘을 살아가고 있다는 것도 감사할 일입니다.

숨을 쉴 수 있는 것, 들을 수 있는 것, 말할 수 있는 것, 음식을 먹을 수 있는 것, 걸을 수 있는 것, 잠을 잘 수 있는 것, 예배당에 와서 예배할 수 있는 것… 우리가 너무도 당연하게 여기는 것들이 누군가에게는 간절한 기도 제목입니다. 결코 당연한 것이 아닙니다.

어쩌면 이 가운데 당신의 기도 제목도 있을지 모릅니다. 그렇다 해도 이것이 전부 기도 제목인 것은 아닐 것입니다. 우리는 삶이 힘들다고 말하지만, 정말 모든 것이 다 나쁘고 힘들기만 할까요? 관점을 바꾸어 보면 이미 우리에게는 감사할 것이 충분합니다. 우리는 부족한 면, 잘못된 면에 집착하기 쉬우므로 의도적으로 좋은 면을 생각해야 합니다.

감사는 환경과 조건의 문제가 아니라 관점의 문제입니다. 무엇을 보느냐가 중요합니다. 아무리 아름다운 장미꽃을 선물해도 가시만 보는 사람이 있습니다. 감사할 일과 불평할 일이 따로 있는 것이 아닙니다. 감사하는 사람과 불평하는 사람이 있을 뿐입니다. 관점을 바꾸고 시선을 조금만 돌리면, 아무리 힘든 상황 속에서도 언제든지 감사할 것을 찾을 수 있습니다.

감사는 조건보다 태도의 문제

하버드대학교 심리학과 윌리엄 제임스 교수는 "우리 시대의 가장 위대한 혁명은 내면의 정신적 태도를 바꿈으로써 삶의 외부를 바꿀 수 있다는 사실을 발견한 것"이라고 말했습니다. 태도가 바뀌면 상황도 달라질 수 있다는 말입니다. 감사는 조건보다 태도의 문제입니다.

'로봇 다리' 수영 선수로 알려진 김세진 형제는 두 다리와 오른손 손가락이 없는 선천성 무형성 장애를 가지고 태어났습니다. 보육시설에서 자라던 그를 봉사하러 오신 양정숙 씨가 입양해 엄마가 되어주셨습니다.

세진 형제가 어릴 때 가장 많이 들었던 말은 "쟤 좀 봐. 엄마 말도 안 듣고 착하게 안 살아서 다리도 없이 저렇게 불쌍하게 사는 거야"라는 것이었습니다. 그 말이 너무 상처가 되어 울면서 기도했다고 합니다.

"하나님, 저 착하게 살 거예요. 엄마 말 잘 들을게요. 그러니 사람이 되게 해주세요. 하나님, 저도 사람이 되고 싶어요."

세진 형제는 네 살 때부터 그 고통스러운 뼈를 깎는 수술을 여섯 번이나 받았습니다. 처음 의족을 착용했을 때는 송곳으로 생살을 찌르는 것처럼 아팠는데, 수술보다 더 힘든 것은 재활 훈련이었습니다. 엄마와 함께 타이어를 메고 모래사장을 걷고 산을 기어올랐습니다. 엄마가 거실에 이불을 깔아놓고 세진 형제를 넘어뜨렸습니다. 일어나면 넘어뜨리고, 또 일어나면 넘어뜨리기를 몇 개월이나 반복했습니다. 너무 힘들어 엉엉 우는 아이를 끌어안고 엄마는 이렇게 말해주었습니다.

"세진아, 걷는 것이 중요한 게 아니야. 네가 넘어졌을 때 다시 일어날 줄 아는 것이 중요한 거야. 혹시 일어나지 못할 때는 누군가에게 손을 내밀 줄 아는 것도 용기 있는 사람이야."

자기는 왜 이렇게 태어났냐고 물을 때는 이렇게 대답해주었습니다.

"세진아, 네 몸을 이루는 수천만 가지 중에 네게 없는 것은 두 다리와 오른손뿐이야. 네가 어떻게 생겼는지는 중요하지 않아. 네가 어떻게 살아갈지, 누구와 함께 어디로 갈지가 더 중요한 거야."

이 말은 세진 형제의 인생을 바라보는 관점을 완전히 바꾸어 놓았습니다. 없는 두 다리와 손이 아니라, 전능하신 하나님과 이미 주어진 수많은 은혜를 보게 한 것입니다.

세진 형제는 수영 선수가 되어 금메달 120개를 포함해 150개가 넘는 메달을 땄습니다. 그러나 그의 꿈은 메달 하나를 더 따는 것이 아닙니다. 자신처럼 장애가 있는 친구들에게 희망을 전하고, 절망한 사람들에게 용기를 주는 하나님의 사람이 되는 것입니다.

그는 인도네시아 와인가프 섬에 사는 '넬디'라는 형제를 후원하고 있습니다. 넬디는 오토바이 사고로 오른쪽 다리를 잃었지만, 세진 형제를 만나 용기를 얻고 자신보다 더 아픈 사람들을 살리는 의사가 되겠다는 꿈을 꾸게 되었습니다. 인생이 버거운 사람이 하나님 앞에서 감사를 선택하자 다른 사람의 인생을 살리는 사람이 되었습니다. 이 모습을 보시며 하나님께서 얼마나 감동하셨을까요.

누구에게나 팔다리가 없는 것처럼 느껴지는 영역이 있습니다. 외모일수도 있고, 성격, 건강, 재능, 배우자, 자녀일 수도 있습니다. 그것이 우리의 삶을 흔들고 쓰러뜨릴 때도 있습니다. 그러나 그때마다 내게 없는 두가지가 아니라, 이미 내게 주신 수천수만 가지 은혜를 바라봅시다.

아무리 절망적인 상황에서도 고개만 조금 돌리면 우리는 감사할 것을 발견할 수 있습니다. 삶을 당연하게 여기며 앞만 보고 달려가기보다, 잠시 걸음을 멈추고 주님께서 베풀어주신 은혜를 생각하며 감사해보세요.

"주님, 오늘도 살아 있어서 감사합니다. 시원한 물 한 잔을 마실 수 있어서 감사합니다. 글을 읽을 수 있는 눈을 주셔서 감사합니다. 커피 한잔의 여유를 누리게 하시니 감사합니다."

작은 물 한 모금에 감사할 때 주님은 일용할 양식을 더해주시고, 오늘 하루에 감사할 때 영원한 생명을 약속하십니다. 주님은 우리가 드린 작은 감사를 하나도 빠짐없이 기록하시고 영원히 기억하십니다. 그리고 우리를 위해 더 큰 축복을 준비하십니다.

2단계 고백하기(Thank)

감사를 표현하라

누가복음 17장에서 예수님이 열 명의 나병환자를 고쳐주십니다. 당시 나병은 오늘날의 암보다도 더 무서운 불치병이고, 사회적으로 완전히 격리되는 저주받은 병이었는데 그 병에서 고침을 받았으니 얼마나 기쁘고 감사한 일입니까. 감사하는 것이 너무도 당연한 상황이었습니다. 그런데 그중 예수님에게로 돌아와 감사를 표현한 사람은 단 한 명뿐이었습니다. 아홉 명, 다시 말해 90퍼센트는 그냥 가버린 것입니다.

그 아홉 명에게 감사한 마음이 전혀 없었을까요? 그렇지는 않았을 것입니다. 마음속으로는 '와, 정말 다행이다. 참 감사하다' 하고 생각했을지도 모릅니다. 그러나 돌아와서 구체적으로 감사를 고백한 사람은 오직 한 명뿐이었습니다.

예수님은 "감사하는 마음을 가져라"라고 말씀하지 않으시고 "감사하라"라고 말씀하십니다. 감사는 느끼는 데서 끝나는 것이 아니라 '하는' 것입니다. 구체적으로 표현되지 않는 감사는 감사가 아닙니다. 감사는 고백할 때 비로소 완성됩니다.

당신은 어느 편에 속해 있습니까? 은혜만 받고 자기 길로 가버린 아홉 명입니까, 아니면 가던 길을 멈추고 돌아와 감사를 고백한 한 명입니까? 질병이 낫는 기적만이 아닙니다. 암이 치유되듯이, 말씀과 사랑을 통해 마음과 영혼이 치유되는 경험을 하셨을 것입니다. 고마울 때 고맙다고 표현하셨습니까?

마음으로만 느끼지 말고 입술로 고백하십시오. 감사는 '하는' 것입니다. 부모님, 배우자, 목회자, 소그룹 리더, 교회학교 선생님 등 감사한 분들에게 "감사합니다. 덕분에 힘을 얻었습니다"라고 구체적으로 표현하십시오. 눈에 보이는 사람에게도 감사하지 못하는 사람이 어떻게 보이지 않는 하나님께 감사할 수 있겠습니까.

그런데 치유받고 돌아와 감사드린 그 한 사람에게 예수님이 놀라운 선언을 하십니다.

"일어나 가라. 네 믿음이 너를 구원하였느니라"(눅 17:19).

이 사람은 "예수님, 제가 예수님을 믿습니다"라고 고백한 적이 없습니다. "주님, 고쳐주셔서 감사합니다"라고 인사한 것이 전부였습니다. 그런데 예수님은 그 감사를 믿음으로 인정하시고 "네가 구원받았다"라고 말씀하신 것입니다. 뒤집어 보면, 그냥 가버린 아홉 명은 치유는 받았지만 속으로는 '정말 예수님이 고쳐주신 걸까? 우연히 그렇게 된 건 아닐까?' 하고 생각했을 수 있습니다. 그러나 이 사람은 이 일이 우연이 아니라 예수님이 행하신 기적임을 믿었기에 돌아와 감사한 것입니다.

질병이 나은 것도 큰 은혜이지만, 영혼이 구원받은 것은 비교할 수 없는 더 큰 은혜입니다. 감사는 축복의 마중물입니다. 감사가 더 큰 축복을 불러옵니다. 감사할 때 생각지 못한 은혜가 따라오고, 감사할 때 상상할 수 없는 기적이 일어납니다. 감사기도를 시작할 때, 자신의 한계를 넘어서는 하나님의 은혜가 부어집니다.

감사기도가 영적 체질이 되게 하라

퓰리처상을 수상한 미국의 작가 알렉스 헤일리는 "작은 감사가 큰 감사를 낳는다"라고 말했습니다. 하나님의 은혜를 한 번으로 끝내는 사람이 있고, 그 은혜가 계속 이어지게 만드는 사람이 있습니다. 그 차이는 바로 '감사'에 있습니다. 감사는 더 큰 감사를 불러옵니다.

"감사할 일이 있어야 감사하지요"라는 말도 맞습니다. 그런데 "감사하면 감사할 일이 생긴다"라는 말도 맞습니다. 감사할 일이 생길 때까지 기다리는 사람이 있고, 감사할 일을 끌어당기는 사람이 있습니다. 그러나 이렇게 감사하는 것은 저절로 되지 않습니다.

다니엘은 참으로 불행한 시대를 살았습니다. 기원전 586년경 바벨론의 느부갓네살 왕에 의해 예루살렘이 함락되고 성전이 파괴되었으며 많은 사람이 포로로 끌려갔습니다. 이때 다니엘도 포로로 끌려가 나라를 빼앗기고 이름까지 빼앗깁니다.

'다니엘'은 '하나님은 나의 심판자'라는 뜻인데 그의 이름이 '벨(바벨론의 신)이여, 나의 생명을 보호하소서'라는 뜻의 '벨드사살'로 바뀝니다. 크리스천의 이름을 김요셉에서 김극락으로, 김한나를 김보살로 바꾼 것과 같습니다. 얼마나 치욕스럽고 수치스러운 일입니까. 그런데 다니엘은 하나님을 원망하지 않습니다.

세월이 흘러 새 왕이 된 메대 사람 다리오는 다니엘을 총리로 삼고 그를 특히 신임하여 온 나라를 맡기려 했습니다. 이를 시기한 다른 총리들과 장관들은 다니엘을 제거하려 음모를 꾸밉니다. 그의 허물을 찾지 못하자 왕 외에 다른 신에게 기도하는 자를 사자 굴에 던지도록 하는 칙령을 내리게 합니다. 다니엘을 겨냥한 것이었지만 이를 알지 못한 왕은 그들의 감언이설에 넘어가 조서에 도장을 찍고 맙니다. 하나님께 기도하면 사자 굴에 들어가야 하는 상황임을 알면서도 다니엘은 그 위기의 순간에 감사기도를 드렸습니다.

> 단 6:10 다니엘이 이 조서에 왕의 도장이 찍힌 것을 알고도 자기 집에 돌아가서는 윗방에 올라가 예루살렘으로 향한 창문을 열고 전에 하던 대로 하루 세 번씩 무릎을 꿇고 기도하며 그의 하나님께 감사하였더라

다니엘은 상황을 보고 감사할지 말지를 결정하지 않았습니다. 늘 하

던 대로 했습니다. 어떤 상황에서도 하나님께서 선하게 역사하실 것을 믿었기 때문입니다. 비록 사자 굴에 들어갈지라도 하나님은 그것까지도 사용하셔서 놀랍게 일하실 것을 믿었습니다. 감사는 감정이 아니라 의지적인 결단입니다.

다니엘은 어떻게 이런 상황에서도 감사기도를 드릴 수 있었을까요? 성경은 "전에 하던 대로"라고 말합니다. 다니엘에게 감사기도는 습관이었습니다. 어느 날 이런 일이 생기니까 감사기도를 해볼까 한 것이 아니라, 평소에 감사기도가 훈련되어 있었습니다. 감사기도는 타고나는 것이 아닙니다. 저절로 되지 않습니다. 매일 훈련하고 연습해야 합니다.

저는 아침에 일어나면 의도적으로 "주님, 감사합니다"를 백 번 이상 고백합니다. 샤워하면서도, 옷을 입으면서도 계속 감사의 고백으로 저 자신을 훈련합니다. 가족들과 저녁 식사를 할 때는 하루 동안 하나님께 감사한 것을 세 가지씩 나눕니다. 하나를 나눌 때마다 함께 "주님, 감사합니다"라고 고백합니다. 이렇게 감사를 나누다 보면 무심코 지나쳤던 은혜가 새롭게 보이고, 평범한 하루가 축복의 날이 됩니다.

사역하며 여러 모임을 하는데, 모든 모임은 언제나 감사기도로 마칩니다. 모든 것이 하나님으로부터 왔음을 인정하는 훈련입니다. 감사가 당신의 습관이 되고, 감사기도가 당신의 영적 체질이 되기를 축복합니다. 감사는 하는 것입니다. 지금 눈에 보이는 변화가 없어도 괜찮습니다. 이미 하나님의 시간 안에서 주님께서 일하기 시작하셨다고 믿고 먼저 감사의 기도를 드려봅시다. 현재 상황이 어떻든 상관없습니다. 그곳이 감옥이든, 사자 굴이든, 광야든 어디든 감사기도를 드릴 때 하나님께서 그곳에 임재하시고 기적을 일으키십니다.

3단계 신뢰하기(Trust)

감사해야 한다는 것을 머리로는 다 압니다. 감사하면 복이 온다는 것도 압니다. 그런데도 사방이 꽉 막힌 것처럼 답답해 도저히 감사가 나오지 않을 때가 있습니다.

"목사님, 아이가 학교에 적응을 못 하는데 어떻게 감사해요."

"지금 취직을 못 하고 있는데 어떻게 감사해요."

"승진이 안 되는데 어떻게 감사해요."

"결혼을 못 하고 있는데 어떻게 감사해요."

"병원에서 안 좋은 소식을 들었는데 어떻게 감사해요."

이런 반응이 나오는 것이 너무도 당연합니다.

성경에서 다윗만큼 감사할 것이 없어 보이는 사람이 또 있을까요. 다윗은 아버지에게 차별받고, 형들에게 무시당했습니다. 나라를 위해 목숨 걸고 싸웠는데 사울 왕이 시기하여 십 년이 넘도록 광야를 떠돌며 도망자의 삶을 살았습니다. 가장 친한 친구는 전쟁터에서 전사했습니다.

겨우 왕이 되었더니 아내는 자신을 업신여기고, 신하들은 자신을 무시했습니다. 아들 암논은 이복누이 다말을 강간하고, 다른 아들 압살롬이 그 암논을 죽이더니 결국 아버지인 다윗을 죽이겠다며 군대를 이끌고 쳐들어옵니다. 그리고 그 아들마저 다윗보다 먼저 죽습니다.

이런 상황에서 감사가 나올 수 있을까요. 이 가운데 몇 가지만 겪어도 인생이 무너질 텐데, 이 모든 일이 한 사람에게 일어났습니다. 감사는커녕 우울증에 걸리지 않은 것이 기적처럼 보이는 인생입니다. 그런데 다윗은 그 말도 안 되는 상황 속에서 이렇게 기도합니다.

시 9:1 내가 전심으로 여호와께 감사하오며 주의 모든 기이한 일들을 전하리이다 그는 전심으로 감사하겠다고 고백합니다. 주님이 행하신 놀라운 일들을 전하겠다고 말합니다. 도무지 이해할 수 없는 고백입니다. 어떻게 이런 감사를 드릴 수 있었을까요. 상황이 아니라 선하신 하나님을 바라보았기 때문입니다.

시 118:1 여호와께 감사하라 그는 선하시며 그의 인자하심이 영원함이로다

하나님의 선하심을 믿고 미리 감사하라

상황이 좋아지면 감사는 어렵지 않습니다. 층간소음 때문에 힘들어 기도했는데 시끄럽던 윗집이 이사 갔다면 당연히 감사할 일입니다. 그런데 새로 이사 온 집이 더 시끄럽다면 어떨까요. 상황에 근거한 감사는 상황이 바뀌는 순간 바로 사라집니다.

능력에 대한 감사도 마찬가지입니다. 열심히 노력해 특목고에 합격했다면 감사할 일입니다. 그러나 입학하고 보니 전국에서 모인 뛰어난 학생들 사이에서 성적이 하위권이 되면 감사는 금세 사라집니다. 능력에 대한 감사는 능력을 잃는 순간 함께 사라집니다. 그러나 하나님의 선하심을 믿는 감사는 상황이나 능력에 상관없이 지속됩니다. 내 힘으로는 도저히 어찌할 수 없는 고난을 겪던 어느 순간 모든 것이 제자리를 찾은 경험이 있을 것입니다. 그것이 바로 하나님의 선하심입니다.

다윗은 그 선하신 하나님을 경험했습니다. 부모에게조차 인정받지 못하던 자신을 주목하시고, 죽음이 코앞에 다가왔을 때 한순간에 상황을 뒤집으시고, 모든 것이 끝난 것 같을 때 다시 기회를 주신 하나님의 선하심을 알았기에 "내 평생에 선하심과 인자하심이 반드시 나를 따르리니"(시 23:6)라고 노래할 수 있었던 것입니다. 그리고 그는 우리에게 이렇게 도전합니다.

시 34:8 너희는 여호와의 선하심을 맛보아 알지어다 그에게 피하는 자는 복이 있도다

이해되지 않는 상황에서도 하나님의 선하심을 믿고 미리 감사하십시오. 하나님의 선하심을 신뢰하면 어떤 상황이든 감사기도를 드릴 수 있습니다.

빌립보에 간 바울이 귀신 들린 여종에게서 귀신을 쫓아내자, 그 여종을 통해 돈을 벌던 주인들이 바울과 실라를 붙잡아 고발합니다. 바울과 실라는 채찍에 맞고 감옥에 갇힙니다. 원망이 터져 나와야 할 그 밤에, 그들은 찬양을 시작합니다.

행 16:25,26 한밤중에 바울과 실라가 기도하고 하나님을 찬송하매 죄수들이 듣더라 이에 갑자기 큰 지진이 나서 옥터가 움직이고 문이 곧 다 열리며 모든 사람의 매인 것이 다 벗어진지라

이 상황에서 어떻게 감사와 찬양이 나올 수 있겠습니까. 기도조차 나오기 힘든 자리입니다. 그런데 고난 가운데서도 선하신 하나님을 바라보자 찬양이 터져 나왔고, 그때 기적이 일어났습니다. 감옥이 흔들리고 사슬이 풀렸습니다. 바울과 실라는 눈앞의 상황을 보는 대신 선하신 하나님을 바라보기로 했고, 그래서 감사할 수 있었습니다.

지금 자신의 삶이 마음에 들지 않을 수 있습니다. 외모, 성격, 가정, 학교, 직장, 무엇 하나 만족스럽지 않을 수 있습니다. 갑작스러운 사고를 겪었을 수도 있고, 병에 걸렸을 수도 있으며, 다른 사람의 잘못으로 억울하게 책임을 떠안게 되었을지도 모릅니다. 그런 상황에서 감사가 나오지 않는 것은 너무도 자연스러운 일입니다.

그러나 상황 그 자체가 아니라, 그 상황 너머에 계신 선하신 하나님을 바라보고 신뢰한다면 감사할 수 있습니다. 하나님의 선하심을 바라본다는 것은 어떤 상황에서도 하나님께서 내 삶을 인도하고 계신다고 믿는 것입니다. 내가 원하지 않았던 일조차도 하나님께서 보시기에 필요하기에 허락하셨고, 지금은 이해하지 못해도 분명 선한 뜻이 있다고 믿는 것입니다.

내 삶에 부족한 것이 많아 보여도, 하나님께서 내게 맡기신 사명을 이루는 데 필요한 모든 것은 이미 충분히 주셨다고 믿는 것입니다. 다 끝난 것처럼 보이는 자리에서도 하나님께서 이것까지 사용하셔서 합력하여 선을 이루실 것을 믿는 것입니다. 쫓겨난 것처럼 느껴지는 자리에서도 '보내심을 받은 자리'라고 믿고, 버려진 시간처럼 느껴지는 순간에도 '심겨진 시간'이라고 믿는 것입니다.

비록 지금 사망의 음침한 골짜기를 지나고 있을지라도, 이 골짜기를 지나면 반드시 푸른 초장과 쉴 만한 물가가 기다리고 있음을 믿는 것입니다. 하나님의 계획은 언제나 선하고, 하나님의 때는 언제나 완벽하며 그분은 절대 실수하지 않으신다는 믿음, 그것이 하나님의 선하심을 신뢰하는 믿음입니다. 이 믿음이 있었기에 요셉은 자신에게 씻을 수 없는 고통을 안겨준 형들에게 이렇게 말할 수 있었습니다.

"형님들은 나를 해치려고 하였지만, 하나님은 오히려 그것을 선하게 바꾸셔서, 오늘과 같이 수많은 사람의 생명을 구원하셨습니다"(창 50:20, 새번역).

고난이 우리를 압도하고 하나님의 일하심이 보이지 않을 때가 있습니다. 그러나 하나님은 우리가 직면한 어떤 문제보다 크신 분입니다. 좌절을 회복으로, 시험을 간증으로, 시련을 승리로 바꾸시는 분입니다. 그래서 문제에 매달리기보다 그 선하신 하나님을 바라보는 것입니다.

구원만으로도 평생 감사할 이유는 충분하다

파주에 사는 한 성도님이 제 유튜브 채널에 댓글을 남겨주셨습니다. 폐암으로 너무도 고통스러운 시간을 보내던 중 〈따라 하는 기도〉를 보게 되었고, 기도를 따라 하는 동안 하나님께서 마음에 소망을 주셨다고 합니다. 결국 이 힘든 시간을 통해 예수님을 영접하게 되었다는 이야기를 전하며 이분이 이렇게 고백하셨습니다.

"목사님, 감사해요. 제가 비록 폐암을 통해 하나님을 알게 되었지만, 우상을 섬기며 살던 제가 하나님을 만나게 된 것이 너무 감사해요."

폐암에 걸렸는데 감사하다니, 어떻게 그런 고백을 할 수 있었을까요. 선하신 하나님을 보았기 때문입니다. 죄인 된 나를 위해 아들을 내어주신 하나님, 나를 위해 십자가에 달리시고 구원하신 하나님을 진짜 만났기 때문에 죽음 앞에서도 감사할 수 있었고, 암조차도 지배할 수 없는 인생이 된 것입니다.

집사님의 기도 제목을 여쭤보았습니다. 암이 낫게 해달라는 답이 아니었습니다. "목사님, 평생 우상만 섬기며 살아온 사랑하는 남편이 예수님을 만나도록, 사랑하는 두 자녀가 꼭 예수님을 만나도록 기도해주세요"라고 기도를 부탁하셨습니다.

제가 아는 한 목사님의 아버지는 사랑하는 가족을 위해 늘 고단한 삶을 살아내다 사고로 손가락 두 마디를 잃었습니다. 자녀들에게 사랑한다는 말 한마디 살갑게 해준 적 없었지만, 아들인 그 목사님이 이렇게 고백합니다. 마음에 불평이 올라오려 할 때마다 아버지의 다친 손이 "아들아, 내가 너를 이만큼 사랑해"라고 자신에게 말을 걸어오는 것 같다고요. 그래서 그 손을 바라보고 있으면 불평이 사라지고 감사로 바뀐다고 말입니다.

불평이 올라올 때, 당신을 위해 못 박힌 예수님의 손을 바라보십시오.

십자가에 못 박힌 예수님의 손이 당신에게 이렇게 말할 것입니다.

"아들아, 딸아, 내가 너를 이만큼 사랑해."

우리 인생의 가장 큰 감사는 하나님의 아들이신 예수님이 작고 연약한 내 인생에 찾아와 나를 구원해주셨다는 사실입니다. 이것 하나만으로도 우리는 평생 감사할 이유가 충분합니다.

하나님의 선하심을 신뢰하십시오. 하나님의 선하심을 바라보십시오. 지금의 형편이 어떠하든, 우리를 위해 십자가를 지신 예수님을 바라볼 때 우리는 어떤 상황에서도 감사의 기도를 드릴 수 있습니다. 그 선하신 하나님께서 반드시 여러분의 삶을 역전시키실 것입니다.

이제 결단합시다. 아침도 좋고, 저녁도 좋습니다. 하루 5분이면 충분합니다. 매일 시간을 정해 감사기도를 드려보세요. 완벽하지 않아도 괜찮습니다. 완벽하게 하는 것보다 중요한 것은 꾸준히 하는 것입니다. 하루를 시작하는 아침에 감사기도를 드리면 하루의 분위기가 달라지고, 하루를 마무리하는 저녁에 감사기도를 드리면 하루의 의미가 달라질 것입니다.

지금부터 한 달간 감사기도 챌린지에 도전해보십시오. 불평이 노래가 되고, 한숨이 찬송으로 바뀌는 기적을 경험하게 되기를 주님의 이름으로 간절히 축원합니다.

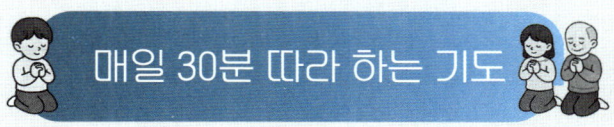

매일 30분 따라 하는 기도

CHECK	차수	날짜	QR코드	영상 제목
☐	Day 1			인생을 바꾸는 감사기도 (영혼이 살아나는 감사기도)
☐	Day 2			하나님께 드리는 감사기도
☐	Day 3			믿음을 주심에 감사하는 기도
☐	Day 4			희망을 주심에 감사하는 기도
☐	Day 5			만남의 축복에 대한 감사기도
☐	Day 6			승리를 선포하는 감사기도
☐	Day 7			아침에 드리는 감사기도

* 한 기도문을 3번 반복해서 따라 기도하고 개인기도 시간을 가진 후 체크하세요.

11

공동체를 바꾸는 합심기도

마태복음 18:18-20

1980년, 인터넷도 없고 삐삐도 없던 시절에 앨빈 토플러는《제3의 물결》이라는 책에서 우리 사회가 산업 시대에서 정보 시대로 전환될 것을 예언했습니다. 그리고 정보화 시대의 특징 중 하나로, 사회가 철저히 개인화될 것이라고 했습니다. 40년이 지난 지금, 그가 예언한 그대로 되었습니다. 1인 가구가 전체의 3분의 1을 넘어섰습니다.

2025년 기준으로, 전 세계에서 SNS 사용자가 무려 52억 명이 넘습니다. 전 세계 인구의 64퍼센트입니다. 하루 평균 2시간 30분을 SNS 활동으로 보내고 있습니다. 아침에 눈을 뜨면 가장 먼저 무엇을 하나요? '따라 하는 기도'라면 참 좋겠지만, 대부분 인스타그램, 페이스북을 한 바퀴 돌고 카카오톡을 확인하며 하루를 시작합니다. 저녁에 자기 전에는 마지막까지 유튜브를 보다가 핸드폰에 몇 대 맞고 잠들죠.

예전에는 가족들이 거실에 모여 다 같이 TV를 봤는데 요즘은 각자 방에서 넷플릭스로 자기가 보고 싶은 것을 혼자 봅니다. 핸드폰도 옆에서 볼 수 없게 사생활보호필름까지 붙이고 혼자 봅니다. 이런 극단적인 개인화는 우리의 신앙까지 침투했습니다.

"꼭 모여서 기도해야 해? 혼자 기도하면 되지", "꼭 교회를 가야 해? 혼자서도 예배드리면 되는 거 아니야?" 하며 교회를 떠난 가나안 성도가 300만 명이라고 합니다. 이제 AI 시대가 열리면서 개인화는 제어할 수 없을 정도로 더 빠르게 진행되고 있습니다.

물론 신앙에는 개인적인 부분이 있습니다. 예수님도 기도할 때 골방에 들어가 혼자 기도하라고 가르치셨습니다(마 6:6). 개인기도는 중요합니다. 그러나 신앙은 개인적이면서 동시에 공동체적입니다.

> 마 18:19,20 진실로 다시 너희에게 이르노니 너희 중의 두 사람이 땅에서 합심하여 무엇이든지 구하면 하늘에 계신 내 아버지께서 그들을 위하여 이루게 하시리라 두세 사람이 내 이름으로 모인 곳에는 나도 그들 중에 있느니라

골방기도를 말씀하신 주님이 합심기도를 말씀하십니다. '합심하다'의 헬라어 '쉼포네오'(sumphoneo)는 우리가 잘 아는 '심포니'(symphony, 교향곡)의 어원입니다. '함께, 더불어'를 뜻하는 '신'(syn)과 '소리를 내다, 소리치다'라는 '포네오'(phōnéō)가 합쳐진 단어로, 여러 악기가 모여 하나의 아름다운 화음을 만들어내는 교향곡처럼, '한목소리를 내고, 함께 소리치는' 기도가 합심기도입니다.

합심기도는 골방기도의 반대가 아닙니다. 둘 중 하나를 선택해야 하는 것이 아닙니다. 예수님은 우리가 각자의 골방에서 하나님을 만나는 동시에, 함께 모여 소리쳐 기도하라고 말씀하십니다. 건강한 영성은 언제나 균형에서 나옵니다. 간구기도와 중보기도의 균형, 통성기도와 침묵기도의 균형, 골방기도와 합심기도의 균형이 있어야 합니다.

합심으로 기도할 때 기도의 힘을 얻는다

우리는 골방기도를 해야 한다는 것을 너무나 잘 압니다. 그런데 막상 기도를 시작하면 5분도 채 되지 않아 생각이 산으로 갑니다. 혼자 기도하다 보면 '내가 제대로 기도하고 있는 게 맞나?', '언제까지 기도해야 하지?', '이게 정말 응답이 되고 있는 걸까?'와 같이 의심이 들고, 어느 순간 회의감에 빠지기도 합니다. 시간이 지나면 점점 지치게 됩니다.

또 주변에는 이런 말을 하는 사람들이 있습니다.

"야, 그게 기도한다고 되겠니. 기도해서 될 거였으면 벌써 됐지. 기도해서 되면 나라가 이 모양이겠어?"

"기도는 못 배운 사람들이나 하는 거 아니야? 마음 약한 사람들이나 하는 거지."

이런 말을 들으면 기도에 힘이 빠집니다. 그런데 혼자서는 도저히 기도할 힘이 없을 때, 함께 기도하면 기도가 열립니다. 기도 모임에 나와 함께 기도하다 보면 냉랭했던 가슴이 뜨거워지고, 닫혀 있던 입술이 열립니다.

초대 교회는 함께 모여 기도하면서 시작되었습니다. 예수께서 성령이 오실 때까지 기도하며 기다리라고 하십니다. 그 말씀을 들은 120명의 성도가 실제로 마가의 다락방에 모여 함께 기도했습니다. 그런데 그 120명 모두가 뜨겁게 기도했을까요? 그렇지 않았을 겁니다. 그중에는 꾸벅꾸벅 조는 사람도 있었을 것이고, 끝나고 뭐 먹을지 생각한 사람도 있었을 겁니다. 중요한 것은 그들이 함께 기도했다는 사실입니다.

주님께서 마가의 다락방에 성령을 부어주실 때, 120명 중에서 가장 목소리가 크고 뜨겁게 기도하던 12명에게만 성령을 부어주시지 않았습니다. 30명에게 성령을 부어주시지도 않았습니다. 함께 기도했던 120명, 단 한 사람도 예외 없이 모두에게 성령을 부어주셨습니다.

행 2:4 그들이 다 성령의 충만함을 받고 성령이 말하게 하심을 따라 다른 언어들로 말하기를 시작하니라

이것이 합심기도의 신비입니다. 함께 모여 기도할 때 믿음의 크기와 상관없이 모두에게 기도의 불이 옮겨붙습니다. 합심기도는 골방기도의 반대가 아니라, 골방기도를 시작하게 하는 마중물 같은 기도입니다. 합심으로 기도할 때 개인기도를 시작할 힘을 얻게 됩니다. 그렇게 성령을 받은 성도들은 성전에서도 기도하고, 집에서도 기도하는 기도의 사람이 됩니다.

제자훈련을 할 때 말씀을 나누고 나서 한 시간씩 기도합니다. 처음에는 기도를 잘하는 친구들도 있고, 아무 말도 못 하고 그냥 앉아 있는 친구들도 있습니다. 그런데 신기한 것은, 같이 기도하다 보면 옆 사람의 기도 소리를 들으면서 기도의 불이 붙기 시작한다는 것입니다. 그러다 보면 점점 기도가 간절해지고 뜨거워집니다.

"목사님, 저는 성격이 내성적이라 기도가 잘 안 나와요."

이렇게 말하던 친구들도 한 학기가 끝날 즈음이면 한 시간 기도 시간이 너무 짧다고 말합니다. 소감문을 쓸 때 기도 시간이 조금 더 길었으면 좋겠다고 합니다. 기도는 혼자서는 잘 안돼도 함께하면 됩니다. 같이 하면 열립니다.

〈따라 하는 기도학교〉를 하다 보면 처음에는 성도들이 기도를 어려워합니다. 그러나 시간이 지날수록 기도 소리가 찬양팀의 찬양 소리를 뚫고 나옵니다. 함께 통성으로 기도할 때, 개구리 우는 소리가 들립니다.

제 유튜브 채널에는 종종 이런 질문이 댓글로 달립니다.

"목사님, 요즘 기도가 잘 안돼요. 기도가 안 될 때는 어떻게 하죠?"

제가 뭐라고 답했을까요? "기도 모임 나가세요"입니다. 기도에는 강

력한 전염성이 있습니다. 혼자서는 안 되던 기도가 함께하다 보면 됩니다. 옆에서 "주여" 하고 외치면, 내 입에서도 "주여"가 터져 나옵니다.

그러니까 기도가 잘 안돼도 괜찮습니다. 옆에서 기도하는 사람들의 기도를 듣다 보면 어느 순간 그 기도가 우리 마음을 터치할 때가 옵니다. 그때 기도가 열립니다.

저는 집에서 치킨 먹으며 영화 보다가 방언 받았다는 사람을 본 적이 없습니다. 드라마 보다가 가슴이 뜨거워져서 기도가 열렸다는 분도 아직 한 번도 만나보지 못했습니다. 교회로 오셔야 합니다. 기도가 안 될수록 교회에 와서 함께 기도해야 기도가 열립니다.

끝까지 기도할 힘

출애굽기 17장을 보면 르비딤 광야에서 이스라엘이 아말렉과 싸울 때, 모세가 여호수아를 전쟁터로 보내고 자신은 산에 올라가 기도합니다. 그런데 모세는 혼자 가지 않았습니다. 아론과 훌을 데리고 갔습니다. 그날 모세가 전쟁이 끝날 때까지 포기하지 않고 기도할 수 있었던 이유는 아론과 훌이 함께 있었기 때문입니다.

생각해보십시오. 모세가 어떤 사람입니까? 그 당시 영성의 끝판왕입니다. 홍해를 마른 땅처럼 건너고, 하나님께 십계명을 받았던 사람입니다. 하나님과 친구처럼 대화했던 사람입니다. 그런 모세에 비하면 아론과 훌은 영적 레벨이 비교도 되지 않습니다. 모세가 목회 40년 차라면, 아론과 훌은 새가족반 2주 차 느낌입니다. 그런데 그런 영적 거장 모세도 아론과 훌이 없었다면 그날 끝까지 기도하지 못했을 것입니다.

"나는 믿음이 좋으니까 혼자 기도해도 돼."

그렇지 않습니다. 아무리 믿음이 좋아도 혼자 기도하지 못할 때가 있습니다. 그때는 옆에 누군가 함께 있어 주는 것만으로도 큰 힘이 됩니다.

합심기도는 기도가 막혀 있던 사람들이 기도를 시작할 힘을 얻게 할 뿐 아니라, 기도의 대가조차도 끝까지 기도할 힘을 얻게 합니다.

기도회가 필요한 이유가 여기에 있습니다. 시간도 없고 바쁜데 굳이 기도 모임까지 가야 하나 생각할 수 있습니다. 그러나 아무리 활활 타오르는 장작이라도 모닥불에서 꺼내 옆에 던져 놓으면 금방 꺼져버립니다. 하지만 장작을 모아 놓으면 걷잡을 수 없는 불길이 됩니다. 불이 한 번 붙기 시작하면 젖은 나무도 상관없습니다. 들어오기만 하면 다 불이 붙습니다.

좋은 교회는 어떤 교회입니까? 함께 모여 합심으로 기도하는 교회입니다. 어떤 모임이든 함께 모여 합심으로 기도하는 교회가 진짜 좋은 교회이고, 살아 있는 교회입니다. 그런 교회에는 어떤 사람이 들어와도 살아납니다. 상처받은 사람은 치유되고, 낙심한 사람은 소망을 얻고, 죽고 싶던 사람은 살아납니다. 아무리 생나무 같은 사람이라도 기도하는 교회에 들어오면 불이 붙습니다.

여러분의 교회가 이런 교회가 되기를 축복합니다. 아론과 훌이 있는 교회, 혼자 버티지 않아도 되는 교회, 서로의 팔을 붙잡아 주는 교회, 기도의 불이 꺼지지 않는 교회, 기도의 불이 타오르는 교회, 함께 부르짖으며 끝까지 기도하는 교회가 되기를 주님의 이름으로 축복합니다.

소그룹 모임에서 나눔만 하지 마시고, 나누는 시간만큼 기도하시기를 축복합니다. 기도 제목만 나누지 말고, 함께 기도하시기를 축복합니다.

동역자가 필요하다

다니엘서 2장을 보면, 느부갓네살 왕이 왕이 된 지 2년쯤 되었을 때부터 불면증에 시달립니다. 밤마다 악몽을 꾸며 잠을 이루지 못합니다. 잠을 못 자는 것이 얼마나 힘든지 모릅니다. 한 뇌과학자는 우리의 건강을 위해 가장 중요한 것이 잘 먹고, 꾸준히 운동하는 것이라고 말합니다.

한국 사람들은 먹는 건 잘하는 것 같습니다. 건강을 거의 먹는 거로 다 하려고 합니다. 어디가 안 좋다고 하면 항상 "뭐 먹으면 된다"라고 합니다. 심지어는 배가 부르다고 해도 먹으라고 합니다. 키위를 먹으면 소화가 잘된답니다. 운동도 중요합니다. 체력이 영력입니다. 그런데 먹는 것과 운동을 다 합친 것보다 더 중요한 것이 있습니다. 바로 잘 자는 것입니다. 그만큼 잠이 중요합니다. 사람이 잠을 못 자면 예민해집니다.

그런데 느부갓네살 왕이 악몽에 시달리며 잠을 못 자니 얼마나 괴로웠겠습니까. 왕이 예민해졌습니다. 그래서 바벨론의 모든 마술사와 점성가들을 불러 "지금부터 내가 어떤 꿈을 꾸었는지 맞히고, 그 꿈을 해석하라"라고 명령합니다. 마술사들이 "왕이여, 꿈을 알려주지 않는데 어떻게 해석합니까? 그것은 불가능합니다. 어떤 꿈을 꾸셨는지 말씀해주시면 저희가 해석해드리겠습니다"라고 하자 왕은 꿈을 해석하지 못하면 단 한 사람도 남기지 말고 모두 죽이라고 명령합니다. 그 명단에 다니엘도 포함되어 있었습니다. 이 사실을 알게 된 다니엘이 왕을 찾아가 말미를 구하고 나서 한 일이 이것입니다.

> 단 2:17,18 이에 다니엘이 자기 집으로 돌아가서 그 친구 하나냐와 미사엘과 아사랴에게 그 일을 알리고 하늘에 계신 하나님이 이 은밀한 일에 대하여 불쌍히 여기사 다니엘과 친구들이 바벨론의 다른 지혜자들과 함께 죽임을 당하지 않게 하시기를 그들로 하여금 구하게 하니라

다니엘은 혼자 기도하지 않았습니다. 늘 함께 기도하던 세 친구를 찾아가 기도 제목을 나누고 함께 기도합니다. 인생에서 누구를 만나느냐, 누구와 시간을 보내느냐는 정말 중요합니다. 같이 놀러 다니는 친구도

필요하고, 같이 맛있는 것 먹으러 다니는 친구도 필요하고, 같이 수다 떠는 친구도 필요합니다. 그런데 꼭 필요한 친구가 있습니다. 같이 기도하는 친구입니다.

당신의 삶에 고난이 찾아왔을 때, 기도 제목을 나누고 함께 기도할 수 있는 기도의 동역자들이 있기를 축복합니다. 당신이 가장 자주 연락하고, 가장 많이 만나는 사람이 기도하는 사람이기를 축복합니다. 그런 동역자를 교회에서 만나게 되기를 축복합니다. 제 주변을 돌아보아도, 정말 좋은 일이 있을 때 함께 기뻐해주고, 힘든 일이 있을 때 함께 아파해주는 사람들은 결국 기도하는 사람들이었습니다.

좋은 일이 생겨도 말을 못 합니다. 새집으로 이사했는데도 말을 못 합니다. 자녀가 좋은 학교에 들어갔는데도 말을 못 합니다. 잘된 이야기를 하면 배 아파하고 질투하니까요. 남편이 퇴직을 당하고 재정적으로 어려워도 무시당할까 봐 말을 못 합니다. 같이 여행도 가고 놀러도 다니는데, 마음속 이야기는 못 합니다. 기도 제목을 나누지 못합니다. 그러면 얼마나 외롭겠습니까. 어떤 사람을 만나느냐가 정말 중요합니다. 어떤 이야기를 해도 진심으로 함께 기도해주는 사람을 만나게 되기를 축복합니다.

제게도 그런 기도의 동역자가 있습니다. 고등학교 때 만난 친구입니다. 함께 신학교를 갔고, 같은 교회에서 사역했고, 지금은 정읍의 한 교회에서 담임목회자로 섬기고 있습니다. 고등학교 때 함께 정말 뜨겁게 기도했습니다. 같이 기도원도 다니고, 부흥회도 다니며 함께 은혜를 받던 친구입니다.

대학교 때 설교 중에 목사님이 함석헌 선생의 〈그 사람을 가졌는가〉라는 시를 읽어주셨습니다. 먼 길 나설 때 처자를 내맡기며 맘 놓고 갈만한 사람, 온 세상 다 나를 버려 마음이 외로울 때도 '저 맘이야' 하고 믿어지는 사람, 가라앉는 배에서 구명대 서로 사양하며 '너만은 제발 살아다오' 할 사람…. 군대에 가 있는 그 친구가 떠올랐습니다. 시를 듣고 마음에 깊은 감동이 와서 군대에 있는 그 친구에게 편지를 썼습니다.

"친구야, 나에게는 네가 그 사람이다. 혹시 네가 먼저 세상을 떠나게 되면 네 가족은 그때부터 내 가족이다. 내가 책임질게. 만약 나에게 무슨 일이 생기면 네가 내 가족을 책임져다오."

지금 그 친구는 자녀가 다섯 명이고, 저는 하나입니다. 뭔가 계산이 안 맞는 것 같기도 한데, 그 친구가 그 편지를 버리지 않고 아직까지 가지고 있더라고요.

이 친구는 정말 말씀과 기도의 사람입니다. 무슨 일이 있으면 늘 전화해서 기도를 부탁합니다. 밤이든 낮이든 상관없이 전화를 붙들고 뜨겁게 기도해줍니다. 여러분에게도 이런 기도의 동역자, 기도의 공동체가 있기를 축복합니다.

지금 내 주변에서 기도를 가장 많이 하는 사람이 떠오른다면 그 분과 무조건 친하게 지내십시오. 기도의 동역자가 반드시 필요합니다. 주님은 두세 사람이 내 이름으로 모인 곳에 함께하신다고 약속하셨습니다. 주님은 오늘도 이미 이곳에 계십니다. 주님께서 우리와 함께 계시며 무엇을 하시겠습니까. 기도에 힘을 불어넣어 주시고, 기도를 도와주십니다.

기도는 함께해야 합니다. 함께 기도할 때 기도를 시작할 힘을 얻고, 함께 기도할 때 끝까지 기도할 힘을 얻습니다. 여러분의 교회가 기도의 불이 살아 있는 교회, 기도로 서로의 눈물을 닦아 주는 교회가 되기를 축복합니다. 교회에서 기도의 동역자들을 만나게 되기를 축복합니다. 함께 모여 기도할 때, 우리는 기도의 힘을 얻습니다.

합심으로 기도할 때 기적이 일어난다

기적을 믿으세요? 어떤 목사님이 기적에 대해 "계란으로 바위를 치는데, 계란이 깨지지 않고 바위가 깨지는 것이 기적"이라고 설명하시더라고요. 이 말이 딱입니다. 인생을 보면 우리는 계란 같고, 세상은 바위 같습니다. 직장이라는 바위, 가정이라는 바위, 자식이라는 바위, 질병이라는 바위. 그런데 계란처럼 보이는 우리라도, 기도 가운데 하나님의 손에 붙들려 바위에 던져지면 바위가 깨지는 기적이 일어나는 겁니다.

다니엘에게는 힘든 일이 생기면 바로 달려가 기도 제목을 나누고 함께 기도할 친구들이 있었습니다. 혼자 끙끙 앓지 않았습니다. 같이 모여 기도했습니다. 그랬더니 바벨론의 모든 마술사와 점성가들이 알아내지 못한 왕의 꿈을 해석하는 기적을 경험합니다. 예수님이 이렇게 말씀하십니다.

> 마 18:18 진실로 너희에게 이르노니 무엇이든지 너희가 땅에서 매면 하늘에서도 매일 것이요 무엇이든지 땅에서 풀면 하늘에서도 풀리리라

인생에 묶이고 풀리는 일이 하늘에서 결정되는데, 그것이 우리의 기도에 달려 있다는 뜻입니다. 삶에 풀려야 되는데 묶여 있는 일이 있고, 묶여야 하는데 풀려 있는 일이 있지요. 그런데 우리가 합심해서 기도하면 풀린 건 풀리고, 묶일 건 묶인다는 것입니다. 이것이 합심기도의 능력입니다.

우리의 기도 제목 중에는 우리 혼자 힘으로는 도저히 답이 안 나오는 것들이 있습니다. 진짜 기적이 아니고서는 답이 없어 보이는 일들이 있어요. 그런데 합심해서 기도하면 기적이 일어납니다. 예수님이 분명히 말씀하셨습니다.

마 18:19 … 너희 중의 두 사람이 땅에서 합심하여 무엇이든지 구하면 하늘에 계신 내 아버지께서 그들을 위하여 이루게 하시리라

우리가 합심하여 기도할 때 "무엇이든지" 응답해주시겠다고 약속하십니다. 이 말씀을 우리의 생각으로 제한하면 안 됩니다. 하나님을 제한하지 마세요. 물론 그 "무엇이든지"가 하나님의 성품과 맞아야겠죠. "주님, 우리 교회 주변에 있는 교회들은 다 망하고 우리 교회만 잘되게 해주세요." 이런 기도는 하나님의 성품과 안 맞잖아요. 그런 기도는 안 됩니다. 하나님의 성품과 어울려야 합니다. 하나님의 성품과 어울리기만 하면, 무엇이든지 기도하면 응답하신다고 주님이 약속하셨습니다. 기적이 일어난다는 거예요.

사도행전 12장에 보면 헤롯 아그립바 1세가 통치할 때 대대적인 기독교 박해가 시작됩니다. 열두 사도 중 한 명인 야고보가 처음으로 순교를 당합니다. 교회의 리더가 순교하니 성도들이 얼마나 충격을 받았겠습니까. 그런데 야고보의 죽음을 보고 유대인들이 너무 좋아하니까 헤롯이 교회에서 가장 영향력 있는 베드로를 죽이기로 하고 그를 감옥에 가둡니다. 유월절이 끝나면 공개 처형하려고 합니다. 이에 교회가 간절히 합심하여 기도합니다.

행 12:5 이에 베드로는 옥에 갇혔고 교회는 그를 위하여 간절히 하나님께 기도하더라

이미 야고보 사도가 순교했지요. 그때는 기도 안 했을까요? 기도했겠죠. 기도했는데도 응답이 없으면 다시 기도가 됩니까? 안 되죠. '어차피 기도해도 안 되잖아. 지난번에 안 됐는데 이번이라고 되겠어?'라는 생각

이 들죠.

그런데도 성도들이 다시 모여서 기도합니다. 그것도 간절하게 기도합니다. 이런 교회가 되는 교회입니다. 되는 교회는 기도에 시험 들지 않습니다. 기도를 포기하지 않습니다. 다시 기도합니다. 목숨 걸고 기도합니다. 이런 교회가 살아 있는 교회입니다. 여러분의 교회가 기도에 시험 들지 않는 교회, 다시 기도하는 교회가 되기를 축복합니다.

이때 베드로 사도는 감옥에서 무엇을 했을까요? 잠을 잡니다. 이것도 기적입니다. 죽음을 앞두고 잠이 오겠습니까. 잠을 못 잡니다. 사형수들은 사형 집행일이 다가오면 극도의 불안을 느끼며 악몽에 시달리고, 발작을 일으킨다고 합니다. 엄청난 압박감을 느끼는 거예요. 그런데 그는 죽음을 앞두고 잠을 잡니다.

내일이면 죽는데 잠이 와요? 잠이 안 옵니다. 잠을 잘 수는 있다 해도 이런 상황이라면 바스락거리는 소리만 들어도 잠이 깨는 게 정상입니다. 깊이 잠을 못 잡니다. 그런데 천사가 와서 흔들어 깨우는데도 잠이 덜 깨서, 이게 꿈인지 생시인지 구분을 못 할 정도로 깊이 잠들었어요. 잘 수 없는 상황인데 잠을 자는 것도 기적입니다.

그런데 베드로 사도가 자고 있을 때 성도들은 뭘 하고 있습니까. 밤새 잠도 안 자고 합심으로 기도합니다. 아무리 힘들고 어려운 일이 있어도 교회가 기도하고 있다는 것을 알기 때문에 불안하지 않은 겁니다.

자녀가 학교에서 어려움을 겪었는데도 교회가 기도하고 있기 때문에 걱정이 안 됩니다. 부모님이 병원에 입원했는데도 교회가 기도하고 있기 때문에 평안합니다. 법적으로 고소를 당했는데도 교회가 기도하고 있기 때문에 불안하지 않을 수 있는 거예요. 관계가 어려워서 힘든데 우리 성도님들이 기도해주고 있기 때문에 잠을 잘 수 있는 겁니다. 여러분의 교회가 이런 교회 되기를 축복합니다.

교회가 밤새워 기도할 때 놀라운 일이 일어납니다. 천사가 베드로를 깨웁니다. 옷을 입으라고 하고, 따라 나오라고 합니다. 그러자 묶여 있던 쇠사슬이 풀어집니다. 시내로 통하는 철문이 저절로 열립니다. 천사를 따라가다 보니 감옥에서 나오게 됩니다. 정신을 차리고 요한의 어머니 집으로 갔더니, 거기에 성도들이 모여 밤새 기도하고 있었습니다. 이게 살아 있는 교회입니다.

합심하여 기도할 때 기적이 일어납니다. 천사가 일하기 시작합니다. 묶임이 풀리고, 닫힌 문이 열립니다. 합심기도로 교회 안에 있는 모든 묶임이 풀리고, 닫힌 문이 열리게 되기를 축복합니다.

합심기도의 능력1

제가 전에 섬겼던 교회에서 있었던 일입니다. 2013년의 일입니다. 아홉 살 된 임성경이라는 아이가 감기로 병원에 입원했다가, 하루 만에 중환자실로 옮겨졌습니다. 인공호흡기와 신장투석기에 의존한 채 석 달 동안 생사를 오가는 시간을 보냈습니다. 원인을 알 수 없는 고열이 무려 70일 동안 계속됐습니다. 뒤늦게 촬영한 MRI에서는 마흔 곳이 넘는 뇌 출혈이 발견되었습니다. 담당 의사 선생님은 아이가 살아날 가망이 없다고 말했습니다.

그때 온 교회가 성경이를 위해 함께 기도했습니다. 예배 때마다, 기도 모임마다 간절히 합심으로 기도했습니다. 그리고 기적이 일어났습니다. 살아날 가망이 없다던 아이가 93일 만에 퇴원하게 된 것입니다. 여전히 하루 열 시간씩 투석해야 했지만, 살아 있다는 것만으로도 기적이었습니다. 이 사건을 지켜본 서울대병원 교수님 한 분이 나중에 "제가 제 지식으로 하나님을 제한하고 있었습니다"라고 고백하며 회개하셨습니다. 담당 선생님도 이건 하나님이 살리신 거라고 말했습니다.

그런데 하나님의 기적은 거기서 멈추지 않았습니다. 성경이가 퇴원한지 녁 달 후, 그 아버지가 네팔로 단기선교를 갔다가 그곳에서 "교실이 부족해서 아이들이 마당에서 수업을 들어요"라는 선교사님의 말을 들었습니다. 아이도 여전히 아프고 사업도 어려워서 처음에는 이 일에 관여하고 싶지 않았는데 기도하면 할수록 그곳 아이들이 계속 떠오르는 거예요. 강바닥의 모래를 퍼 나르는 아이들, 바닥에 앉아 공부하는 아이들이 자꾸 생각났습니다.

어느 날 기도 중에 하나님께서 이 아버지에게 말씀하셨습니다.

"아들아, 성경이가 너에게 정말 소중하지? 이곳의 아이도 내게는 소중하단다."

그 음성을 듣고 더는 거부할 수 없어서, 일 년 동안 후원금을 모아 네팔에 학교를 짓기로 결단합니다. 그리고 학교를 짓자는 글을 SNS에 올립니다. 모금을 시작한 지 불과 다섯 달 만에 모금이 완료되고, 학교가 세워졌습니다. 한 아이를 살려 달라고 교회가 합심해 기도했더니, 아이가 살아나는 기적뿐 아니라 한 나라에 학교가 세워지는 기적이 일어난 것입니다.

그리고 하나님께서 이 아버지의 마음에 새로운 꿈을 주십니다. 가난한 나라에 백 개의 학교를 짓는 꿈입니다. 백 개의 학교를 짓는 것이 말이 안 되는데 사람들이 하나둘 모였고, 십 년도 채 되지 않아 그 꿈이 완벽하게 이루어집니다. 그런데 또 기도하는 중에 이런 생각이 들었다고 합니다.

'백 개의 학교를 지으신 하나님께서 만 개의 학교를 못 지으실까?'

하나님께서 2050년까지 가난한 나라에 만 개의 학교를 짓는 새로운 꿈을 꾸게 하신 것입니다. '드림스드림'이라는 기독교 NGO 단체가 그렇게 만들어졌습니다. 지금은 50개국에 370여 학교가 승인되었습니다. 이

단체의 운영비가 얼마인지 아십니까? 0원입니다. 후원금 전액이 학교를 짓는 데 사용되고, 이백팔십 명의 각 분야 전문가들이 모든 일을 100퍼센트 자원봉사로 섬기고 있습니다.

성경이는 신장이식 수술을 받고 건강해져, 지금은 목회자를 꿈꾸는 신학생이 되었습니다. 그리고 십 년 넘게 성경이를 치료했던 의사 선생님이 드림스드림에 연락해, 학교 짓는 일에 동참하고 싶다며 이천만 원을 후원하셨습니다. 그러면서 이렇게 말씀하셨어요.

"성경이는 하나님이 살리신 거예요. 저희가 모두 하나님의 영광을 위해 쓰임 받을 수 있다는 것이 참 감사합니다."

이것이 합심기도의 능력입니다.

합심기도의 능력 2

제가 섬기는 교회의 한 선교사님이 안식년으로 한국에 들어와 계시다가, 선교지에 어려움이 생겨 급하게 다시 나가게 되었습니다. 교회에 기도 제목을 남겨주셔서 예배 시간마다, 기도 모임마다 함께 기도했습니다. 출국 전에 제가 "선교사님, 주님께서 예비하신 생각지 못한 은혜가 있을 줄 믿고 기도할게요"라고 문자를 보냈는데 며칠 뒤 선교사님에게서 문자가 왔습니다.

"목사님, 복된 주말입니다. 저는 모임 잘 마치고 어제 입국했습니다. 하나님은 이번 일을 통해 저희 마음이 더 담대해지고, 하나님만을 의지하도록 하고 계심을 경험하게 하셨습니다. 목사님이 주님께서 예비하신 생각지 못한 은혜가 있을 줄 믿고 기도해주시겠다고 하셨는데, 제가 기도 부탁을 드렸던 미국 국적의 형제가 기적적으로 다시 집으로 돌아갈 수 있었습니다. H국에 대기하고 있던 형제에게 기도하며 다시 비자를 신청해보자고 격려했고, 저희 팀이 기도하는 중에 비자가 나와 아무 제

재 없이 다시 입국할 수 있었습니다. 어떻게 이런 일이 가능했는지… 저희도 은혜라고 할 수밖에 없습니다. 지금은 가족과 다시 함께하고 있습니다. 함께 기도해주셔서 감사합니다."

미국 국적을 가진 형제가 추방당할 위기에 있었는데 기적처럼 다시 집으로 돌아오게 되었고, H국에서 대기하고 있던 형제도 비자가 나올 수 없는 상황이었는데 비자가 나와서 아무런 어려움 없이 다시 입국하게 되었습니다. 하나님의 은혜 외에는 설명할 수 없는 일입니다.

저는 하나님께서 하나님의 천사를 보내셔서 관계된 사람들의 눈을 가리고, 귀를 닫고, 마음을 움직이고, 잘못된 결재를 내리게 하셔서 이 모든 일이 이루어지게 하셨다고 믿습니다.

공동체가 함께 기도할 때 하나님은 우리가 상상하지 못한 방식으로 일하십니다. 죽어가던 사람이 살아나고, 무너진 가정이 회복되고, 닫힌 문이 열리고, 묶인 인생이 풀립니다.

우리가 왜 함께 모여 기도해야 합니까. 함께 모여 기도할 때 기적이 일어나기 때문입니다. 우리 힘으로는 도저히 불가능한 기적, 설명할 수 없는 기적이 일어나기 때문입니다.

시 86:10 무릇 주는 위대하사 기이한 일들을 행하시오니 주만이 하나님이시니이다

맞습니다. 우리가 믿고 기도하는 주님은 기적의 하나님이십니다. 사람이 할 수 없는 기이한 일을 행하시는 분입니다.

합심으로 기도할 때 영적인 부흥이 일어난다

요나 선지자 기억하시죠. 하나님께서 니느웨를 심판하라는 메시지를 전하라고 하셨는데, 도망쳤다가 물고기 배 속에서 사흘을 지내고 결국 니느웨로 가게 된 사람입니다. 그런데 요나는 기쁜 마음으로 간 것이 아니었습니다. 마지못해 간 것이었죠. 안 할 수 없으니까 흉내만 낸 것입니다. 물고기 배 속을 한 번 경험하고 왔으니, 이번에는 사자 입이 기다리고 있을지 누가 알겠습니까.

니느웨는 도시를 직선으로 가로질러 걸어도 사흘이 걸리는 큰 도시였습니다. 보통은 도시를 한 바퀴 도는 데만 열흘이 걸린다고 합니다. 그런데 요나는 하루만 돌아다니고 끝냅니다. 그것도 열심히 했겠습니까. 억지로 한 겁니다. 잘 들리지도 않는 작은 소리로 "곧 망할 겁니다. 알아서 하세요" 이런 식이었을 겁니다. 사람들이 무슨 말이냐고 물으면, 그냥 뭐 이런 일이 있을 것 같다고 대충 말했겠죠. 요나가 니느웨성이 심판받기를 얼마나 원했겠습니까. 그런데 하나님은 그런 요나까지도 사용하십니다.

니느웨의 왕이 그 소식을 듣고 깜짝 놀라 전국에 명령을 내립니다. 니느웨에 있는 모든 사람과 짐승까지 모두 베옷을 입고 금식하라고 합니다. 그리고 하나님 앞에 엎드려 살려달라고 부르짖으라고 명령합니다. 온 도시가 합심하여 하나님 앞에 엎드려 회개합니다. 그러자 어떻게 됩니까.

욘 3:10 하나님이 그들이 행한 것 곧 그 악한 길에서 돌이켜 떠난 것을 보시고 하나님이 뜻을 돌이키사 그들에게 내리리라고 말씀하신 재앙을 내리지 아니하시니라 하나님께서 니느웨를 향한 뜻을 돌이키시고 심판을 멈추십니다.

이것이 부흥입니다. 다시 하나님이 주인 되시는 것이 부흥입니다. 삶이 바뀌고, 인생의 방향이 바뀌는 것이 부흥입니다. 죽어가던 영혼들이 다시 살아나는 것이 부흥입니다. 이 부흥은 사람이 만들어내는 것이 아닙니다. 성령께서 주도하시는 것입니다.

역사를 보면 성령께서 일으키시는 부흥에는 분명한 두 가지 특징이 있습니다. 부흥이 일어날 때마다 합심기도와 회개가 있었습니다. 사람들이 함께 모여 기도할 때, 그 자리에 회개의 영이 임했습니다.

우리나라의 대부흥 운동

한국의 오순절이라 불리는 1907년 평양 대부흥 운동도 장대현교회에서 드린 합심기도에서 시작되었습니다. 2천 명이 모여 교회의 분열을 회개하며 하나님 앞에 엎드려 함께 부르짖기 시작했고, 곳곳에서 자기 죄를 회개하며 고꾸라져 울부짖는 소리가 터져 나왔습니다. 다음 날이 되자 사람들은 자신의 죄를 공개적으로 고백하며 새벽 두 시까지 부르짖어 기도했고, 그다음 날에는 예배가 다 끝났는데도 6백 명의 성도들이 집으로 돌아가지 않은 채 예배당에 남아 계속 부르짖어 기도했습니다.

이 기도의 불길은 한반도 전역으로 퍼져나가고, 어린아이부터 할머니 할아버지에 이르기까지 하나님 앞에서 자신의 죄를 회개하고 사람들에게 용서를 구하며 훔친 것을 돌려주는 놀라운 부흥으로 이어졌습니다.

이 놀라운 부흥의 시작은 1903년, 여성 선교사들을 중심으로 한 작은 성경공부 모임이었습니다. 성경공부를 인도하던 하디 선교사는 "하나님께서 원하시는 것은 한국인들이 회개하는 것이 아니라, 내가 회개하는 것이고 우리가 회개하는 것입니다"라고 말하고 한국인 성도들 앞에서 자신의 잘못을 자백했습니다. 이때 시작된 회개 운동은 교파를 초월한 연합부흥회로 퍼져나갔고, 1907년 장대현교회에서 열린 연합부흥사경회에서 마침내 폭발하게 됩니다. 함께 모여 기도할 때 부흥이 일어났습니다.

1973년 5월, 서울 여의도 광장에서 백십만 명이 모여 함께 하나님 앞에 엎드려 기도했습니다. 이때 예수 그리스도의 십자가 복음을 듣고 자신의 죄를 회개하며 예수님을 영접한 사람들이 팔만 명에 이르렀습니다. 함께 모여 기도할 때 부흥이 일어났습니다.

어느 직장의 합심기도와 회개

2007년 4월, 규장과 갓피플 전 직원이 방언을 받는 사건이 있었습니다. 그 이후 직원들의 아침 예배는 완전히 달라졌습니다. 원래는 오전 8시 30분 예배인데, 그날 이후로 오전 7시부터 자발적으로 나와 기도하기 시작했습니다. 매일 아침 얼마나 뜨겁게 기도하고 찬양하는지, 아침마다 부흥회가 되었고 그렇게 뜨거운 기도회가 무려 여섯 달이나 지속됩니다. 회사 옥상에 기도실을 만들고, 온종일 팀별로 릴레이기도를 했습니다.

그런데 어느 날, 규장의 대표님 마음에 한 가지 고민이 생깁니다.

'이렇게 강력한 체험이 있었는데도 왜 사람들의 삶은 그대로일까.'

여전히 자기 연민과 상처와 슬럼프에 빠져 있는 직원들을 보며 마음이 답답해진 것입니다. 그때 편집국장이던 김응국 목사님이 10월부터 십자가 메시지를 집중적으로 전하기 시작합니다. 그러던 10월 23일, 설교하던 목사님이 갑자기 직원들 앞에서 자신의 죄를 고백했고 그날 대표님부터 신입사원까지 모두 눈물로 회개하기 시작했습니다. 대표님이 먼저 회개합니다.

"제가 회삿돈을 사적인 취미 생활에 썼습니다. 그것도 근무 시간에,

회사 카드로 골프를 쳤습니다. 입으로는 '이 회사는 주님의 것'이라고 말했지만, 실제로는 제 마음대로 운영하며 제 것처럼 여겼습니다. 예수님의 피로 값 주고 사신 귀한 직원들에게도 알게 모르게 상처를 주었습니다. 주님, 죄인 중의 괴수인 저를 용서해주세요."

이사님도 사람들 앞에서 입을 엽니다.

"저는 정직과 청렴을 누구보다 강조해온 사람이었습니다. 어느 날, 한 직원이 거래처에서 받아온 넥타이를 제게 선물로 가져왔습니다. 원칙대로 거절했지만, 간곡히 부탁하며 놓고 갔다는 말에 그만 받았습니다. 그리고 그 넥타이를 매고 예배에 참석했습니다. 저는 회개하지 않고 그냥 지나쳤습니다. 그 작은 틈이 교만이었고 위선이었습니다. 주님, 저를 용서해주세요."

그날 아침 7시에 시작된 회개기도는 정오까지 이어졌습니다. 회사 전체가 일을 멈추고 오전 내내 회개한 것입니다.

"저는 음란의 죄에 무너졌습니다. 친구들과 미디어 앞에서 스스로를 속이며 살았습니다. 며칠 전에도 집에서 몰래 포르노 사이트에 들어갔습니다. 주님, 저를 불쌍히 여겨주세요. 예수님의 보혈로 이 더러운 죄를 씻어주세요."

"저는 십일조를 제대로 드리지 못했습니다. 주님께 드려야 할 헌금을 제 마음대로 나누고, 계산하고, 숨겼습니다."

"저는 입사할 때 학력을 속였습니다. 나이를 속였습니다. 기도에 관한 책을 냈지만, 사실 저는 기도하지 않았습니다."

"저는 예배를 인도하면서도 제 마음은 하나님에게서 멀어져 있었습니다. 종이 아니라 종교인이었습니다. 영적인 교만과 나태함이 제 안에 있었습니다. 주님의 이름을 사용해 제 영광을 구했습니다."

"저는 어머니를 괴롭힌 아버지를 평생 미워해왔습니다."

당직 근무 시간에 다른 일을 한 것, 회사 물품을 개인적으로 사용한 것, 모니터 두 개를 띄워놓고 하나는 업무용, 하나는 개인 용도로 사용한 것, 회사 기름값을 개인적으로 청구한 것, 적은 돈이라며 공금을 유용한 일까지 모든 직원이 자신의 죄를 자백하며 눈물로 회개했습니다. 그때부터 회사가 달라졌고, 직원들의 삶이 변하기 시작했습니다. 이것이 부흥입니다.

2025년에 직원 예배에 참석했었는데, 그곳이 회사인지 교회인지 구분이 안 될 정도로 아침 기도회가 뜨거웠습니다. 오늘 우리가 드리는 예배에도 이런 눈물의 회개가 시작되기를 축복합니다. 우리의 죄를 숨김없이 고백하게 되기를 축복합니다. 작고 사소하다고 여겼던 것들, 말 한마디, 습관 하나, 마음속 미움 하나까지 주님 앞에 내려놓고 회개하며 합심해 기도하기 시작할 때, 진정한 부흥이 우리 가운데 임할 줄 믿습니다.

홀로 떨어진 장작불은 금세 식는다

요즘 교회가 어려움을 겪고 있습니다. 이제 희망이 없다고들 말합니다. 요즘 아이들은 교회에 가지 않는다고 합니다. 그러나 교회가 힘을 잃은 이유는 세상이 강해져서가 아니라 우리의 기도가 약해졌기 때문입니다.

아직 기회는 있습니다. 모든 성도가 한마음, 한뜻으로 함께 하나님 앞에 부르짖는 것입니다. 교회의 운명은 상황에 의해 결정되지 않습니다. 이 나라의 운명은 사람에 의해 결정되지 않습니다. 역사의 주관자 되시는 하나님께서 우리의 길을 정하십니다.

부흥의 역사는 사람의 능력으로 되지 않습니다. 프로그램으로 되지 않습니다. 걱정한다고 되는 것도 아닙니다. 이는 힘으로도 되지 아니하고 능으로도 되지 아니하며 오직 여호와의 신으로만 가능합니다. 하나님의 영으로만 가능합니다.

사탄의 역사는 분열시키는 것입니다. 나뉘게 하고, 갈라지게 하고, 흩어지게 합니다. 그러나 성령의 역사는 언제나 모이게 하고, 연합하게 하고, 하나 되어 기도하게 합니다.

이 민족의 부흥을 이끌었던 우리 신앙의 선배들처럼 다시 모여 함께 기도합시다. 잃어버린 기도를 회복합시다. 밤마다 새벽마다 교회에서, 기도원에서, 산에서 자녀를 위해 기도하고 나라와 민족을 위해 기도하며 교회를 위해 기도하던 기도회를 회복하는 것입니다. 우리 안에 잃어버린 기도의 야성을 회복해야 합니다.

지금 우리는 인류 역사상 그 어느 때보다 화려하고 풍요로운 시대를 살고 있습니다. 손가락 하나로 전 세계와 연결되는 초연결의 시대입니다. 그러나 역설적이게도, 영적으로는 그 어느 때보다 고립되고 파편화된, 영적 고아의 시대를 지나고 있습니다.

사탄은 끊임없이 "혼자 기도해도 충분해. 굳이 모일 필요 없어"라고 속삭입니다. 속지 마십시오. 사탄이 왜 우리를 흩어놓으려 하겠습니까. 홀로 떨어진 장작불은 아무리 뜨거워도 금세 식어버리지만, 젖은 나무라도 함께 모이면 거대한 산불이 되어 세상을 태워버린다는 사실을 가장 잘 알기 때문입니다.

기억하십시오. 이 민족의 운명을 바꿨던 것은 유능한 정치가도, 거대한 자본도 아니었습니다. 일제 강점기의 칠흑 같은 어둠 속에서, 전쟁의 폐허 위에서 이름 없는 성도들이 예배당의 차가운 바닥에 무릎을 맞대고 흘렸던 합심의 눈물이었습니다. 평양 장대현교회의 그 좁은 마룻바닥에서 터져 나온 회개의 통곡이 얼어붙은 한반도를 녹였고, 여의도 광장에 모인 백만의 함성이 이 나라의 가난과 저주를 끊어냈습니다. 지금 우리 교회와 이 나라에 다시 필요한 것은 세련된 프로그램이 아닙니다. 다시 옆 사람의 손을 잡고 주님의 이름을 외치며 함께 울어줄 거룩한 연대입니다.

오늘 우리가 마음을 같이하여 '쉼포네오', 곧 하늘의 교향곡을 연주하기 시작할 때 닫혔던 하늘 문이 열릴 것입니다. 여러분의 가정 위에 드리워진 절망의 그림자가 물러가고, 질병의 사슬이 끊어지며, 마른 뼈와 같은 우리 자녀들이 하나님의 군대로 일어나는 기적이 일어날 것입니다.

당신이 속해 있는 소그룹의 지체들은 그저 교인이 아닙니다. 여러분의 등 뒤를 지켜줄 기도의 전우요, 아론과 훌이며, 다니엘의 세 친구입니다.

이제 우리가 함께 일어납시다. 비굴하게 내 신세만 한탄하는 기도를 뛰어넘어 왕의 군대답게, 하나님의 자녀답게, 이 민족의 파수꾼답게 입을 열어 부르짖읍시다.

"주여, 다시 부흥을 주시옵소서!"

우리가 이곳에서 한목소리로 땅을 치며 기도할 때 하늘의 군대가 움직이고, 우리를 가로막았던 거대한 골리앗이 한순간에 쓰러질 것입니다. 하나님은 과거형이 아닙니다. 오늘도 살아 계십니다. 부흥은 지금 여기서도 일어납니다. 함께 모여 기도할 때 온 우주의 최종 결정권자이신 하나님께서 다시 한번 이 땅 가운데, 여러분의 가정 가운데, 우리 교회 가운데 거대한 부흥의 물결을 허락하실 것입니다.

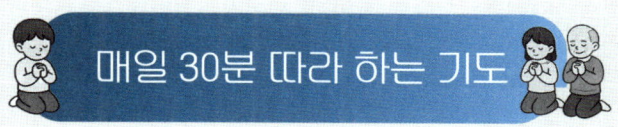

매일 30분 따라 하는 기도

CHECK	차수	날짜	QR코드	영상 제목

☐ Day 1 다시 기도할 힘을 얻는 기도

☐ Day 2 강력한 능력이 임하는 기도

☐ Day 3 기적이 일어나는 기도

☐ Day 4 고난의 시간에 기적이 일어나는 기도

☐ Day 5 회개 기도

☐ Day 6 대한민국을 위한 회개기도

☐ Day 7 부흥을 위한 기도

* 한 기도문을 3번 반복해서 따라 기도하고 개인기도 시간을 가진 후 체크하세요.

12

세상을 바꾸는 중보기도

로마서 8:34

배우 차인표 씨가 네 살 때의 일이라고 합니다. 집에 지하실로 통하는 작은 창문이 있었는데, 그곳에 머리가 들어갈까 하는 생각이 들었다고 합니다. 네 살짜리는 생각만 하지 않습니다. 직접 해봅니다. 그래서 머리를 넣었습니다. 들어갔습니다. 그런데 빠지질 않습니다. 앞은 깜깜한 지하실이고 몸통은 밖에서 바둥거리는 상황이 된 겁니다. 너무 무서워서 울음도 나오지 않았고, 울음소리마저 어둠 속으로 다 빨려 들어가는 것 같았다고 합니다.

그때 다섯 살 형이 옆에 있었습니다. 다섯 살짜리가 할 수 있는 게 뭐가 있겠습니까. 할 수 있는 게 없었는데 그 형이 한 가지를 합니다. 온 동네가 떠나갈 정도로 "앙" 하고 울기 시작한 겁니다. 고래고래 소리를 지르며 웁니다. 그 울음소리를 듣고 어머니가 오셔서 차인표 씨를 보고 꺼내주셨다고 합니다.

이것이 중보기도입니다. 아파도 아프다고 말하지 못하고, 울어도 울음소리가 들리지 않는 사람들을 위해 대신 하나님 앞에서 울어주는 것.

교회가 아파할 때 교회를 위해 울어주고, 나라가 힘들어할 때 나라를 위해 울어주고, 이웃이 넘어져 있을 때 이웃을 위해 울어주는 것입니다.

다섯 살짜리 같은 우리가 무엇을 할 수 있겠습니까. 할 수 있는 것이 많지 않습니다. 그러나 울어줄 수는 있습니다. 대신 울어주는 것, 그것이 중보기도입니다. 여러분이 이 땅에서 울고 싶어도 울지 못하는 사람들을 위해 대신 울어주는 사람들이 되기를 축복합니다. 우리, 많이 웁시다.

하나님의 성품을 닮은 중보기도

기도의 종류는 참 다양합니다. 형식에 따라 통성기도, 침묵기도, 선포기도로 나뉘기도 하고, 내용에 따라 감사기도, 찬양기도, 치유기도로 나누기도 합니다. 이 다양한 기도 중에서 하나님의 성품과 가장 가까운 기도가 있다면, 저는 중보기도라고 생각합니다. '도고(禱告)기도'라고도 부르는데, '나'가 아니라 철저히 '다른 사람'을 위한 기도입니다. 가장 이타적인 기도이고, 그래서 하나님의 성품과 가장 닮은 기도입니다.

몸이 가지 못해도 기도로 사역할 수 있다

현대 선교의 아버지라 불리는 윌리엄 캐리는 말 그대로 놀라운 사역의 업적을 이루었습니다. 개신교 역사상 최초로 해외 선교회를 설립했고, 1793년, 조선의 정조가 왕이던 시절 최초의 인도 선교사가 됩니다.

당시 인도는 말할 수 없이 미신적인 사회였습니다. 남편이 죽으면 아내를 함께 불에 태워 죽이는 풍습인 사티(Sati) 제도가 있었고, 갠지스강에서는 "갠지스강의 여신이여, 영광 받으소서!"라고 외치며 악어가 득실대는 강에 어린아이를 던져 제사를 지냈습니다.

윌리엄 캐리는 그 땅에 들어가 수많은 현지 언어로 신구약 성경 전체를 번역했습니다. 신학교뿐 아니라 인도 최초의 남녀공학 학교를 세우고, 여성 교육을 장려했습니다. 신문과 잡지를 발행하고 도서관과 독서실을 세우며 인도 사회를 깨우는 일에 힘썼습니다.

한 나라의 오랜 전통과 문화를 바꾸는 일은 결코 쉽지 않습니다. 수많은 정치적 압력과 문화적 반발이 뒤따랐습니다. 우리나라 초기 선교사들도 그러했듯, 윌리엄 캐리 역시 많은 고난을 겪었습니다. 그런데 그는 어떻게 이 모든 사역을 끝까지 감당할 수 있었을까요.

윌리엄 캐리는 이렇게 사역할 수 있었던 비결로, 인도에서 사역하는 42년 동안 자기를 위해 단 하루도 쉬지 않고 기도해준 여동생 폴리 캐리(Polly Carey)를 들었습니다. 그녀는 전신마비로 몸을 움직이지 못하고 누워만 있어야 했지만, 선교를 떠나는 오빠에게 이렇게 약속했습니다.

"나는 돈을 보내줄 수도 없고, 돌아다니며 선교 후원자를 모을 수도 없어. 하지만 한 가지 약속할게. 내가 하루도 빠지지 않고 오빠를 위해 기도할게."

윌리엄 캐리는 그 중보기도가 자신을 끝까지 포기하지 않게 붙들어준 가장 강력한 힘이었다고 간증합니다.

선교사님들이 선교지를 향해 떠날 때 무엇을 붙들고 그 먼 길을 갔겠습니까. 조국의 성도들이 자신을 위해 울어주고 있다는 믿음 하나로 지금도 그 자리에서 버티고 있는 것입니다. 선교사님들을 위해 기도해야 합니다. 우리가 기도할 때 굳게 닫혀 있던 그 땅에 복음의 문이 활짝 열리게 될 줄 믿습니다.

중보자가 최고의 동역자

19세기 영국에서 가장 영향력 있던 교회는 메트로폴리탄 태버너클 교회입니다. 당시 예배당에 6천 명이 동시에 예배드릴 수 있었던, 그 시대 최대 규모의 교회였고, 이 교회에서 세례를 받은 성도 수만 1만 5천 명에 이르렀습니다. 이 교회의 담임목사는 설교의 황태자라 불린 찰스 스펄전 목사였습니다.

수많은 사람이 그의 설교를 듣기 위해 교회를 찾았고, 새 신자가 너무 많아 기존 성도들은 예배당 밖에서 예배를 드리고, 본당은 새 신자들이 채웠다고 전해집니다.

새로운 성도들이 오면 스펄전 목사님은 직접 교회 안내를 했는데 그가 가장 먼저 안내한 곳은 6천 명이 예배드릴 수 있는 크고 웅장한 본당이 아니었습니다. 파이프 오르간을 자랑하지도 않았고, 어떤 돌로 지은 건물인지 설명하지도 않았습니다. 스펄전 목사님이 가장 먼저 데려간 곳은 교회 지하실의 한 채플이었습니다.

"이곳이 제 목회의 비밀이고, 이곳이 우리 교회의 발전소입니다."

그곳은 스펄전 목사님이 설교할 때마다 성도들이 모여 중보기도를 드리던 기도실이었습니다.

또 이 교회에는 연세가 많은 한 권사님이 계셨는데 이 권사님은 주일마다 교회에 새로 등록한 새 신자 명단을 꼭 챙겨 가서 일주일 내내 그 이름을 하나하나 불러가며 "주님, 이분이 꼭 예수님을 만나게 해주세요. 영적으로 잘 자라게 해주세요" 하고 기도했다고 합니다. 누가 시킨 것도 아니고, 알아주는 사람도 없었지만 매주 그렇게 기도했습니다.

이 권사님이 세상을 떠났을 때 스펄전 목사님은 장례식을 인도하며 "이 권사님은 저의 가장 훌륭한 동역자였습니다"라고 회고했습니다. 스펄전 목사님 곁에는 분명 훌륭한 동역자들이 많았을 것입니다. 탁월한 목회자 그룹도 있었고, 뛰어난 평신도 리더십도 있었을 것입니다. 그러나 그가 말한 가장 훌륭한 동역자는 교회와 목회자를 위해 날마다 기도하던 나이 든 권사님이었습니다.

동역자는 조직표에 이름이 올라 있는 사람이 아니라, 눈물로 기도하는 사람이라는 뜻입니다. 목회는 목회자 혼자 할 수 없습니다. 성도들의 중보기도는 너무나 중요합니다. 목회자를 위해서, 특별히 담임목사님을 위해 깊이 기도해주셔야 합니다.

중보기도는 역사를 바꾼다

1982년 독일 라이프치히의 니콜라이교회에서 매주 월요일마다 몇 사람이 모여 기도를 시작했습니다. 그들이 모여 기도한 이유는 단 하나였습니다. 독일에 하나님의 나라가 임하는 것이었습니다.

시간이 흐르면서 함께 기도하는 사람들이 점점 늘어났고, 7년이 지났을 때 교회 안에는 2천 명이, 교회 앞 광장에는 1만 명이 모여 함께 기도하게 됩니다. 기도회를 마치고 거리 행진을 할 때는 그 숫자가 10만 명으로 불어났습니다. 이를 막기 위해 600명의 무장 경찰이 투입되었지만, 오히려 그 경찰들 가운데서도 기도하며 행진하는 사람들을 보고 마음이 움직이는 일이 일어났습니다.

그리고 기도가 시작된 지 7년째 되던 1989년 11월 9일, 철옹성 같던 베를린 장벽이 무너졌습니다. 이듬해인 1990년 10월 3일, 분단된 지 45년 만에 공산 정권이 무너지고 독일은 통일되었습니다. 이것이 중보기도의 위력입니다.

우리나라 6·25 전쟁 당시, 전세는 계속 밀려 낙동강까지 후퇴하게 됩니다. 그때 부산의 초량교회는 피난 온 목회자 250명을 받아들였고, 성도들은 결혼 예물까지 팔아가며 그들을 섬겼습니다. 낙동강에서 최후의 전투가 벌어질 때, 초량교회를 중심으로 목회자들이 모여 구국 기도회를 시작합니다. 나라를 위해 기도하기 시작했고, 그 기도회는 일주일 동안 이어졌습니다. 자신의 죄를 회개하며 나라와 민족을 위해 뜨겁게 기도했습니다.

기도회를 마치고 사흘 뒤, 누구도 예상하지 못한 인천상륙작전이 성공해 서울이 수복됩니다. 전쟁의 흐름이 완전히 뒤집힌 것입니다. 나라를 위해 중보하며 기도할 때 전혀 생각하지 못했던 기적 같은 일이 일어납니다. 이것이 중보기도의 위력입니다. 우리가 기도하면 하나님이 일하십니다. 우리가 기도하면 세상이 변화됩니다. 중보기도는 역사를 바꾸는 기도입니다.

기도의 크기가 사람의 크기를 결정합니다. 기도의 지경을 넓혀야 합니다. 나라와 민족을 위해 기도하고, 하나님의 나라를 위해 기도할 때 하나님께서는 여러분을 역사의 주인공으로 사용하실 것입니다. 우리 자녀들에게도 어릴 때부터 중보기도를 가르쳐야 합니다. 그래야 그릇이 큰 사람으로 자라게 됩니다.

성경에도 보면 중보기도를 통해 시대를 깨웠던 사람들이 참 많습니다. 그중에 대표적인 사람이 모세입니다. 르비딤 광야에서 이스라엘과 아말렉 사이에 전투가 벌어졌을 때(출 17장) 모세는 여호수아와 군사들을 전쟁터로 내보내고, 자신은 산으로 올라가 지팡이를 들고 기도하는데 놀라운 일이 일어납니다. 모세의 손이 올라가면 전쟁에서 이기고, 모세의 손이 내려오면 전세가 밀리는 것입니다. 전쟁은 젊은 여호수아가 하지만, 전쟁의 승패는 기도하는 모세의 손에 달려 있었습니다.

우리도 마찬가지입니다. 지금 우리 자녀들이 얼마나 많은 영적 공격을 받고 있는지 모릅니다. 다원주의 세계관과 무신론적 세계관, 온갖 중독과 쾌락의 파도가 우리 아이들을 집어삼키고 있습니다.

우리 자녀들이 마귀의 공격에 승리하고, 세상에서 승리하고, 인생에서 승리하기 위해서는 그들이 믿음으로 최선을 다해 싸우는 것도 필요합니다. 그러나 그들이 이기고 지는 것은 결국 부모의 기도 손에 달려 있습니다. 그들의 능력이 약해서 지는 것도 아니고, 세상이 강해서 지는 것도 아닙니다. 우리의 기도 손이 내려가 있어서 지는 것입니다. 부모의 기도 손이 올라갈 때 자녀들은 영적 전쟁에서 승리하고, 세상에서 승리하고, 인생에서 승리합니다.

교회의 어른인 여러분이 영적인 모세가 되어 기도해야 여호수아 같은 젊은 세대가 승리합니다. 여러분이 기도할 때 주일학교가 살아나고, 청년부가 살아나고, 소그룹이 살아납니다. 예배가 살아나고 교회가 살아납니다. 교회의 어른들이 기도할 때, 교회가 어떤 사역을 하든 반드시 승리하게 됩니다. 세상이 변화되는 것은 우리의 기도 손에 달려 있습니다.

누가 공동체의 어른이고 리더입니까. 기도하는 사람이 어른이고, 기도하는 사람이 리더입니다. 기도할 때 영적인 능력이 나타나고 영적 권위가 세워집니다. 하나님의 사람들은 자리가 아니라 기름부음으로 사역합니다. 기도로 사역하는 것입니다.

우리 앞에는 해결되지 않은 수많은 문제가 놓여 있습니다. 믿음이 없는 사람에게는 그것이 모두 문제로 보이지만, 기도하는 사람에게는 그것이 모두 기도 제목입니다. 걱정하고 염려할 것이 아니라 기도의 손을 들어올려야 합니다. 찔끔찔끔 적당히 해서는 안 됩니다. 완전히 이길 때까지, 포기하지 말고 기도해야 합니다. 기도로 끝장을 봐야 합니다.

혼자서는 그렇게 하지 못합니다. 그래서 함께해야 합니다. 모세가 혼자 기도했다면 어떻게 종일 손을 들고 기도할 수 있었겠습니까. 아론과 훌이 함께했기 때문에 종일 손을 들고 기도할 수 있었습니다. 그래서 중보기도는 합심기도입니다. 함께해야 합니다. 중보기도 팀이 중요한 이유가 여기에 있습니다. 서로서로 기도의 팔을 받쳐주는 것입니다. 기억하십시오. 손이 올라가면 이기고, 손이 내려가면 집니다.

중보기도의 위력

모세가 시내산에 올라가 내려오지 않자 이스라엘 백성은 금송아지 형상을 만들고 그것을 예배합니다(출 32장). 그 모습을 보고 하나님께서 크게 진노하며 말씀하십니다.

"모세야, 너는 내가 확실하게 축복해주겠다. 그러나 이 백성은 아니다. 내가 반드시 심판하겠다. 다 쓸어버리겠다."

그러나 모세는 "하나님, 좋은 생각입니다. 저도 너무 힘들었습니다. 이번 기회에 새판을 짜보시죠"라고 하지 않습니다. 그는 하나님을 막아서며 중보합니다.

출 32:11-13 모세가 그의 하나님 여호와께 구하여 이르되 여호와여 어찌하여 그 큰 권능과 강한 손으로 애굽 땅에서 인도하여 내신 주의 백성에게 진노하시나이까 어찌하여 애굽 사람들이 이르기를 여호와가 자기의 백성을 산에서 죽이고 지면에서 진멸하려는 악한 의도로 인도해내었다고 말하게 하시려 하나이까 주의 맹렬한 노를 그치시고 뜻을 돌이키사 주의 백성에게 이 화를 내리지 마옵소서 주의 종 아브라함과 이삭과 이스라엘을 기억하소서 주께서 그들을 위하여 주를 가리켜 맹세하여 이르시기를 내가 너희의 자손을 하늘의 별처럼 많게 하고 내가 허락한 이 온 땅을 너희의 자손에게 주어 영원한 기업이 되게 하리라 하셨나이다

"주님, 이 백성이 잘못한 거 맞습니다. 죽어 마땅합니다. 심판받아 마땅해요. 그런데 주님, 여기에서 죽이시면 애굽 사람들이 뭐라고 하겠습니까. 주님께서 축복해주겠다고 약속하셨잖아요. 주님, 진정하세요. 잘 생각하세요."

이 기도를 들으신 하나님께서 어떻게 하십니까.

출 32:14 여호와께서 뜻을 돌이키사 말씀하신 화를 그 백성에게 내리지 아니하시니라

놀랍지 않습니까. 온 우주의 통치자이신 하나님께서 보잘것없는 한 인간의 중보기도를 들으시고 뜻을 돌이키십니다. 이것이 중보기도의 위력입니다. 온 우주 만물을 다스리시는 최종 결정권자는 하나님이십니다. 세상을 바꾸는 것은 사람의 영역이 아니라 하나님의 영역입니다. 그런데 하나님께서는 모세의 중보기도를 들으시고 뜻을 돌이키십니다. 다시 말하면, 세상을 바꾸는 일이 우리의 기도에 달려 있다는 뜻입니다. 하나님은 우리의 기도를 들으시고 뜻을 바꾸시는 분입니다.

기도하는 한 사람이 있다면 끝이 아니다

이미 다 끝난 것 같은 상황입니까. 미래가 보이지 않고 암담합니까. 그러나 기도하는 한 사람이 있다면 하나님은 뜻을 돌이키십니다. 여러분이 가정을 위해 기도할 때, 주님께서 뜻을 돌이키십니다. 자녀를 위해 기도할 때, 주님께서 뜻을 돌이키십니다. 교회를 위해 기도할 때, 교회를 향한 하나님의 뜻을 돌이키십니다. 이 나라와 민족을 위해 기도할 때, 이 나라와 민족을 향한 하나님의 뜻을 돌이키십니다. 기도만큼 강력한 것은 없습니다. 중보기도가 세상을 바꿉니다.

사실 저도 마찬가지입니다. 저를 보면 제가 이렇게 쓰임 받게 된 것이 이해되지 않습니다. 저는 특별한 실력이 있는 것도 아니고, 좋은 학벌이 있는 것도 아니고, 무슨 든든한 배경이 있는 것도 아닙니다. 외모가 좋은 것도 아닙니다. 저를 보면 너무나 평범한 사람입니다. 아니, 부족한 것투성이고, 약한 것투성이입니다.

그런데 제 삶에는 이해할 수 없는 은혜가 너무 많고, 이유를 알 수 없

는 은혜가 참 많습니다. 왜 이 은혜를 누리는지 설명할 수 없는 순간들이 있습니다. 기도한 적도 없는데 주어지는 은혜들이 있지 않습니까. 저는 그 모든 것이 저를 위해 기도해주신 분들의 기도 덕분이라고 믿습니다.

제게는 어머니가 두 분 계십니다. 한 분은 저를 낳아주신 어머니이고, 또 한 분은 제가 신학을 하게 되면서 집에서 쫓겨났을 때 갈 곳 없던 저를 돌봐주신 분입니다. 그 분은 일찍 남편을 잃고 혼자 세 자녀를 키우던 집사님이셨습니다. 기도해주는 사람이 아무도 없는 고등학교 2학년짜리를 위해 그때부터 지금까지 단 하루도 쉬지 않고 매일 새벽마다 기도해주십니다. 전화 드릴 때마다 "목사님, 걱정하지 마세요. 제가 기도하고 있어요. 하나님이 함께하실 거예요"라며 저를 격려해주십니다.

결혼 전에 배우자를 위해 기도할 때 이런 기도를 했습니다.

"주님, 저는 신앙이 없는 가정에서 자랐습니다. 제 아내는 신앙의 가정에서 자라 영적인 훈련을 잘 받은 사람이면 좋겠습니다."

이것이 첫 번째 기도 제목이었습니다. 그런데 주님께서 이 기도에 아주 강하게 응답해주셨습니다. 만나 보니 어머님이 목사님이셨습니다. 아예 목회자 가정의 자녀를 만나게 하신 것입니다.

저희 장모님은 부천에서 목회하시며 오랫동안 교도소 사역과 서울역 노숙자 사역을 섬기셨습니다. 지금도 매일 새벽마다 저를 위해 기도해주십니다. "어머니, 기도 제목 있어요. 기도해주세요" 하고 기도 제목을 보내드리면 바로 철야하고 금식하면서 저를 위해 기도해주십니다. 평생 우상을 섬기셨던 제 친어머니도 지금은 저를 위해 매일 기도해주고 계십니다.

아침에는 아내가 거실에서 기도하며 울고 있습니다.

"주님, 우리 남편은 아무것도 없어요. 진짜 불쌍한 사람이에요. 불쌍히 여겨주세요."

기도 내용이 썩 기분 좋은 것은 아니지만, 저를 위해 눈물로 기도할 때 제 아내가 가장 예쁘고 가장 고맙게 느껴집니다.

하나님 앞에서 울면 사람 앞에서 울 일이 없습니다. 하나님 앞에서 무릎 꿇으면 사람 앞에서 무릎 꿇을 일이 없습니다. 기도하는 아내, 기도하는 어머니가 되시기를 축복합니다.

중보기도가 예배의 흐름을 바꾼다

제가 수원 원천교회에서 설교목사로 섬기게 되어 사역을 시작한 지 한 달쯤 지났을 때의 일입니다. 대표 집사님이 도와드릴 것은 없냐고 물으셔서 예배를 위해 중보기도 팀을 운영해달라는 부탁을 드렸습니다. 예배를 위한 중보기도 제목 리스트를 드리고 그 기도문으로 기도해달라고 부탁드렸습니다. 그때부터 매주 예배 전에 중보기도 팀이 모여 예배를 위해 기도합니다. 설교 전에 저를 위해 기도해주시고, 예배 중에도 저를 위해 중보합니다.

어느 날 제 아내가 "여보, 이상하게 2주 전부터 예배가 달라요. 뭐라고 설명은 못 하겠는데 예배드릴 때 계속 눈물이 나고, 뭔가 더 특별한 은혜가 있는 것 같아요. 설교가 달라진 건 아니에요"라고 말했습니다. 정확하게 그 2주 전부터 중보기도 모임이 시작되었습니다. 그 사실을 몰랐던 제 아내가 변화를 느낀 것입니다. 기도가 예배의 흐름을 바꾼 것입니다.

처음 신학대학교에 가서 보니 다들 성골, 진골 같은데 저만 거의 노비 수준이었습니다. 부모님이 목사님, 장로님, 집사님인데 저 혼자만 불신자 가정에서 와서 기도해주는 사람이 없다고 느끼니 마음이 얼마나 위축되었겠습니까. 그런데 어느 날 한 목사님이 학교 채플에 오셔서 설교하시며 "혹시 이 중에 예수 안 믿는 집에서 혼자 와서 신학하는 사람, 손

들어보세요" 하시고는 이 말씀을 읽어주셨습니다.

롬 8:34 누가 정죄하리요 죽으실 뿐 아니라 다시 살아나신 이는 그리스도 예수시니 그는 하나님 우편에 계신 자요 우리를 위하여 간구하시는 자시니라

"아무도 여러분을 위해 기도해주는 사람이 없는 것 같아서 외롭습니까? 아닙니다. 지금 이 순간에도 예수님이 하나님 보좌 우편에서 여러분의 이름을 불러가며 기도하고 계십니다. 여러분은 혼자가 아닙니다."

그 말씀을 듣는데 눈물이 멈추지 않았습니다.

예수님은 이 땅에 계실 때도 기도로 사역하셨고, 지금도 하나님 보좌 우편에서 여러분의 이름을 불러가며 여러분을 위해 기도하고 계십니다. 우리가 가장 강력한 예수님의 중보기도를 받고 있다는 뜻입니다. 예수님이 우리를 위해 기도하시는데 우리가 실패하겠습니까. 여기서 끝나겠습니까. 아무리 상황이 힘들고 어려워도 우리는 반드시 이기게 되어 있습니다. 몇 번 넘어져도 다시 일어섭니다. 다 망한 것처럼 보여도 반드시 회복됩니다.

기도의 대가 E. M. 바운즈 목사님은 이렇게 말했습니다.

"교회는 더 좋은 방법과 계획을 추구하지만 하나님은 더 좋은 사람을 찾으신다. 성령의 역사는 어떤 방법이 아니라 기도의 사람을 통해 이루어진다."

사람들은 더 좋은 방법, 더 좋은 계획, 더 좋은 프로그램을 찾지만 하나님은 하나님의 일을 하기 위해 기도하는 사람을 찾으십니다. 저는 여러분이 바로 그 한 사람이 되시기를 주님의 이름으로 축복합니다.

작고 약한 우리가 어떻게 이 큰 세상을 바꿀 수 있겠습니까. 우리는 작고 부족하지만, 우리의 기도를 들으시는 분은 전지전능하신 하나님입니

다. 그래서 우리의 기도에는 놀라운 능력이 있습니다.

우리가 실제로 중보기도를 할 때, 기억해야 할 것이 많이 있지만 반드시 기억해야 할 두 가지를 나누겠습니다.

중보기도를 할 때 기억해야 할 두 가지

부담감

중보기도의 대가인 웨슬리 듀웰은 "마음의 부담은 기도의 싸인이다"라고 말했습니다. 왠지 모르게 마음이 불편하고, 설명할 수 없는 부담이 느껴질 때가 있다면 기도하라는 싸인입니다. 누군가가 갑자기 떠오른다면 그 사람을 위해 기도하라는 싸인입니다. 어떤 일이 유독 마음에 걸리고 특별하게 느껴진다면 하나님께서 그 부분을 위해 기도하라고 부르시는 싸인입니다. 그 부담이 바로 예수님의 마음이기 때문입니다.

누군가를 향한 부담이 느껴지고, 그 아픔이 마음에 와닿는다는 것은 내 안에 예수님의 마음이 있다는 뜻입니다. 이 부담은 사람마다 다르게 옵니다. 어떤 사람은 어린이를 볼 때 부담이 느껴지고, 어떤 사람은 가난한 사람을 볼 때 마음이 움직입니다. 어떤 사람은 장애인을 보며, 또 어떤 사람은 청년을 보며, 어르신을 보며, 선교사님을 보며, 목회자를 보며 부담을 느낍니다. 각자가 느끼는 부담은 다르지만, 그 부담 자체가 기도하라는 하나님의 싸인이라는 것입니다.

빌 1:8,9 내가 예수 그리스도의 심장으로 너희 무리를 얼마나 사모하는지 하나님이 내 증인이시니라 내가 기도하노라 너희 사랑을 지식과 모든 총명으로 점점 더 풍성하게 하사 사도 바울이 빌립보 교회 성도들을 위해 기도할 때, 그 안에는 예수 그리스도의 심장이 있었습니다. 기도는 입으로 하는 것이 아니라 심장으로 하는 것입니다. 기도하기 전에 우리 안에 먼저 예수님의 마음이 있어야 합니다.

뉴스에서 어느 교회에 문제가 생겼다, 어느 목회자가 사고를 쳤다 하는 소식을 들을 때 '교회가 왜 저래. 기독교는 다 썩었어' 이런 마음이 든다면, 그것은 그리스도의 심장이 아닙니다. 비판하고 판단하고 정죄하는 것은 누구나 할 수 있습니다. 믿음이 없어도 할 수 있습니다.

한국 교회는 저기 어딘가에 있는 교회가 아닙니다. 내가 한국 교회이고, 우리가 한국 교회입니다. 우리 목회자들이고, 우리 교회입니다. 그래서 안타까운 마음을 가져야 합니다. 그것이 그리스도의 심장을 가진 사람의 모습입니다.

우리 교회 예배가 왜 이러냐, 우리 교회는 이게 문제다. 이런 말은 누구나 할 수 있지만, 함께 아파하는 것은 그리스도의 마음을 가진 사람들만 할 수 있습니다. 중보기도를 시작할 때 이렇게 기도하시기 바랍니다.

"주님, 제게 예수님의 심장을 주세요. 예수님의 부담을 주세요."

공감

제가 상담을 하거나 누군가를 위해 기도할 때, 가장 먼저 드리는 기도가 있습니다.

"하나님, 이분의 마음이 제게 느껴지게 해주세요. 이분의 아픔이 제게 느껴지게 해주세요."

이 기도입니다. 그 사람의 마음에 공감하지 못한 상태에서 하는 말은, 아무리 의도가 좋고 내용이 옳아도 위로가 되지 않기 때문입니다. 말이 마음에 닿지 않고 모두 튕겨나가버립니다.

한번은 한 자매를 만나 한 시간 동안 상담을 했습니다. 그런데 그 자매가 오십 분 동안 거의 혼자 이야기를 했습니다. 저는 그저 "응", "그랬구나", "힘들었겠다"라는 말만 하다가 시간이 다 갔습니다. 그런데 상담을 마치고 돌아가는 길에 그 자매에게서 연락이 왔습니다.

"목사님, 오늘 목사님 덕분에 제 모든 문제가 풀렸어요!"

제가 한 것이 없었습니다. 그 자매가 혼자 다 이야기했을 뿐입니다. 그런데 문제가 풀렸다고 말했습니다. 이것이 공감의 힘입니다.

반대로 제가 후회하는 순간도 있습니다. 이야기를 듣다 보면 답이 보일 때가 있습니다. 사람을 많이 만나다 보니, 이야기를 들으면 해결책이 떠오릅니다. 그래서 말을 하면, 아무리 좋은 말이어도 모두 퉁겨나가버립니다.

기도도 마찬가지입니다. 공감 없이 드리는 기도는 힘이 붙지 않습니다. 기도하고 있어도 마음이 가지 않습니다. 그러나 그 사람의 마음이 느껴지는 순간, 기도는 간절해집니다.

"밤낮 술만 마시는 남편, 제발 술 좀 끊게 해주세요."

술이 웬수라며 남편을 마치 마귀처럼 대합니다. 그런데 그렇게 기도하기 전에 먼저 이 기도를 해야 합니다.

"하나님, 밤낮 술이 없으면 살 수 없는 남편의 마음이 제게 느껴지게 해주세요. 맨정신으로는 도저히 버틸 수 없는 제 남편의 외로움이 제게 느껴지게 해주세요."

이렇게 기도하다 보면, 남편의 마음이 느껴집니다. 그러면 판단하고 정죄하고 바꾸려는 마음보다 불쌍한 마음이 생깁니다. 술 없이 맨정신으로는 살 수 없는 그 마음이 느껴져서, 밉기보다 짠하게 느껴집니다. 그래서 술 마신다고 할 때 또 술이냐고 잔소리하는 대신, 속 버리니까 안주라도 좋은 것 먹으라고 하면서 더 좋은 안주를 만들어주고 싶은 마음이 듭니다. 그렇다고 오늘의 결론이 술안주를 더 좋은 걸로 해주라는 뜻은 아닙니다. 공감이 중보기도의 시작입니다.

기도를 하다 보면, 기도할수록 마음이 더 답답해지고 그 사람을 정죄하는 마음이 들 때가 있습니다. '도대체 저 사람은 언제 변할까' 하는 생각에 얼굴만 봐도 짜증이 나고 화가 납니다. 아직 공감이 되지 않았다는 뜻입니다. 정말 그 사람의 마음이 느껴지기 시작하면, 기도 응답이 더딜수록 오히려 더 간절해집니다. 더 짠해지고, 더 불쌍해집니다. 기도 많이 하는 분인데 대화가 안 되고 센 분들이 있습니다. 세게 보인다면 공감 없이 기도했기 때문입니다. 오늘부터 중보기도를 할 때, 이 기도를 먼저 드리시기 바랍니다.

"주님, 남편의 아픔이 제게 느껴지게 해주세요. 자녀들의 슬픔이 제게 느껴지게 해주세요. 부모님의 고통이 제게 느껴지게 해주세요. 성도님의 아픔이 제게 느껴지게 해주세요. 친구의 고통이 제게 느껴지게 해주세요. 목사님의 목회의 무게가 제게 느껴지게 해주세요. 이 민족의 아픔이 제게 느껴지게 해주세요."

최고의 중보자이신 성령님의 기도 원리

우리의 중보자 되시는 성령께서 우리를 위해 기도하실 때 이렇게 하십니다.

롬 8:26 이와 같이 성령도 우리의 연약함을 도우시나니 우리는 마땅히 기도할 바를 알지 못하나 오직 성령이 말할 수 없는 탄식으로 우리를 위하여 친히 간구하시느니라 성령님은 우리의 아픔에 완벽하게 공감하시며, 말할 수 없는 탄식으로 기도하십니다. 이것이 최고의 중보자이신 성령님의 기도 원리입니다. 우리가 중보기도를 할 때, 예수님의 심장과 함께 성령님의 마음을 구해야 합니다. 이렇게 공감하는 마음으로 기도하기 시작할 때, 여러분이 기도하는 곳마다 살아나는 역사가 일어날 것입니다.

그런데 오늘 이 시대의 무너진 현실을 보십시오. 에스겔 선지자에게 하나님은 이렇게 탄식하십니다.

"나는 그들 가운데서 한 사람이라도 이 땅을 지키려고 성벽을 쌓고, 무너진 성벽의 틈에 서서, 내가 이 땅을 멸망시키지 못하게 막는 사람이 있는가 찾아보았으나, 나는 찾지 못하였다"(겔 22:30, 새번역).

하나님은 지금도 성벽의 무너진 틈을 막아설 한 사람을 간절히 찾고 계십니다. 우리의 죄와 나태함으로 인해 영적인 성벽은 무너져 내렸고, 그 갈라진 틈 사이로 하나님의 진노와 심판이 쏟아지려 합니다. 이때 하나님이 찾으시는 사람은 비판하는 사람이 아닙니다. 누가 성벽을 이렇게 허물었느냐고 손가락질하며 정죄하는 사람도 아닙니다. 하나님은 자신의 무릎을 꺾어 그 터진 틈새를 온몸으로 막아서는 사람을 찾으십니다. 쏟아지는 심판을 기도로 막아내며 "주님, 저들을 치지 마시고 저를 치십시오. 이 땅을 멸하지 마옵소서"라며 울부짖는 그 사람이 바로 하나님이 찾으시는 참된 중보자입니다.

성벽이 무너지면 적군이 제집 안방처럼 드나듭니다. 지금 우리 가정의 성벽, 다음세대의 성벽, 이 나라의 영적 성벽이 곳곳에서 허물어져 있습니다. 음란의 영이, 분열의 영이, 세속주의의 파도가 그 틈을 타 우리 안방까지 밀고 들어왔습니다. 누가 이 영적인 국경선을 지키겠습니까. 중보기도의 파수꾼들이 깨어 기도해야 합니다. 우리가 기도의 무릎을 꿇는 그 자리가 어둠의 세력을 저지하는 최후의 영적 방어선이 됩니다.

이제 여러분을 이 거룩한 중보기도의 자리로 초청합니다. 이 나라와 민족의 터진 틈을 메울 파수꾼이 필요합니다. 함께 울어줄 중보기도자가 필요합니다.

　"하나님, 이제 제가 일주일에 한 시간은 나 자신이 아닌 다른 사람을 위해, 나라와 민족을 위해, 우리 교회와 목사님과 선교사님들을 위해 기도의 손을 들어 올리겠습니다. 제가 이 시대의 영적인 파수꾼이 되어 무너진 성벽을 막아서겠습니다. 이 땅을 가슴에 품고 함께 울어주겠습니다."

　이 거룩한 부름에 응답하여 기도의 손을 들어 올릴 때 여러분이 기도하는 곳마다 살아나는 역사가 시작될 것입니다. 가정을 위해 기도하면 가정이 살아나고, 교회를 위해 기도하면 교회가 살아나며, 학교를 위해 기도하면 학교가 살아납니다. 도시를 위해 기도하면 도시가 살아나고, 이 나라를 위해 기도하면 이 나라가 살아나게 될 것입니다. 우리가 기도할 때 하나님께서 이 땅을 향한 뜻을 돌이키시고 치유와 회복의 역사를 시작하실 것입니다. 반드시 세상은 변화됩니다.

중보기도 헌신 서약서

아래 내용을 읽고 하나님 앞에서 서약하십시오.

"하나님 아버지,

저는 오늘 하나님 앞에서

중보기도자로 살기를 결단합니다.

예수님이 지금도 하나님 우편에서

우리를 위해 중보하고 계심을 믿습니다.

성령님이 말할 수 없는 탄식으로

우리를 위해 기도하고 계심을 믿습니다.

이제 저도 울 수 없는 이웃들을 위해

대신 울며 기도하겠습니다.

교회와 가정, 이 나라와 열방을 위해

기도의 손을 들어 올리겠습니다.

예수님의 이름으로 기도합니다.

아멘."

기도 시간 : _____

기도 장소 : _____

교회 : _____ 교회

날짜 : _____ 년 _____ 월 _____ 일

서약자 : _____ (서명)

* 가능하다면 교회를 통해 중보기도 학교 훈련을 받으시기를 추천합니다.

매일 30분 따라 하는 기도

CHECK	차수	날짜	QR코드	영상 제목
☐	Day 1			영혼 구원을 위한 기도
☐	Day 2			교회를 위한 기도
☐	Day 3			나라와 민족을 위한 기도
☐	Day 4			목회자를 위한 기도
☐	Day 5			선교사를 위한 기도
☐	Day 6			가정을 위한 기도
☐	Day 7			자녀를 살리는 축복기도

* 한 기도문을 3번 반복해서 따라 기도하고 개인기도 시간을 가진 후 체크하세요.

감사의 글

이 책은 혼자 쓴 책이 아닙니다. 많은 분의 수고와 기도가 모여 여기까지 왔습니다.

무엇보다 제게 기도를 가르쳐주신 분이 있습니다. 저의 영적 스승이신 이동원 목사님입니다. 목사님은 기도만 가르쳐주신 것이 아니라 신앙의 기초를 세워주셨고 사역의 길을 보여주셨습니다. 이 책에 담긴 많은 이야기는 목사님의 가르침 속에서 형성된 것들입니다. 목사님께 깊은 존경과 감사의 마음을 드립니다.

마음의 그릇이 저수지처럼 큰 분을 만난 것은 큰 축복입니다. 김요셉 목사님이 제게 그런 분입니다. 처음부터 〈따라 하는 기도학교〉 사역을 응원하고 아낌없이 지원해주신 김요셉 목사님과 이계원 목사님, 그리고 원천교회 성도들에게 진심으로 감사드립니다.

제가 너무나 닮고 싶고, 제게 기도의 기름부음을 위해 기도해주신 제 영적인 멘토 임은미 선교사님께도 진심으로 감사드리며, 바쁜 일정 가운데서도 정성껏 원고를 읽고 세심하게 감수해주신 라영환 교수님께도 감사드립니다. 또한 〈따라 하는 기도〉를 함께 경험하며 공감해준 기도의 사람 하준파파에게도 감사드립니다.

〈따라 하는 기도〉 사역이 첫걸음을 뗄 수 있도록 든든한 힘이 되어주신 여진구 대표님께 진심으로 감사드리고, 이 책이 세상에 나오도록 늦은 밤까지 정성과 수고를 아끼지 않은 규장출판사 편집팀과 디자인팀에도 깊이 감사드립니다.

사역의 현장에서 늘 제 편이 되어주는 사람이 있습니다. 기도로 곁을 지켜준 사랑하는 아내 영숙과 산이입니다. 그리고 묵묵히 응원해준 가족들이 있습니다. 무엇보다, 매일 기도로 이 길을 함께 걷고 있는 〈따라 하는 기도〉 가족들이 있습니다. 그들이 있었기에 이 사역이 여기까지 올 수 있었습니다.

마지막으로, 보잘것없는 저를 통해 기도의 불을 일으키신 하나님께 모든 감사와 영광을 올려드립니다. Soli Deo Gloria!

따라 하는 기도학교

초판 1쇄 발행	2026년 3월 31일
지은이	장재기
펴낸이	여진구
책임편집	최현수 구주은
편집	이영주 진효지 안수경 김도연 김아진 배예담
책임디자인	마영애	노지현 조은혜 정은혜
마케팅	김상순 강성민
제작	조영석 허병용

마케팅지원 최영배 정나영
경영지원 김혜경 김경희 김영하

303비전성경암송학교 유니게 과정
이슬비전도학교 / 303비전성경암송학교 / 303비전꿈나무장학회

펴낸곳 (주)규장갓피플

주소 06770 서울시 서초구 매헌로 16길 20(양재2동) 규장선교센터
전화 02)578-0003 팩스 02)578-7332
이메일 kyujang0691@gmail.com
페이스북 facebook.com/kyujangbook
카카오스토리 story.kakao.com/kyujangbook
등록번호 제2026-000001호
since 1978.08.14

홈페이지 www.kyujang.com
인스타그램 instagram.com/kyujang_com

ⓒ 저자와의 협약 아래 인지는 생략되었습니다.
이 출판물은 저작권법에 의해 보호를 받는 저작물이므로 무단 전재와 무단 복제를 할 수 없습니다.

책값 뒤표지에 있습니다.
ISBN 979-11-6504-702-3 03230

규 | 장 | 수 | 칙

1. 기도로 기획하고 기도로 제작한다.
2. 오직 그리스도의 성품을 사모하는 독자가 원하고 필요로 하는 책만을 출판한다.
3. 한 활자 한 문장에 온 정성을 쏟는다.
4. 성실과 정확을 생명으로 삼고 일한다.
5. 긍정적이며 적극적인 신앙과 신행일치에의 안내자의 사명을 다한다.
6. 충고와 조언을 항상 감사로 경청한다.
7. 지상목표는 문서선교에 있다.

하나님을 사랑하는 자 곧 그의 뜻대로 부르심을 입은 자들에게는 모든 것이 合力하여 善을 이루느니라(롬 8:28)

규장은 문서를 통해 복음전파와 신앙교육에 주력하는 국제적 출판사들의
협의체인 복음주의출판협회(E.C.P.A:Evangelical Christian Publishers
Association)의 출판정신에 동참하는 회원(Associate Member)입니다.